青年学者文丛

数据驱动下的果蔬供应链管理

Data-driven Fruit and Vegetable Supply Chain Management

刘恒宇　编著

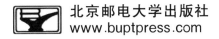

北京邮电大学出版社
www.buptpress.com

内 容 简 介

我国是世界上最大的果蔬生产与消费国,由于我国幅员辽阔,果蔬品往往需要经过漫长而复杂的供应链才能送达消费者手中。然而,果蔬品具有特殊的产品特性、需求特性以及市场特性,传统果蔬供应管理中暴露出产品质量控制差、对市场反应判断不准等诸多问题,造成了大量果蔬品腐坏浪费、滞销事件频发。随着物联网、大数据、人工智能、区块链等数据技术的快速发展,果蔬供应链管理者们正尝试利用前沿数据技术来解决果蔬供应链管理中的难题。本书将基于对我国果蔬供应链管理现状的分析,从运作管理的角度阐释数据技术如何赋能果蔬供应链管理。

图书在版编目(CIP)数据

数据驱动下的果蔬供应链管理 / 刘恒宇编著. --北京:北京邮电大学出版社,2021.8
ISBN 978-7-5635-6468-2

Ⅰ.①数… Ⅱ.①刘… Ⅲ.①水果-供应链管理-中国 ②蔬菜-供应链管理-中国 Ⅳ.①F326.13

中国版本图书馆 CIP 数据核字(2021)第 156976 号

策划编辑:姚 顺 刘纳新   责任编辑:满志文   封面设计:七星博纳

出版发行:北京邮电大学出版社
社　　址:北京市海淀区西土城路 10 号
邮政编码:100876
发 行 部:电话 010-62282185　传真:010-62283578
E-mail:publish@bupt.edu.cn
经　销:各地新华书店
印　刷:唐山玺诚印务有限公司
开　本:720 mm×1 000 mm 1/16
印　张:13.25
字　数:258 千字
版　次:2021 年 8 月第 1 版
印　次:2021 年 8 月第 1 次印刷

ISBN 978-7-5635-6468-2　　　　　　　　　　　　　　　定价:42.00 元

· 如有印装质量问题,请与北京邮电大学出版社发行部联系 ·

前　言

我国是世界上最大的果蔬生产和消费国,根据国家统计局数据:2019 年我国蔬菜产量达 72 102.6 万吨,同比增长 2.5%,是我国第二大农业种植产业;同年,水果产量达 27 400.8 万吨,同比增长 6.7%,成为继粮食、蔬菜之后的第三大农业种植产业。随着我国城市化进程的加快,越来越多的人口居住在远离果蔬产地的大城市。果蔬品必须经过漫长而复杂的供应链才能送达最终消费者手中。目前,果蔬供应链管理中存在诸多问题:一方面,浪费问题十分突出,根据我国农业农村部统计数据,全国每年约有 1 亿多吨果蔬腐坏,直接损失高达 1 000 亿元;另一方面,农民们抱怨"菜贱伤农、菜贵伤农"的吊诡局面,消费者不得不承受高价果蔬品。造成上述情况的原因与果蔬品特有的产品特性、需求特性以及市场特性密切相关。区别于普通工业品或标准化生产的食品,果蔬品生产周期具有季节性规律、生产提前期长,且产后质量差异大、普遍易腐;此外,果蔬品消费者虽普遍重视产品质量,但由于受教育程度、收入水平等因素的差异,消费者在产品购买中呈现出明显的策略性。可见,根据果蔬品特性来制定科学合理的供应链管理策略不仅可以降低农业资源浪费,还能够提高果蔬供应链上相关主体的收益以及消费者的利益。如果说过去的果蔬供应链是一个黑匣子,得益于各种数据技术的快速发展,那么,现在这个黑匣子正在被管理者们逐步打开。当前,管理者们正尝试使用各种先进的数据技术来解决果蔬供应链中的管理难题,例如基于精准农业的产前产中质量控制、基于区块链技术的可追溯系统开发、基于大数据技术和 AI 技术的果蔬消费者画像等。可以说,数据技术正在革新果蔬供应链的管理模式,深刻理解数据驱动下的果蔬供应链管理是果蔬批发零售商乃至农民都需要学习的新课题。

本书将分三个篇章来阐述数据驱动下的果蔬供应链管理问题,即知识储备篇、运作管理篇与数据驱动篇。其中,知识储备篇将详细分析果蔬品特性、当前果蔬供应链管理中的运作管理难题,以及学术界对于上述问题的研究现状与成果。此外,此部分还对本书后两部分中建模所需的数学方法进行了简单介绍。运作管理篇将聚焦在传统的果蔬供应链管理问题上。此部分将基于果蔬供应链上不同主体在实际运作管理中的决策难题,通过数学建模的方法分析不同情境下的最优运作管理策略,包括库存管理、生产加工以及销售策略等。数据驱动篇则在运作管理策略分析的基础上,进一步介绍不同数据技术如何赋能管理者在果蔬供应链管理中优化决策,并结合现实案例分析阐释相关数据技术在运用中的可行性与局限性。特别地,结合时下热度较高的区块链技术,本书介绍了如何从数学建模的角度来探索该技术在果蔬供应管理的应用。目前,供应链管理领域的相关研究成果非常有限,本书可为学者们提供了新的研究思路。

本书的主要成果整理自我的博士论文《果蔬品库存、生产与销售策略研究》。在此由衷地感谢我的恩师汝宜红教授和张菊亮教授,他们孜孜不倦地指导我并一直挂怀我,两位恩师严谨的治学态度将鼓舞我在工作中严格要求自己。感谢美国佐治亚理工学院的 Chen Zhou 教授、香港理工大学的 T. C. E. Cheng 教授,他们对我的科研工作提出了许多的宝贵意见,鼓励我不断进步。感谢北京交通大学经管学院的华国伟教授、兰洪杰教授、施先亮教授、鲁晓春教授、周建勤教授、黄帝副教授,他们在我的求学之路上给予了极大的帮助。

感谢北京邮电大学经济管理学院的王欢院长和胡启镔书记,他们为学院创造了良好的工作氛围,自我入职以来在工作上给予了大力的支持、关心和帮助。感谢北京邮电大学出版社,这是我第一次出版专著、经验匮乏,没有他们的帮助此书不能顺利出版。

最后感谢我的父母,二十年寒窗,他们一直坚定地支持我、不求回报。

本书得到了国家自然科学基金青年项目(72001028)和中央高校基本科研业务费专项资金项目(2020RC32)资助。

本书的编写不可避免地存在疏漏和不妥之处,敬请专家和同行批评指正。

刘恒宇
于北京邮电大学经济管理学院
2021 年 3 月

目　　录

第一篇　知识储备篇

第 1 章　果蔬供应链概述 …………………………………………………… 3

    1.1　果蔬品生产现状 ……………………………………………………… 3

    1.2　果蔬品市场现状 ……………………………………………………… 7

    1.3　果蔬品特性分析 ……………………………………………………… 9

    1.4　果蔬供应链管理中的难题 …………………………………………… 12

    1.5　数据技术革新果蔬供应链管理 ……………………………………… 15

第 2 章　理论基础与研究现状 ……………………………………………… 18

    2.1　理论基础 ……………………………………………………………… 18

        2.1.1　最优化与凸性 …………………………………………………… 18

        2.1.2　动态系统 ………………………………………………………… 19

        2.1.3　随机过程 ………………………………………………………… 20

    2.2　研究现状 ……………………………………………………………… 21

        2.2.1　农产品库存管理研究 …………………………………………… 21

        2.2.2　库存与加工集成研究 …………………………………………… 23

        2.2.3　库存与销售集成研究 …………………………………………… 24

        2.2.4　区块链技术相关研究 …………………………………………… 27

        2.2.5　精准农业相关研究 ……………………………………………… 28

        2.2.6　现有研究总结与评述 …………………………………………… 29

第二篇　运作管理篇

第 3 章　考虑产品季节性与易腐坏特性的库存与销售策略 ……………… 33

    3.1　引言 …………………………………………………………………… 33

    3.2　模型假设与参数定义 ………………………………………………… 33

    3.3　模型构建 ……………………………………………………………… 35

3.4 最优库存策略分析 ……………………………………………………… 36
　3.4.1 最优库存分配策略 ………………………………………………… 37
　3.4.2 最优采购策略 ……………………………………………………… 39
　3.4.3 消费者行为对最优策略的影响 …………………………………… 40
3.5 数值分析 ………………………………………………………………… 41
　3.5.1 参数敏感性分析 …………………………………………………… 41
　3.5.2 最优策略近似算法 ………………………………………………… 46
3.6 案例分析 ………………………………………………………………… 48
3.7 本章小结 ………………………………………………………………… 50

第 4 章 基于固定产出比例技术的联合生产与库存策略 …………………… 51

4.1 引言 ……………………………………………………………………… 51
4.2 模型假设与参数定义 …………………………………………………… 51
4.3 非季节性原材料的最优策略 …………………………………………… 52
　4.3.1 零提前期模型 ……………………………………………………… 52
　4.3.2 恒定提前期模型 …………………………………………………… 55
　4.3.3 无限周期模型 ……………………………………………………… 57
4.4 季节性原材料的最优策略 ……………………………………………… 58
4.5 数值分析 ………………………………………………………………… 61
　4.5.1 供需关系对生产策略的影响 ……………………………………… 61
　4.5.2 价格波动对生产策略的影响 ……………………………………… 63
4.6 本章小结 ………………………………………………………………… 65

第 5 章 考虑消费者质量偏好和需求转移的库存与销售策略 ……………… 67

5.1 引言 ……………………………………………………………………… 67
5.2 模型假设与参数定义 …………………………………………………… 67
5.3 模型构建 ………………………………………………………………… 70
　5.3.1 统一销售策略模型 ………………………………………………… 70
　5.3.2 分级销售策略模型 ………………………………………………… 70
5.4 最优销售策略分析 ……………………………………………………… 75
5.5 数值分析 ………………………………………………………………… 77
　5.5.1 参数设定 …………………………………………………………… 77
　5.5.2 产品质量对销售策略的影响 ……………………………………… 78
　5.5.3 市场划分对销售策略的影响 ……………………………………… 79
5.6 本章小结 ………………………………………………………………… 81

第三篇 数据驱动篇

第6章 果蔬供应链管理中的数据技术 ··· 85
6.1 射频与冷链技术 ··· 85
6.1.1 射频技术 ··· 85
6.1.2 冷链技术 ··· 89
6.2 物联网技术 ··· 92
6.2.1 物联网技术的技术原理与应用现状 ······························· 92
6.2.2 物联网技术在果蔬供应链中的应用 ······························· 95
6.2.3 应用案例 ··· 98
6.2.4 物联网技术在果蔬供应链中应用的局限性 ······················· 100
6.3 区块链技术 ·· 101
6.3.1 区块链技术的技术原理与应用现状 ······························ 101
6.3.2 区块链技术在果蔬供应链中的应用 ······························ 104
6.3.3 应用案例 ·· 108
6.3.4 区块链技术在果蔬供应链中应用的局限性 ······················· 111
6.4 人工智能技术 ·· 112
6.4.1 人工智能技术的技术原理与应用现状 ···························· 112
6.4.2 人工智能技术在果蔬供应链中的应用与优势 ····················· 115
6.4.3 应用案例 ·· 116
6.5 大数据技术 ·· 119
6.5.1 大数据技术的技术原理与应用现状 ······························ 119
6.5.2 大数据技术在果蔬供应链中的应用 ······························ 121
6.5.3 应用案例 ·· 124
6.5.4 大数据技术在果蔬供应链中应用的局限性 ······················· 126
6.6 精准农业 ·· 127
6.6.1 精准农业的技术原理与应用现状 ································ 127
6.6.2 精准农业在果蔬供应链中的应用 ································ 129
6.6.3 应用案例 ·· 132
6.6.4 精准农业在果蔬供应链中应用的局限性 ························· 134

第7章 区块链技术在果蔬供应链中的追溯性价值 ····························· 137
7.1 引言 ·· 137
7.2 非竞争性果蔬供应链 ·· 138
7.2.1 传统型果蔬供应链 ·· 139

  7.2.2 区块链技术赋能的果蔬供应链 ……………………… 142
  7.2.3 区块链技术的追溯性价值分析 ………………………… 143
 7.3 竞争性果蔬供应链 ……………………………………………… 143
  7.3.1 传统型果蔬供应链 ……………………………………… 144
  7.3.2 区块链技术赋能的果蔬供应链 ………………………… 146
  7.3.3 区块链技术的追溯性价值分析 ………………………… 147
 7.4 基于区块链技术的果蔬供应链协调 …………………………… 150
  7.4.1 非竞争性果蔬供应链协调 ……………………………… 151
  7.4.2 竞争性果蔬供应链协调 ………………………………… 152
 7.5 本章小结 ………………………………………………………… 153

参考文献 ……………………………………………………………… 155

附录 A ………………………………………………………………… 170

附录 B ………………………………………………………………… 200

第一篇　知识储备篇

　　本篇作为本书第二篇与第三篇内容的知识储备部分,分为三个板块:首先,本篇从生产、市场以及产品特性的角度厘清了果蔬供应链管理的现状及存在的问题,确立本书的研究主题与立场;其次,本篇对果蔬供应链管理的相关文献进行了梳理与总结,对比了本书与其他研究成果的异同,明确了本书的科研价值;最后,考虑到本书在建模分析中将用到最优化、随机过程、动态规划等知识理论,本篇对相关知识理论的重要结果进行了简略的介绍。

第1章 果蔬供应链概述

1.1 果蔬品生产现状

我国是农业大国,以农业为立国之本,农业也是全面建成小康社会和实现现代化的基础。在"十三五"期间,党中央、国务院始终坚持把解决好"三农"问题作为全部工作的重中之重;从2004年起,中央一号文件已经连续十八年聚焦"三农"问题。果蔬品作为主要的农产品之一,为国家的稳定发展以及人民的健康生活提供着重要的支持和保障。根据国家统计局分类,水果(亦称为园林水果)可分为:苹果、梨、柑橘类水果、葡萄、热带水果、瓜类水果以及其他水果(例如桃、石榴、草莓)七大类;蔬菜可分为叶菜类、白菜类、芥菜类、瓜菜类、豆菜类等十四大类[①]。本书研究所指果蔬品即为上述共二十一大类的、新鲜采摘的水果和蔬菜产品。

我国是世界第一大果蔬品生产国,果蔬产业是农民增收的重要产业之一。截至2019年,蔬菜和水果产业分别成为我国第二和第三大农业种植产业,产量分别达到72 102.56万吨和27 400.8万吨,同比增长2.5%和6.7%。首先分析蔬菜产业,随着中国农村振兴战略的不断推荐实施,蔬菜产业已经成为农村地区的支柱产业。近5年来,我国蔬菜总产量持续增加,其中,山东蔬菜产量最多,2019年达到8 181.15万吨;其次是河南,为7 368.74万吨。江苏、河北、四川、湖北、湖南、广西、广东、贵州紧随其后,分别为5 643.68万吨、5 093.14万吨、4 639.13万吨、4 086.71万吨、3 969.44万吨、3 636.36万吨、3 527.96万吨、2 734.84万吨。2019年全国蔬菜产量前10省份及其产量如图1.1所示,表1.1统计了2015—2019年全国各省市(不含港澳台地区)的蔬菜产量。

---

① 资料来源:国家统计局网站。http://www.stats.gov.cn/tjsj/tjbz/tjypflml/2010/01.html。

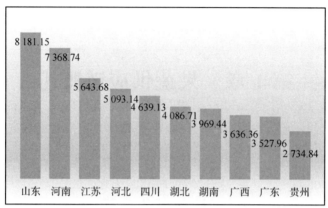

图 1.1　2019 年全国前 10 大蔬菜产量省份(单位:万吨)

表 1.1　2015—2019 年全国各省市(不含港澳台地区)蔬菜产量　　　　　单位:万吨

省市	2015 年	2016 年	2017 年	2018 年	2019 年
北京	205.14	183.58	156.82	130.55	111.45
天津	282.72	274.43	269.61	253.98	242.78
河北	5 022.23	5 038.89	5 058.53	5 154.50	5 093.14
山东	8 009.86	8 034.72	8 133.77	8 192.04	8 181.15
江苏	5 487.66	5 593.91	5 540.48	5 625.88	5 643.68
浙江	1 806.95	1 865.09	1 910.45	1 888.37	1 903.09
上海	335.24	304.62	293.50	294.49	268.11
广东	2 994.90	3 036.45	3 177.49	3 330.24	3 527.96
福建	1 401.47	1 374.97	1 415.31	1 493.00	1 570.69
海南	550.59	553.41	553.05	566.77	571.98
河南	6 970.99	7 238.18	7 530.22	7 260.67	7 368.74
安徽	2 714.17	1 936.61	2 019.64	2 118.21	2 213.61
湖北	3 664.08	3 712.77	3 826.40	3 963.94	4 086.71
湖南	3 428.59	3 538.73	3 671.62	3 822.04	3 969.44
江西	1 359.09	1 420.43	1 490.07	1 537.00	1 581.81
黑龙江	807.44	687.27	798.59	634.40	655.40
吉林	380.23	348.01	356.64	438.15	445.39
辽宁	2 184.47	1 849.88	1 797.84	1 852.33	1 885.39
新疆	931.03	1 879.19	1 820.06	1 465.12	1 458.82

续表

省市	2015年	2016年	2017年	2018年	2019年
甘肃	1 086.19	1 092.89	1 212.31	1 292.57	1 388.75
宁夏	515.56	524.48	539.94	550.81	565.91
陕西	1 613.45	1 666.93	1 733.99	1 808.44	1 897.38
青海	146.21	148.14	148.08	150.26	151.86
西藏	—	70.69	72.73	72.57	77.49
山西	837.43	777.94	806.74	821.87	827.83
重庆	1 707.86	1 795.49	1 862.63	1 932.72	2 008.76
贵州	1 847.59	2 033.56	2 272.16	2 613.40	2 734.84
云南	1 944.83	1 968.61	2 077.76	2 205.71	2 304.14
广西	2 915.87	3 114.39	3 282.63	3 432.16	3 636.36
内蒙古	1 284.87	1 251.78	1 111.35	1 006.52	1 090.80

资料来源：《中国农产品供应链发展报告(2020)年》。

我国水果产业的种植面积在近五年逐步扩大，水果总产量持续增加。根据国家统计局数据，2019年产量前10省份分别为山东、河南、广西、陕西、广东、新疆、河北、四川、湖南、湖北，分别为2 840.24万吨、2 589.66万吨、2 472.13万吨、2 012.79万吨、1 768.62万吨、1 604.75万吨、1 391.48万吨、1 136.70万吨、1 061.99万吨、1 010.23万吨。2019年全国水果产量前10省份及其产量如图1.2所示，表1.2统计了2015—2019年全国各省市(不含港澳台地区)的水果产量。

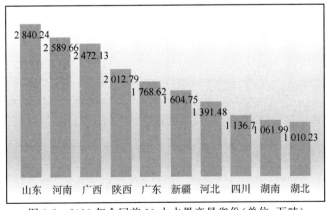

图1.2 2019年全国前10大水果产量省份(单位：万吨)

表 1.2　2015—2019 年全国各省市(不含港澳台地区)水果产量　　　　单位:万吨

省市	2015 年	2016 年	2017 年	2018 年	2019 年
北京	87.94	78.97	74.40	61.46	59.90
天津	55.78	54.15	58.25	62.47	57.43
河北	1 403.93	1 333.07	1 365.34	1 347.93	1 391.48
山东	2 766.64	2 799.23	2 804.30	2 788.79	2 840.24
江苏	914.78	893.00	942.50	934.13	983.60
浙江	970.87	724.32	751.29	743.62	744.11
上海	56.24	45.67	46.39	54.31	48.07
广东	1 406.78	1 444.57	1 538.73	1 669.16	1 768.62
福建	600.98	591.76	644.67	683.11	727.21
海南	402.90	390.07	405.48	430.41	456.15
河南	2 439.62	2 541.05	2 602.44	2 492.76	2 589.66
安徽	1 029.80	581.77	606.35	643.83	706.32
湖北	958.87	1 003.22	948.44	997.99	1 010.23
湖南	882.78	924.55	956.39	1 016.82	1 061.99
江西	663.42	617.69	670.12	684.37	693.27
黑龙江	213.46	244.67	236.91	170.82	164.96
吉林	86.92	88.23	89.52	148.14	153.95
辽宁	762.01	755.24	770.27	788.87	820.70
新疆	1 444.87	1 455.90	1 420.20	1 497.85	1 604.75
甘肃	491.77	564.05	630.85	609.28	710.09
宁夏	210.78	217.78	210.60	197.21	258.64
陕西	1 762.27	1 826.38	1 922.06	1 835.08	2 012.79
青海	3.62	3.85	3.65	3.51	3.69
西藏	1.52	1.65	0.16	0.32	2.38
山西	833.16	835.16	844.02	750.55	862.67
重庆	372.28	369.24	403.38	431.27	476.39
贵州	216.89	235.84	280.14	369.53	441.98
云南	762.81	797.74	783.90	813.35	860.32
广西	1 593.05	1 729.76	1 900.40	2 116.56	2 472.13
内蒙古	215.72	296.60	322.88	264.18	280.41

资料来源:《中国农产品供应链发展报告(2020)年》。

1.2 果蔬品市场现状

近年来,随着人们生活水平的普遍提高,尤其是随着我国中等收入人群比例的增大,居民消费对果蔬品的多样性、品质要求也越来越高,对加工食品以及其他高价值的产品的需求增长迅速。据新华社2019年报道:我国人均蔬菜消费量已达世界第一,但人均水果消费量远低于世界平均水平的61千克,市场潜力巨大。国家发改委与农业农村部联合发布的《全国蔬菜产业发展规划(2011—2020年)》预计:2020年全国蔬菜总需求量较2010年增加8 950万吨;《我国水果消费水平与城市化的相关性分析》研究表明:我国人均水果消费量最终会达到50~70千克。海关总署数据显示:2019年果蔬品需求增长率达到21.1%;2020年1—5月果蔬品增长率达到6.7%。根据《中国商品交易市场统计年鉴(2019年)》数据,我国目前农产品市场主要分为两类:农产品综合市场和农产品专业市场。其中,农产品专业市场可以进一步细分为粮油市场、肉禽蛋市场、水产品市场、蔬菜市场、干鲜果市场、棉麻土畜、烟草市场及其他农产品市场。2019年,全国(按部分市场类别)蔬菜市场数量、总摊位数、年末出租摊位数、营业面积、成交额分别为244个、193 253个、169 181个、15 394 936平方米、39 723 242万元,所有数据居各类农产品首位;干鲜果市场对应数据分别为113个、73 240个、62 156个、6 180 981平方米、4 708 049万元。具体数据如表1.3所示。

表1.3 2019年中国农产品市场概况

市场类型	市场数量(个)	总摊位数(个)	年末出租摊位数(个)	营业面积(平方米)	成交额(万元)
农产品综合市场	648	448 458	389 193	25 730 655	123 006 259
农产品专业市场	853	536 418	469 951	40 001 735	183 272 636
粮油市场	85	23 905	20 534	3 185 129	17 070 700
肉禽蛋市场	101	44 546	40 328	3 027 853	15 445 979
水产品市场	134	71 880	65 341	4 711 862	37 380 156
蔬菜市场	244	193 253	169 181	15 394 936	38 209 271
干鲜果品市场	113	73 240	62 156	6 180 981	4 708 049
棉麻土畜及烟草市场	11	22 655	17 419	1 217 391	30 735 239
其他农产品市场	165	106 939	94 992	6 283 583	

资料来源:《2019中国商品交易市场统计年鉴》。

值得注意的是,人们对果蔬品的需求升级更多地体现为"质变",而非"量变"。

根据国家统计局的数据:2013年至2016年间,全国居民人均鲜菜、鲜瓜果消费量的涨幅分别为2.11%和16.14%;相对应的,全国蔬菜产量、水果产量的涨幅分别为29.04%和32.47%[①]。可见,果蔬市场整体呈现出供过于求的局面,势必造成农业资源的大量浪费。表1.4整理了2017年1月至2019年1月《人民日报》关于果蔬品滞销案例的相关报道。

毫无疑问,果蔬品管理者(例如农民、果蔬生产加工商、批发零售商等)在供需失衡的果蔬市场中遭受惨重损失。与此同时,消费者并没有从供过于求的果蔬市场中获益,反而常常因为果蔬减产或果蔬商贩不道德的囤货行为不得不以高价购买产品。例如2019年4月的"倒春寒"导致全国苹果、梨等水果产量锐减,最终引发价格暴涨。2019年4月至2021年1月全国6种水果(富士苹果、巨峰葡萄、菠萝、西瓜、香蕉、鸭梨)的均价走势如图1.3所示。

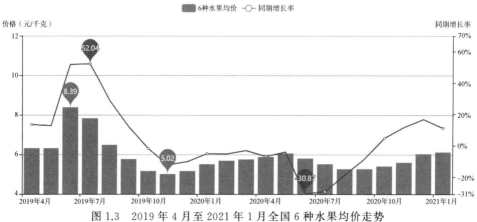

图1.3 2019年4月至2021年1月全国6种水果均价走势
(资料来源:中国农业信息网)

表1.4 《人民日报》关于果蔬品滞销案例的报道(2017.1—2019.1)

报道日期	事件地点	滞销事件描述
2017.1.8	安徽省黄山市	70万斤核桃滞销
2017.2.20	云南省昆明市	上千吨油麦菜价格低至0.1元/千克无法售出
2017.2.26	云南省昆明市、玉溪市	大量花菜从1.3元/千克跌至0.2元/千克,无人收购
2017.3.25	江苏省徐州市	300万斤品质上佳的莲藕无人收购
2017.4.8	陕西省榆林市	10万斤白菜滞销
2017.4.20	陕西省渭南市	5 000亩莴笋滞销,价格跌至0.4元/千克

---

① 整理自国家统计局数据:http://www.stats.gov.cn。

续表

报道日期	事件地点	滞销事件描述
2017.5.18	河南省卫辉市	4 000万斤包心菜滞销,价格跌至0.2元/千克
2017.5.23	河南省漯河市	480万斤白菜滞销,价格跌至0.2元/千克
2017.6.12	贵州省黔西市	上万吨品相极好的杨梅滞销
2017.6.17	河南省汝州市	1.1亿斤洋葱滞销,价格跌至0.2元/千克
2017.6.20	山东省惠民县	3万余亩西瓜滞销,价格跌至0.6元/千克
2017.6.22	湖北省枣阳市	4万斤西瓜滞销,价格跌至1元/千克
2017.7.14	河南省扶沟县	受气候影响,万亩西瓜滞销,价格跌至0.2元/千克
2017.8.3	贵州省镇原县	90余万斤优质红桃滞销
2017.8.20	四川省九寨沟县	地震后游客剧减,200万斤李子滞销
2017.9.8	辽宁省丹东市	1 000~2 000斤红桃滞销
2017.9.11	湖北省赤壁市	50万斤猕猴桃滞销,每天超2 000斤果实腐坏
2017.10.20	湖北省罗田县	10万斤优质山楂滞销,且持续腐坏
2017.12.26	河南省中牟县	万余斤苹果滞销,降雪致使苹果进一步冻坏
2018.4.24	浙江省衢州市	上万斤椪柑滞销,价格跌至0.4元/千克
2018.5.19	广东省东莞市	4万斤菠萝滞销
2018.6.21	广西壮族自治区	荔枝价格跌至1元/千克仍滞销
2018.7.16	陕西省蓝田县	持续降雨致50亩优质西瓜滞销
2018.12.11	河南省虞城县	30多万斤白菜滞销,且面临降雪风险
2019.1.28	广西壮族自治区象州县	40万吨砂糖橘滞销,价格跌至3元/千克

资料来源:整理自《人民日报》官网及官方微博。

1.3 果蔬品特性分析

果蔬供需不匹配问题凸显的原因与果蔬品独特的特性息息相关,本书将从产品特性、需求特性以及市场特性三个维度进行剖析,具体如下。

1. 产品特性

①易腐坏特性。绝大部分果蔬品都具有高度易腐坏的特性,随着库存时间的增长,产品品质下降,直接影响销售。例如草莓、荔枝等产品在新鲜度较高时可以高价售出,一旦产品不能在短期内售完,剩余产品的品质将会直线下降并以低价

处理。根据欧盟的数据,英国每年有超过300万吨食物因为过期而浪费,其中大部分为不耐存的蔬菜和水果[①]。②季节性。果蔬品的生产周期符合一定自然规律,例如山东苹果通常于每年6—7月下树;樱桃成熟期通常在5月中旬至6月中旬;枣类成熟期通常在9月下旬至10月上旬。这意味着管理者往往只能在果蔬品的收获季节进行采购或屯货,但是其销售期贯穿全年,若面临缺货往往不能随时进行补货;此外,若过量采购产品,到新收获季节来临之时,未售出产品将以极低残值处理。因此,管理者若不能基于市场预期制定合理的库存、生产加工与销售策略,极易出现在市场向好时无货可卖或在低迷市场中产品滞销的不利局面。③质量异质性。不同于工业生产的食品具有统一的质量标准,即使是产自同一田地或果园的果蔬品,在产品质量上也存在着较大的差异,例如产品的口感、色泽、形状、虫蛀情况等。管理者必须根据果蔬品的成色、消费者的质量偏好,灵活地调整采购计划、生产计划以及销售策略。

2. 需求特性

①质量偏好异质性。果蔬品作为重要的食物来源,消费者对产品质量有着更高的要求。同时,由于收入水平、价值理念、受教育程度的差异,不同消费者对于质量的重视程度各不相同,可以用消费者对质量的支付意愿(willingness-to-pay for quality)来衡量。因此,果蔬品管理者可充分利用消费者的质量支付意愿异质性来制定灵活的生产策略以及销售策略,实现收益增加。例如,高档社区的消费者对产品质量的支付意愿普遍更高,生产加工商可以将初始果蔬品加工成具有更高附加值的产品在该社区销售,批发零售商也可以将产品进行质量分级后销售。②需求替代性。果蔬品作为生活必需品之一,同类产品有着显著的替代性。换言之,消费者在面对多个选择时,往往会综合比较产品质量和价格,从中选择使其自身获得最大效益的产品。因此,在某些情况下,果蔬品管理者可以通过为消费者提供多种选择来赢得更多市场,但是必须制定合理的"质量-价格"区分度,否则会促使高价值客户转向购买低价产品、得不偿失。另一个不能忽略因素是消费者在面对价格波动时的战略行为,例如价格参考行为。虽然果蔬品市场价格波动,但是消费者可以利用大量累计的购买经验来指导其进行购买决策,例如通过对比同期价格来决定是否购买。

3. 市场特性

①产量高度不确定。我国的农业生产者大部分为不具备先进生产技术的小散农,农业对其而言是"看天吃饭"的行业。天气因素的不确定性导致了农业产量

[①] 资料来源:http://finance.china.com.cn/consume/xfjs/20150814/3289980.shtml。

的高度不确定,例如 2019 年的"倒春寒"气候致使全国苹果、梨等果蔬品大量减产。无论是丰收或是歉收,均对果蔬管理者的运作管理带来了挑战。②价格波动。受到当年收成情况、节庆日、经济形势、市场供需情况等因素的影响,果蔬品的市场价格是持续波动的。一方面,价格波动给管理者带来了新的商机,例如批发零售商可以策略性地囤货将产品集中到高价市场中销售;另一方面,由于价格波动的不可预知性,真实市场价格可能与管理者预期严重不符,其将会因为策略失灵而遭受损失。

表 1.5 对果蔬品特性进行了归纳总结,从表 1.5 中分析可见,一方面,果蔬品特殊的产品特性与需求特性给管理者带来了较大的管理难度,例如易腐坏特性和季节性;但从另一方面来看,管理者也被赋予了更多的操作灵活性,例如管理者可以充分利用消费者的质量偏好异质性来采取多元的生产与销售策略。因此,果蔬品管理者需要结合具体的产品特性,所面临消费群体的需求特性,制定合理的库存、生产与销售策略来实现收益最大化。然而,许多果蔬品管理者在决策中缺乏科学的决策指导,长期依赖历史经验,已经无法应对消费模式不断变化、消费行为不断升级的新市场环境。无效的库存、生产与销售管理决策使果蔬品管理者遭受了重大经济损失,也造成了社会资源的极大浪费。

表 1.5 果蔬品特性分析

特性维度	特性	管理挑战与机遇
产品特性	易腐坏特性	必须根据产品的易腐坏程度制定合理的采购与库存分配策略,否则会出现产品大量腐坏而无法销售的情形
	质量异质性	若产品整体质量较高(低),可以对产品以高价(低价)销售;还可以依据产品质量进行分级并制定多种价格进行销售,即采取分级销售策略。特别地,采取分级销售策略时需要考虑需求替代性
	季节性	主要限制了管理者的采购策略,其在销售期中通常无法补货,且在果蔬品的下一个收获季节到来时,未售出产品将以极低残值处理
需求特性	质量偏好异质性	可以根据消费者的质量偏好,对产品采取分级销售策略以实现收益最大化,同样需要考虑需求替代性
	需求替代性	需要决策是否采取多产品销售策略以最大化占据市场,但需要考虑同质化产品之间的竞争效应
市场特性	产量高度不确定	当出现产量不足或产量过剩的情形时,如何合理地制定库存与定价策略以避免"无货可售"或滞销的局面
	市场价格波动	如何根据市场价格波动动态地制定库存分配策略,例如提前为节假日囤货,同样需要避免"无货可售"或滞销的局面

1.4 果蔬供应链管理中的难题

根据中物联农产品供应链分会的资料，传统的果蔬供应链可以分为 5 级。其中，第 1 级是由农户、企业、基地、进出口商构成的生产者；第 2 级为加工企业，完成对果蔬品的采购、加工、包装、初级质检等工作；第 3 级为流通企业，负责果蔬供应链中的运输、分销、批发等工作；第四级为果蔬品销售商，包括农产品批发市场、农贸市场、综合性超市、果园菜店、餐馆等；最后一级则是由消费者构成。此外，在我国果蔬供应链的运转还受到农业农村部、卫生健康委、商务部等部委的监督监管、政策引导和协调统筹。我国果蔬供应链的业务图谱如图 1.4 所示。

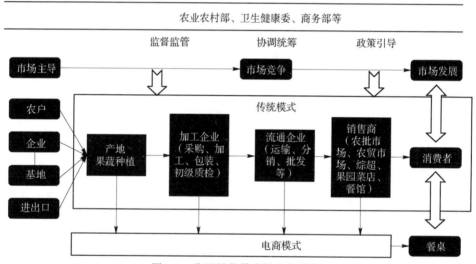

图 1.4　我国果蔬供应链业务图谱

（资料来源：中物联农产品供应链分会）

尽管果蔬供应链的不同环节由不同的主体构成，但是各个主体的运作管理决策可以分为以下三大类：库存策略、生产加工策略以及销售策略。其中，库存策略包括了采购策略、销售过程中的存取策略，并影响生产加工策略以及销售环节的定价策略。例如，当果蔬品高度易腐坏时，如果生产加工商或销售商持有大量库存，他们可以选择将鲜果蔬进行深加工以延长其销售期。再比如，当新果上市时，未售出的旧果价值会急剧下降，此时销售商的定价策略与剩余库存量密切相关。可见，3 种运作管理决策相互依存，并贯穿整条果蔬供应链。结合果蔬品的产品特性分析,果蔬品管理者在运作管理中面临的主要难题也可以划分为以下三大类。

(1) 从库存策略分析。果蔬品的易腐坏特性会使管理者在库存过程中不可避免地面临持续的产品腐坏损失;此外,产品的季节性则限制了管理者通过补货来实现库存调整的操作空间。另一个不能忽略的因素是果蔬品的市场价格高度波动。Talluri 和 van Ryzin(2005 年)指出,如果一个销售者的销售量相对市场规模很小时,他将作为市场的价格接受者(price-taker),且只能以不高于市场的价格尽可能销售尽可能多的产品。Fackler 和 Livingstone(2002 年)指出,果蔬品批发零售商的运作灵活性体现在:①选择销售的时机;②决策各时间节点的库存分配量。在上述背景下,管理者往往倾向于采购大批量的果蔬品以防出现市场价格走高而无货可卖的局面;同时,"惜售行为"常常被管理者商所采用,即将大量库存预留到销售周期后期销售,这是因为管理者的投机心理认为未来可能会出现更高的市场价格。然而,不可控的市场价格往往与管理者的预期相背,此外,将更多的产品预留到销售周期后期将不可避免地带来更高的库存费用和产品腐坏损失,产品的滞销风险也会增加。另一个不能忽略的因素是消费者的价格参考行为(Dye 和 Yang,2016 年),在高度价格波动市场中,他们的购买行为同时受到历史价格和当前市场价格的共同影响。由此可见,果蔬品管理者的库存决策不仅受到产品特性本身的制约,还必须妥善处理高度不确定的需求和市场。

(2) 从生产加工策略分析。固定产出比例技术是果蔬品生产加工商最常采用的生产加工技术之一,Boyabatli(2015 年)介绍了固定产出比例技术在可可产业和制糖产业中的应用。该技术主要有两个特征:①生产加工一种原材料可同时得到多种产品;②各种产品产量之间存在固定比例。通过固定产出比例技术生产得到的产品往往有不同的目标顾客群,生产加工商所面临的最大的挑战是"独立而不确定的需求"与"固定比例的产出"之间的不匹配问题。这是因为产出的固定比例限制了生产加工商的生产柔性,调整其中任何一个产品的生产计划将同时牵动其他产品的产量。因此,如何制定出合理的生产策略来平衡供给与需求对生产加工商来说十分重要。此外,不同产成品的销售价格往往不同,这使得生产加工商进行决策时更具策略性。例如,当高利润产品需求量很大时,即使面临另一种产品滞销的可能性,生产加工商仍有动机扩大产量;相反,如果高利润产品需求量较小,即使放弃部分低利润产品需求,生产加工商也愿意降低生产量来避免滞销损失。可见,好的生产加工策略应该充分利用两种产品的价差关系。

（3）从销售策略分析。当今人们的健康意识越来越高，也更愿意为高品质食材买单。因此，当零售商从上级供应商采购一批质量参差不齐的产品后，往往有两种销售策略可以选择：①统一销售策略，即对产品不进行质量分级而按照统一价格进行销售；②分级销售策略，即根据产品质量将其分拣成不同质量等级的产品，并以不同价格进行销售。采取统一销售策略会导致混在其中的高品质产品不能以高价销售；而采取分级销售策略虽然可以以高价销售高品质产品，但是分级后的低品质产品的销售价格甚至会更低，还将产生分拣成本。此外，采取分级销售策略还需要考虑到分拣结果的不确定性，这是零售商在进行销售策略决策时无法掌握的信息，但决定着分级销售策略是否盈利。鉴于果蔬品独有的产品特性，以下两个因素同样需要考虑：①所采购产品的整体质量水平，如果产品的整体质量水平很低，那么不会有足够的高品质产品被分拣出来，分级销售策略则不是明智的选择。②不同等级产品间的销售价格，绝大部分消费者都是对价格敏感的，他们购买决策是由产品质量和价格同时决定的。若两种产品的质量差异不大而销售价格相差很多，消费者会毫不犹豫地购买低价产品。分级销售策略已经广泛应用于消费市场中，零售商们普遍认为通过给消费者带来更多的品质、类别、价格选择是赢得市场至关重要的因素（Ketzenberg et al.，2015年）。分级销售策略可以充分利用消费者需求转移（demand substitution）行为，即消费者首选产品缺货时，他们倾向于购买同类产品。Stavrulaki（2011年）提到零售业中的需求转移现象非常常见，转移率从10%到60%不等，其中尤以易腐坏产品（例如蔬菜、水果、奶制品等农产品）的需求转移率更突出。然而，许多学者已经质疑此销售策略的正确性，例如Iyengar and Lepper（2000年），Ferguson et al.（2009年）。当采取分级销售策略时，一个不能忽略的因素即是产品之间的竞争效应（cannibalization effect），表现为原本愿意付高价购买的消费者看到物美价廉的产品时可能会改变想法选择购买后者。由此可见，零售商在采取分级销售策略时可能因为忽略不同等级产品之间的替代性而遭受巨大损失。

针对普通产品的供应链管理研究已经相当完备。然而，尽管果蔬品在人们的日常生活中扮演者不可或缺的角色，学者们对果蔬品的库存、生产和销售策略研究相当有限。一则是因为果蔬品所独具的产品、需求、市场特性很难准确地用数学模型进行刻画；二则是一旦在传统的库存、生产管理等模型中融入新元素后，已有的部分分析工具不再能被有效应用。本书将在"运作管理篇"围绕上述三个问题利用数学建模的方法详尽分析管理者在不同情境下，应该如何制定最优的库存策略、生产加工策略以及销售策略。特别地，在建模过程中，本书将从不同的管理者视角、结合其在决策中所面临的真实困境，选取与该决策联系最紧密的果蔬品特性融入到模型中。纵观全书,果蔬品特性均分别在不同章节中得到体现。本书的研究成果不仅丰富了传统库存管理、生产管理、市场营销等研究领域的研究成果,还弥补了相关理论知识在果蔬供应链管理实践中的空白。

1.5 数据技术革新果蔬供应链管理

近年来,以大数据、人工智能、区块链、5G为代表的数据技术迅猛发展,信息要素不断地渗透到农业种植资源、作物栽培、精准施肥、节水灌溉、病虫害预测预报等领域。农业信息化在农业产业结构优化布局、农业生产科学决策与精准控制、农产品电子商务等诸多方面发挥关键作用,成为农业现代化、城乡一体化全面协调发展的核心支撑。党中央和国务院历来重视农业信息化的建设,2019年我国农业农村部、中央网络安全和信息化委员会办公室印发了《数字农业农村发展规划(2019—2025年)》,明确提出了构建农业生产的基础数据资源体系、加快生产经营数字化改造。其中,针对果蔬等种植业,规划提出:加快发展数字农情,利用卫星遥感、航空遥感、地面物联网等手段,动态监测重要农作物的种植类型、种植面积、土壤墒情、作物长势、灾情虫情,及时发布预警信息,提升种植业生产管理信息化水平。加快建设农业病虫害测报监测网络和数字植保防御体系,实现重大病虫害智能化识别和数字化防控。建设数字田园,推动智能感知、智能分析、智能控制技术与装备在大田种植和设施园艺上的集成应用,建设环境控制、水肥药精准施用、精准种植、农机智能作业与调度监控、智能分等分级决策系统,发展智能"车间农业",推进种植业生产经营智能管理。

目前,农业联网业务和解决方案有限,数据收集、整合和管理缺乏标准,阻碍了农业的发展。根据华为公司发布的《智慧农业报告》,越来越多的农场开始采纳物联网、低成本云应用、LPWA(低功耗广域网)、传感技术和数据分析平台,将其应用在果蔬生产的各个环节,包括采购、存货控制、种植、灌溉、施肥、收割等。例如哥伦比亚电信公司、Movistar、Claro和Tigo等运营商支持多家农产监测香蕉种植,帮助哥伦比亚农民应对洪水、土壤氧气含量下降、湿度高和低温等挑战,成功将香蕉生产率提高15%。表1.6归纳了数据技术在果蔬供应链中的应用场景,图1.5描述了各应用场景潜在的市场规模。

表 1.6　数据技术在果蔬供应链中的应用场景

应用场景	应用描述
精准农业	利用从图像和传感器中获得的数据实时跟踪农作物、土壤和空气状况,帮助农场主实时观察并响应特定地点发生的变化
可变速率技术	可以提高播种及肥料、杀虫剂用量的精准度,因地制宜,确保每块农田获得最适宜的投放量,从而节约化工产品的费用和劳动力
智能灌溉	可以减少水资源浪费,确保在合适的时间对合适的农田进行灌溉
土壤监测系统	可以跟踪并改善农田土壤的整体质量和化学成分,农场主可以依此为特定农作物施肥,并解毒物质污染、土壤盐化和酸化等问题
收成监测	可对影响农业收成的各方面因素进行监测,包括谷物收成总量、质量和水量
农业无人机	可以从空中监测农田,摄像机和传感器收集到的数据还可以为其他农业系统提供支撑
智能温室	可以管理农作物生长环境,自动调节气候状况和灌溉系统,使各气候状况维持在最适宜作物生长的水平,将作物种植过程中的人工干预降到最低
农业管理系统	可以将农场数据与农业机械远程信息系统、天气预报、国际贸易市场等更广泛的信息结合起来,通过数据分析、风险评估和金融分析等端到端服务,帮助农场主减少浪费,实现产出最大化

资料来源:华为《智慧农业报告》。

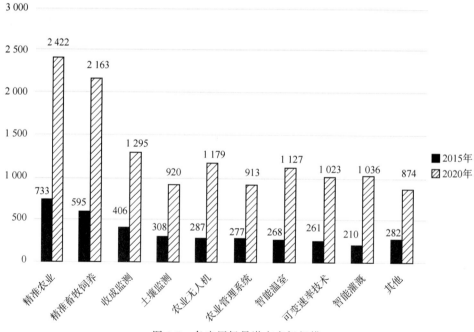

图 1.5　各应用场景潜在市场规模

(资料来源:华为 Labs《联网农场—智慧农业市场评估》)

数据技术贯穿了果蔬供应链的种植、生产加工和销售等各个环节,优化链上的资源配置。根据前述分析可知,果蔬供应链管理的难点源于果蔬品特有的产品、需求以及市场特性,而各类数据技术能够帮助管理者更好地克服、甚至利用这些特性。例如,在于精准农业生产模式下,种植者能够较准确地预测产量、产出质量等,由此做出合理的分级销售策略或库存定价策略。再比如,农业无人机能够实时监测收成情况,协助农场管理者采取预售策略来引导需求前移,既通过预售提前学习需求信息、降低需求不确定性,又能够在丰收年释放库存压力、降低后期库存积压风险。可见,数据技术将全面革新果蔬供应链的管理模式,本书将在第三篇"数据驱动篇"详细分析各种数据技术如何应用在果蔬供应链管理中。

第 2 章 理论基础与研究现状

2.1 理论基础

本节将简略介绍本书在数学建模分析中会运用的重要的理论方法,以多周期动态规划模型为主,本节内容主要参考了马常松教授译著的经典教材《库存管理基础》。

2.1.1 最优化与凸性

1. 最优化

令 X 为一个集合,$f=f(x)$ 为定义在 X 上的一个实值函数,如果 $f(x^*) \leqslant f(x)(x \in X)$,则称 $x^* \in X$ 在 X 上最小化了 f,或者是 f 在 X 上的一个(全局)极小元。值 $f(x^*)$ 是 f 在 X 上的最小值,记 $f(x^*) = \min\{f(x):x \in X\}$,且 $x^* = \arg\min\{f(x):x \in X\}$。同样,如果 $f(x^*) \geqslant f(x)(x \in X)$,$x^* \in X$ 在 X 上最大化了 f,值 $f(x^*)$ 是 f 在 X 上的最大值。

一般来说,很难找到一个全局极小元,甚至也很难找到一个局部极小元。最优化条件则有助于找到或识别它们。接下来的命题介绍了典型的一阶必要条件。

命题 2.1 假设 f 在开放集 X 上是连续可微的。如果 x^* 是一个局部极小元,则有 $\nabla f(x^*) = 0$。

命题 2.1 实际上提供了一种寻找 x^* 的方法:求解具有 n 个未知数的 n 维方程组。对于带约束的最优化,也存在着一些相应的结果。假设 A 是一个 $m \times n$ 阶矩阵,$m < n$,b 是一个 m 维向量。X_0 是 $\Re^n$ 上的一个开放集,f 是 X_0 上的一个实值的、连续可微的函数,现在 X_0 上最小化 f,约束条件为 $AX = b$。可以得到以下命题。

命题 2.2 在上述假设下,如果 x^* 是 f 在 X 上的一个局部极小元,则存在一个 m 维向量 ξ^*,使得 $\nabla f(x^*) + A'\xi^* = 0$。其中,$A'$ 是 A 的转置,若 A 的行为线性无关的,则 ξ^* 是唯一的。ξ^* 的分量被称为对偶变量或拉格朗日常数。

2. 凸性

如果对于每一对向量 $x_1, x_2 \in \boldsymbol{X}$ 和每个标量 $\lambda \in [0,1]$: $x = \lambda x_1 + (1-\lambda)x_2 \in \boldsymbol{X}$，则集合 $\boldsymbol{X} \subseteq \Re^n 0$ 是凸的。令 f 表示定义在凸集 $\boldsymbol{X}$ 上的实值函数，如果对于每一对向量 $x_1, x_2 \in \boldsymbol{X}$ 和每个标量 $\lambda \in [0,1]$，令 $x = \lambda x_1 + (1-\lambda)x_2$，满足 $f(x) \leqslant \lambda f(x_1) + (1-\lambda)f(x_2)$，则函数 f 也是凸的。若 f 是凸函数，则 $-f(x)$ 是凹函数。

研究函数的凸性是因为在某些情况下它可以简化最优化的分析。假设 $\boldsymbol{X}$ 是凸集，现在介绍凸性的重要结论。

命题 2.3 假设 f 在 $\boldsymbol{X}$ 上是凸的，如果 x^* 是 f 在 $\boldsymbol{X}$ 上的一个局部最小化元，那么 x^* 也是一个全局最小化元。

命题 2.4 假设 f 在 $\boldsymbol{X}$ 上是严格凸的。那么，f 最优只有一个局部最小化元 x^*。

以上两个命题表明：若最小化 f，且 f 为凹函数，则只需要寻找一个局部最小值；而且如果 f 是严格凹的，最优点是唯一的（如果存在的话）。接下来介绍最优化中凸性的继承性。

命题 2.5 假设 $\boldsymbol{X}$ 和 $\boldsymbol{Y}$ 是凸集，$f = f(x,y)$ 在 $\boldsymbol{X} \times \boldsymbol{Y}$ 上是凸的。定义对于固定的 x，$g(x) = \min\{f(x,y): y \in \boldsymbol{Y}\}$，那么 $g(x)$ 在 $\boldsymbol{X}$ 上是凸的。

为了求解一个真正的最优化模型，常常有以下几种选择：所有的主流电子表格软件，包括最优化模型，它们对于那些小型、常规的模型来说已经足够了；对于更复杂的工作，内建强大最优化规则的专门建模语言，如 GAMS 和 AMPL 则是较好的选择。在本书的建模分析中，着重证明了果蔬品者最优期望收益函数的凹性以及最优策略的唯一存在性与结构性特征。

2.1.2 动态系统

任何实际系统都不是完全单独存在的。因此，讨论一个系统要求我们隐含地或明确地将重点集中在环境的一部分上，而不考虑其他部分。描述一个系统涉及 4 个基本概念：输入，是一种推动因素，从系统边界进入，可能是一个来自环境的实物流或则信息流；输出，衡量了运作结果，必须是可以观察到的某一事物；状态，是对在每一时点系统中要素的完整描述，总结了可以用来预测其未来演化的关于系统的所有可用信息；控制，是为了修正系统的行为而采取的某种行为。为了完成对系统的描述，常常需要一些额外的术语：初始状态、动态、约束以及目标。

接下来将介绍离散时间动态系统中最一般性的数学模型。将时间看成是一系列离散的时点，定义以下参数：T 表示时间范围；$t = 0, 1, \cdots, T$ 表示时点编号；$x(t)$ 表示状态；$z(t)$ 表示控制；$e(t)$ 表示输入。需要指出，最后 3 个参数为向量，且维度不一定相同。则该系统可表达如下。

初始条件：$x(0)=x_0$。
动态方程：$x(t+1)=g[t,x(t),z(t),e(t)], t=0,1,\cdots,T-1$。
约束条件：$x(t)=\mathbf{X}, t=0,1,\cdots,T; z(t)=\mathbf{Z}, t=0,1,\cdots,T-1$。
目标函数：$\min \sum_{t=0}^{T} f[t,x(t),z(t),e(t)]$。

要求解上述系统最优解，通常采用逆向追溯法，即从 $t=T$ 周期开始往前分析。令 $V(T,x)=f(T,x)$，即达到最终状态 $x(T)=x\in\mathbf{X}$ 的成本。令 $V(t,x)$ 表示从 $x(t)=x$ 开始，从时点 t 到时点 T 的最小成本，并定义以下函数：

$$H(t,x,z)=f[t,x,z,e(t)]+V\{t+1,g[t,x,z,e(t)]\}$$

因此，给定了 $V(t+1,\cdot)$，也就给定了 $H(t,\cdot,\cdot)$，进而通过下式计算 $V(t,\cdot)$：

$$V(t,x)=\min_z\{H(t,x,z): z\in\mathbf{Z}, g[t,x,z,e(t)]\in\mathbf{X}\}$$

通过反复向前迭代，直到 $t=0$。目标函数的最优值由 $V(0,x_0)$ 给出。为了构建最优解，对于 $t=0, z(0)$ 为迭代公式中 z 的最优解，其中 $x=x_0$，并设 $x(1)$ 为函数 $g[0,x,z,e(0)]$ 中相应的值。对于 $t=1, z(1)$ 为迭代公式中 z 的最优解，其中 $x=x(1)$，并设 $x(2)$ 为函数 $g[1,x,z,e(1)]$ 中相应的值。以这种方式反复向后推算，直到 $t=T$。

从原则上说，这一方法是有效的。这一方法有效的事实被称为动态规划的最优原则（optimality principle of dynamic programming）。在实践中，精确的递归需要大量的计算，构造一个几乎不可能求解的问题很容易，注意要对于每一个时点都需要对每一个决策变量求解一个单独的最优化问题，因此常常借助数值近似技术求解。本书在第 3 章以及第 4 章均构建了有限周期的动态规划模型，并刻画了最优解的结构性特征。特别地，由于精确解获得的困难性，本书根据第 3 章的模型特征设计了两种近似算法，并验证了近似算法的有效性。

2.1.3 随机过程

随机过程是随时间而变化的数量模型，类似于动态系统，但是收到随机因素的影响。在库存系统的研究中，随机过程被用于对受到不可预知事件以及关键变量（例如净库存）影响的需求和供应建模。一个随机过程是由一系列随机变量 $\mathbf{X}=\{X(t): t\geqslant 0\}$，其中 $X(t)$ 表示在 t 时刻决策者感兴趣的数量。时间参数 t 可以是连续的（实数）或则离散的（整数）。由于本书主要研究了离散时间的随机过程，接下来将重点介绍离散随机过程的相关定义和重要结论。

在确定性系统中，状态汇总了与预测系统未来演化相关的所有可用信息。对于随机系统，存在一个相似的概念，利用适当状态建模的随机过程被称为马尔科夫过程。在离散时间情况下，说明 $[X(t+1)|X(t)]$ 的条件分布（对于所有的 t）就

足够了,初始条件则给出了 $X(0)$ 的分布。最简单的马尔科夫过程被称为马尔科夫链,它是离散时间、离散状态、时间齐次的马尔科夫过程,因此状态空间 S 是可数的。

随着时间推移,X 在 S 内从一个状态跳跃到另一个状态,被称为转换。转换概率是一些数字:$p_{ij}=\Pr\{X(t+1)=j\mid X(t)=i\}$,$i,j\in S$。由于 X 是时间齐次的,它们并不取决于 t。根据马尔科夫特性,p_{ij} 完整地描述了 X 的动态。根据定义,p_{ij} 满足条件:$p_{ij}>0$,$i,j\in S$;$\sum_{j\in S}p_{ij}=1$,$i,j\in S$。将这些概率汇集在矩阵 $P=(p_{ij})$ 则型号才能了转换概率矩阵。至此,为了完成 X 的说明,只需要初始条件 $X(0)$ 的分布。但是,通常人们对具有给定 S 和 P(涵盖了所有可能的初始分布)的一系列过程更感兴趣。学者们将整个过程族(family)称为一个马尔可夫链。本书在第 3 章与第 4 章求解有限周期动态规划模型时均借助了随机过程(更确切地说,是马尔可夫过程)的研究方法。

2.2 研究现状

结合本书的研究主题,将从以下五方面对国内外研究现状与发展动态进行综述:①农产品库存管理研究;②库存与加工集成研究;③库存与销售集成研究;④区块链技术相关研究;⑤精准农业相关研究。

2.2.1 农产品库存管理研究

库存管理问题在过去几十年中已经得到了学者们的广泛研究,并取得了非常丰硕的研究成果,Federgruen and Heching(1999 年),Yano and Gilbert(2005 年),Chen and Simchi-Levi(2012 年)等学者对此类问题进行了归纳总结。针对农产品库存管理问题,大部分学者的研究视角集中在农产品的易腐坏特性,此类问题称为"易腐品库存管理",Chen et al.(2014 年)对此类问题进行了综述。易腐品指具有有限使用时限或销售时限的产品,产品价值在短期内会显著下降。彭志强等人(2010 年)研究了考虑战略消费者的易腐品定价与柔性补货策略。Wang and Li(2012 年)研究了基于货架放置时间的动态定价策略,在降低产品腐坏损失的同时实现了收益增长。Dye(2013 年)研究了对非瞬时易腐品的保鲜技术投资决策,作者得到了该库存系统的最优补货策略。周振红与陈昀(2014 年)研究了在"近视消费者"与"战略消费者"并存的库存系统中,商家对易腐品的最优库存策略。段永瑞等人(2014 年)研究了有限周期中允许缺货且部分需求延迟满足的易腐品生产定价问题。肖勇波与龚媛媛(2014 年)建立了有限周期动态规划模型来研究针对有限数量易腐品的库存分配与采购决策。Gallego and Hu(2014年)研究了寡头垄断市场中各公司同时销售替代性与互补性易腐品的竞争性定价问题。Chen et al.(2014年)研究了有限周期中针对具有固定生命周期库存产品的最优补货与定价策略,特别地,作者在模型中考虑了管理者可以提前将未到达生命期末的产品进行策略性处理。吴忠和等人(2014年)研究了由一个生产加工商和多个零售商构成的现货农产品供应链中,如何利用考虑产品损耗和新鲜度的收益共享契约来协调突发紧急事件。Li et al.(2015年)研究了当易腐品具有随机需求时的联合库存与定价问题,并证明了最优定价与生产率、库存水平之间存在着线性反馈关系。李力(2015年)研究了连续时间的易腐品库存管理模型,作者假设库存水平同时受到生产率、需求率和产品腐坏速率的影响。Kouki et al.(2016年)研究了连续时间(s,c,S)库存系统中存在多个具有随机生命周期易腐品时的订货策略,并提出了迭代算法求解该问题。但斌等人(2017年)研究了考虑缺货顾客等待厌恶情绪的双易腐品零售商的多阶段预防性横向调拨与订货模型。Zhang et al.(2018年)针对周期性检查的易腐品库存系统提出了第一个非参数性的学习算法(learning algorithm)来求解各周期的订货水平。Chao et al.(2018年)针对存在订货提前期且订货容量有限的库存系统提出了近似算法,作者在算法中引入了 transient unit-matching rule 来匹配供需,同时引入了 associated demand processes 来更新需求,并通过数值算例证明了该算法的有效性。最近,Crama et al.(2019年)研究了易腐品的"库存-路径"问题,作者提出了新的算法求解该问题并从平均利润、服务水平、产品新鲜度三个维度验证了新算法的优势。李豪等人(2019年)构建了不完全信息博弈模型来分析易腐品生产加工商的动态定价与价格承诺策略。Akkas et al.(2019年)研究了消费者零售产品的过期问题,作者通过对10 000家零售店的数据进行分析发现:产品过期的程度与在库时间、最小订货准则、补货强度等诸多因素相关。唐振宇等人(2020年)研究发现柔性采购与期权预售联合决策模式可以有效降低需求波动带来的易腐品库存积压与缺货风险。Belavina(2020年)构建了双层易腐品库存模型来刻画杂货店的购买与产品过期情况,并分析了店面密度与食品浪费之间的关系。

一部分学者研究了农产品的其他特性与库存管理之间的关系,例如产出不确定、收获季节性、市场价格波动、需求替代性等。Shi et al.(2013年)研究了当农产品零售商面临随机供应与不确定市场价格时的联合采购与销售策略,作者证明当库存成本是凹函数时,sell-all-or-retain-all 是最优销售策略;当库存成本是凸函数时,sell-down-to 是最优的销售策略。毛照昉等人(2016年)研究了当商家销售季节性易腐品时的预售与回购决策,作者发现当商品单位成本较大或回购价格较低时,预售与回购联合策略能够使商家收益增加。Hekimoglu et al.(2017年)研究了考虑不确定天气与市场波动的葡萄酒产业定价与产品选择问题,作者同时考虑瓶装葡萄酒与葡萄期货产品,并刻画了最优解的结构特征。Liu et al.(2018 年)研究了当农产品市场价格波动服从几何布朗运动时,季节性农产品的最优联合采购与销售策略,作者证明最优销售策略为 sell-down-to policy。Anderson and Monjardino(2019 年)研究了农产品供应链中面临产出不确定的动态协调机制。最近,Liu et al.(2019 年)研究了果蔬品批发零售商在收获质量水平参差不齐的产品后,如何根据消费者的质量偏好异质性以及需求替代性决策销售策略。Levi et al.(2020 年)研究了农场供应链中受经济利益驱使的掺假行为,作者考虑了先发性与跟随性两类掺假行为,并分析了针对库存追溯与质量投资的最优策略。

特别地,季节性是果蔬品的重要特性之一,较大程度地限制了果蔬管理者的补货能力。本书分析中均考虑了季节性特征对果蔬管理者在有限周期中的库存以及生产加工策略的影响,所采用的建模方法借鉴了"基于量的收益管理研究(quantity-based revenue management)"。基于量的收益管理研究主要分析了如何根据外部价格,动态地将固定数量的库存用来满足不确定需求以实现收益最大化。基于量的收益管理广泛应用于机票销售、酒店房间预订、演唱会门票销售等领域中,例如航空公司如何根据各个舱位的剩余座位数和需求情况动态地放出剩余座位以实现收益最优。Talluri and Ryzin(2005 年)对收益管理领域的研究进行了详尽的综述。收益管理问题由 Littlewood(1972 年)首次提出,作者研究了如何基于座位期望边际收益将固定库存量分配给两类效益值不同的需求。Feng and Xiao(2001 年)研究了连续时间的收益管理模型,并证明了基于阈值(threshold-type)的库存控制策略最优。Talluri and Ryzin(2004 年)研究了面对价格敏感的需求时,如何将给定库存量以不同价格满足需求。Bersimas and de Boer(2005 年)刻画了网络环境下面临动态随机需求时的嵌套式的预订控制系统(nested character of booking-limit system)。越来越多的文章在网络结构下研究收益管理问题,并将消费者行为引入模型中,例如 Kunnumkal and Topaloglu(2010 年),Chaneton and Vulcano(2011 年),Grauberger and Kimms(2016 年)。

本书的分析方法与上述综述文献的区别在于:首先,基于量的收益管理模型中库存容量是不变的,例如飞机的座位数、酒店的房间数,而本书将库存容量作为果蔬品批发商和生产加工商重要决策变量;其次,在收益管理模型中,一旦完成固定投资,库存不再产生库存成本,而果蔬品需要特定条件下存储,会产生库存成本;再者,收益管理中的库存产品不具备易腐坏特性,本书考虑了果蔬品的易腐坏特性。

2.2.2 库存与加工集成研究

联合生产系统库存管理(inventory management for co-production system)描述了以下生产系统:一次生产中会同时得到多种产量不确定的产品,且不同产品之间存在质量差异,不同质量等级的产品可以向下替代(downward substitution)。联合生产系统的相关研究主要关注生产加工商的最优采购与生产决策,Chen et al.(2013年)对此类问题进行了详尽的文献综述。Bitran and Dasu(1992年),Bitran and Leong(1992年),Bitran and Gilbert(1994年)等研究了在多周期联合生产系统中面临不确定需求时的最优决策问题,学者们均提出了求解最优策略的算法。Gerchak et al.(1996年)研究了单周期联合生产系统中面临不确定需求时的最优采购问题。近年来,Hsu and Bassok(1999年),Rao et al.(2004年),Ng et al.(2012年)将面临随机需求的联合生产系统建模成一个两阶段随机规划问题,其中在第一阶段求解生产投入,在第二阶段求解最优库存分配策略。具体地,Hsu and Bassok(1999年)将此问题分解成带参数的网络流问题,并提供了有效的算法求解最优策略;Rao et al.(2004年)在模型中假设不同的原材料投入配比会生产得到不同产品,因此生产加工商还可以进行产品选择决策;不同于传统联合生产系统的目标函数为生产加工商的期望收益函数最大化,Ng et al.(2012年)将目标函数设定服务水平最优。Tomlin and Wang(2008年),Chen et al.(2013年),Transchel et al.(2016年)研究了单周期联合生产系统的产品分类、产品线设计等决策。最近,Boyabatli(2015年)和 Boyabatli et al.(2017年)研究了农业生产中对联合生产系统生产容量以及生产弹性进行投资的决策问题。

对比上述文献,本书所研究的固定产出比例技术的联合生产系统具有以下特征:生产所得的多种产品的产量之间存在着固定比例关系。而上述联合生产系统并没有考虑此特征。虽然基于固定产出比例技术的联合生产系统在农业、化工产业、炼油业等产业中得到广泛应用,Boyabatli(2015年),Sunar and Plambeck(2016年)均指出该技术并没有得到学者们的广泛关注。最近,Dong et al.(2014年)研究了基于固定产出比例技术的联合生产系统在炼油产业中的应用,作者重点分析了石油产品转化技术对炼油厂所带来的价值。Sunar and Plambeck(2016年)研究了当生产加工商利用固定产出比例技术生产得到横向差异化的产品时,如何分配碳排放税。Chen et al.(2017年)研究了固定产出比例技术的选择问题,作者在模型中假设不同的技术将得到不同的产出比例。显然,上述文献的研究主题与本书第4章的并不相同,与第4章研究主题密切相关的是 Boyabatli(2015年)的研究,该学者同样研究了该技术在农业生产中的应用。不同的是,该作者研究了单周期下的静态决策模型,而本书研究的是多周期下的动态决策模型,更符合农业生产的实际。

2.2.3 库存与销售集成研究

本书研究了果蔬零售商考虑消费者质量偏好异质性的分级销售策略,该策略

的设计思路与"产品线设计"以及"产品分类管理"两个研究领域密切联系,具体如下:

(1) 产品线设计研究(product line design)。根据学者 Moorthy(1984 年)和 Bertini et al.(2012 年)的定义:产品线设计的核心思想是在面对差异化需求时,生产加工商或零售商通过提供不同"价格-质量组合(price-quality combinations)"的产品,以尽可能多地赚取消费者剩余(consumer surplus)。Moorthy(1984 年)构建了同时选择最优产品线和定价的联合决策模型。Bertini et al.(2012 年)通过实证研究证明了扩大产品线会提高消费者对产品质量的敏感性,并得到结论消费者在面临缺货时更愿意购买高质量的替代产品。Guo and Zhang(2012 年)研究了考虑消费者谨慎态度(deliberation)的产品线设计问题,作者的研究显示一个公司在决策时是否需要考虑消费者的谨慎态度,取决于通过向差异化需求提供不同质量产品选择所带来的消费者剩余。Joshi et al.(2016 年)的研究表明,在双寡头竞争市场中,提供更长的产品线并不一定会吸引更多需求或促使厂商定价更高。Jing(2017 年)研究了基于消费者行为的价格歧视策略将如何影响公司的产品质量差异化决策及其盈利。Thomadsen(2012 年),Caldieraro(2015 年),Balachander(2017 年)则分别从产品线多样化与竞争强度之间的关系的角度研究了产品线设计问题。Chung and Lee(2017 年)研究了产品线设计对公司品牌效应的影响。Desai(2001 年)和 Yayla-Kullu et al.(2011 年,2013 年)则从产品竞争的角度研究了产品线设计问题。区别于上述文章着重于研究产品质量与价格决策,本书虽然分析了果蔬品质量与价格的差异性,但是考虑到果蔬品市场产品的质量分级取决于市场标准,且零售商规模有限不具备议价能力,因此上述两个参数在本书分析中均被视为外生变量。

(2) 产品分类管理问题(assortment planning problem)。此问题已经得到学者们的广泛关注,根据 Pan and Honhon(2012 年)定义:产品分类管理研究了当公司面临差异化需求时,如何从潜在的可选产品范围中挑选出用于销售的产品,从而实现收益最大化。Kok et al.(2015 年)对产品分类管理问题的相关研究进行了全面的综述。由于面对多种可选产品时,消费者若不能获得其首选产品,他们往往会选择购同类替代产品,因此需求转移现象是产品分类管理问题的重要考虑因素(Kok and Fisher,2007 年)。例如,全球大型 IT 产品分销商 Intcomex 通过建模来评估其库存单位(SKUs),该公司在模型中策略性地考量需求转移行为,并以收益最大化为目标函数进行库存单位决策(Bernales et al.,2017 年)。根据消费者的需求模型,产品分类管理问题的研究可以分类两大类:基于外生需求的模型和基于内生需求的模型(Tang and Yin,2010 年)。其中,基于外生需求的模型将提前假设各产品的需求量,例如 Kok 和 Fisher(2007 年);而在基于内生需求的模型中,各产品的需求量取决于消费者购买该产品所获得的个人效用(utility)。基于内生需求的模型研究又可以再细分为 MNL 模型(multinomial logit model)和 UM 模型(utility maximization model)两个子类,两者最大的区别在于:MNL 模型中,消费者基于购买不同产品所获得的不同效益,会以不同的概率购买各产品;在 UM 模型中,消费者只购买使其获得最大效益的产品。由于本书第 5 章中采用了 UM 模型来刻画消费者需求,因此本小节重点综述基于 UM 模型的产品分类管理问题。读者可以查阅 Ryzin and Mahajan(1999 年),Cachon et al.(2005 年),Maddah and Bish(2007 年)等的文献进一步了解基于 MNL 模型的产品分类管理问题的相关研究现状。

在基于 UM 模型的产品分类管理问题研究中,Pan and Honhon(2012 年)在模型中考虑了消费者在评估产品的效益时具有不同的质量偏好,作者研究发现公司的最优产品选择取决于消费者质量偏好的分布。Sauré and Zeevi(2013 年)研究了更一般化的产品选择问题,作者假设零售商并不了解消费者所获得的具体效益,但可以通过向消费者提供不同的产品选择方案从而观察消费者的购买行为,并不断更新消费者的效益分布信息。Qi et al.(2016 年)研究了当消费者的质量支付意愿(willingness-to-pay for quality)以及对基本产品的效益估值均存在差异时,如何制定最优的质量选择与定价决策。Wang and Sahin(2017 年)在研究中考虑了消费者的产品搜索成本(search cost),作者提出了名为 k-quasi-attractiveness-ordered 的产品分类方法,并证明该方法在目标函数为市场份额最大化时是近似最优的。Honhon and Pan(2017 年)发现,当公司所经营的是纵向差异化产品时,捆绑销售策略能够显著提高公司收益。Mahajan and van Ryzin(2001 年),Netessine and Taylor(2007 年),Honhon et al.(2010 年),Hondon and Seshadri(2013 年),Shunko et al.(2017 年)则研究了产品分类管理问题中的最优采购与生产决策。将上述文献与本书进行比较可以发现:传统库存与销售集成研究多假设各产品产量独立,而本书考虑了分级销售策略下,加工后所得的各等级果蔬品产量间存在着负相关关系的特征。

在采取分级销售策略时,考虑到高、低品质两类产品需求存在明显的替代性,本书的分析方法还与替代品库存管理研究有密切关联,Shin et al.(2015 年)对替代性产品库存管理问题的相关研究进行了非常详细的综述。当前替代性产品库存管理研究通常可以分类两大类:供应商驱动的需求替代和消费者驱动的需求替代。其中,供应商驱动的需求替代由供应商发起,高等级产品可以以低等级产品的价格满足低等级产品的需求(Xu et al.,2011 年)。Pasternack and Drezner(1991 年)研究了含两种替代产品的库存模型,当某产品发生缺货时,该产品未满足需求一定会以购买另一种产品。Bassok et al.(1999 年)研究了多替代性产品的库存问题,所有的产品均可以向下替代,作者证明贪婪策略即为最优库存策略。Karaesmen and van Ryzin(2004 年)研究了库存可预订时,多等级可替代库存产品时的超售问题。Shumsky and Zhang(2009年)研究了多周期环境下的库存分配问题,其中低等级的缺货需求能由高等级产品满足。

不同于供应商驱动的需求转移,消费者驱动的需求转移由消费者在面对首选产品缺货时发起(Xu et al.,2011年)。Smith and Agrawal(2000年)构建了可替代产品的概率需求模型,并提出了确定各产品库存水平的方法。Nagarajan and Rajagopalan(2008年)研究存在两种可替代产品的库存模型,并得出"partially decoupled"策略是最优库存策略。Dutta and Chakarborty(2010年)研究了模糊环境下的单周期、双产品的库存模型,其中两种产品之间存在单向替代的关系。Huang et al.(2011年),Chiang(2010年),Gilland and Heese(2013年)亦研究了类似的问题。最近,Xu et al.(2011年,2016年)研究了当产品间存在弹性替代关系时的库存问题,在该库存系统中,需求替代行为由供应商和消费者同时决定。作者刻画了最优库存策略的结构。上述文献均假设各替代产品库存是相互独立且确定的,而本书假设两种替代性产品的产量之间存在着负相关关系,且具体产量是不确定值,更符合果蔬供应链的管理实际。

2.2.4 区块链技术相关研究

此部分重点中从运营管理(operations management)角度探讨区块链应用的文献。于丽娜等人(2017年)通过分析农产品流通中的问题,并基于区块链技术特点和架构提出了基于区块链的农产品供应链逻辑框架。Babich and Hilary(2020年)分析了区块链应用的五大优势和五大弱点,并提出了区块链应用与运营管理的三大方向,即信息化(information)、自动化(automation)和标记化(tokenization)。Olsen and Tomlin(2020年)将区块链的应用同工业4.0结合起来,同样提出了区块链在运营管理中的三大应用方向,即信息存储,智慧合约(smart contracts)和去中介化(elimination of intermediaries)。Hastig and Sodhi(2020年)对区块链有关的研究进行了系统性的分析并提出了决定区块链技术在供应链中得到成功应用的商业要求,包括消除不合法行为、提高可持续性、提高运作效率、加强供应链协调以及觉察市场趋势。郑雪静与熊航(2020年)通过对传统食品追溯系统与基于区块链的食品追溯系统的对比分析,梳理了食品供应链中数据要素及其发挥的作用,进而归纳出区块链技术对数据要素价值实现的作用。

上述研究主要从"定性"的角度分析了区块链技术在运营管理中的应用,最近,越来越多的研究者开始运用"定量"模型分析区块链在供应链管理中的应用价值。Chod et al.(2020年)设计了开源的区块链协议从而实现在供应链中大规模、低成本的透明度。Tsoukalas和Falk(2020年)分析了"τ-weighting voting mechanism"在分散决策的区块链平台上的表现。Gan et al.(2020年)研究了考虑道德风险、产品属性、需求不确定性的资产标记化问题。Wang et al.(2021年)针对典型供应链结构接受设计了基于区块链的数据分享平台,从而保障供应链上的数据能够进行可靠的分享。以上文献并未针对食品或农产品供应链来分析区块链在其中的应用价值。Cui et al.(2020年)和Dong et al.(2020年)则研究了区块链在食品供应链中的追溯性价值。其中,Cui et al.(2020年)分析了两种供应链结构,即平行式(parallel)供应链和链式(serial)供应链,并分析了区块链是如何影响管理者的质量决策以及供应链契约。他们的研究表明区块链技术通过提高供应链的可追溯性实现了在平行式供应链中的最优质量契约,并实现了在链式供应链中降低了产出质量不确定性的风险。Dong et al.(2020年)从食品污染的角度(例如美国的菠菜大肠杆菌污染事件)分析了区块链提高可追溯性的而价值。作者构建了一个三层的食品供应链结构,并发现通过利用区块链技术提高供应链的可追溯性能够提高链上所有成员的直接收入,但是使得供应链上游成员的决策被下游成员的战略性定价削弱。受到Cui et al.(2020年)和Dong et al.(2020年)的启发,本书将在第三篇"数据驱动篇"探索区块链技术在果蔬供应链中的可追溯性价值,主要从降低果蔬生产上道德风险(即谎报果蔬质量)的角度进行分析。特别地,上述两篇文献指考虑了两个(两类)供应商并假设所有消费者的偏好均相同,本书所构建的模型将假设多个提供不同质量产品的供应商在链上竞争,并分析了消费者具有不同的"性价比偏好"。显然,本书所构建的模型更符合果蔬供应链管理的现实情境,具有较强的理论和现实意义。

2.2.5 精准农业相关研究

精准农业的相关研究并不丰富,方向明与李姣媛(2018年)、Shannon et al.(2020年)对相关的研究进行了概述。近年来,学者们多从技术层面研究了精准农业在提高生产效率、产品追溯以及节约资源等方面的优势。例如,Gebbers and Adamachuk(2010年)研究了精准农业在食品安全中的应用;Aubert et al.(2012年)分析了IT技术在精准农业中作为农民决策支持的应用;Mulla(2013年)分析了遥感技术在精准农业中的应用及其存在的应用缺陷;Srbinovska et al.(2015年)为蔬菜温室构建了低成本的无线传感网络来实时监测生产过程中的环境因素(包括温度、湿度以及光照);Khanal et al.(2017年)研究了远程热感器在精准农业中的潜在应用,例如绘制"作物成熟度地图"(maturity mapping)以及"作物产量地图"(yield mapping);Balafoutis et al.(2017年)研究了精准农业对降低温室气体排放、提升农业生产效率以及增加农业效益的正面作用;王海涛与张丹(2017年),龙珂与线权中(2017年)总结了北斗高精度位置服务在精准农业中的应用;Duhan et al.(2017年)探索了纳米技术在精准农业中的应用;Puri et al.(2017年),Milics

(2019年)以及 Tsouros et al.(2019年)分析了农业无人机在精准农业中的应用；Monzon et al.(2018年)通过案例研究证明了精准农业对产量以及收益的提升作用；Bendre et al.(2015年)与 Coble et al.(2018年)分析了大数据下的精准农业在未来的农业生产中将面临的挑战；Khanna and Kaur(2019年)分析了物联网技术对精准农业带来的革新。此外，部分学者从发展模式的角度总结了精准农业的推广经验。例如，杨盛琴(2014年)，方向明与李姣媛(2018年)对各国精准农业的实践情况进行了横向比较，并结合中国的农业生产现状提出了在我国推行该技术的建议。温佳伟等人(2017年)总结了精准农业在日本的应用现状与经验，并分析了未来可能的应用场景。Thompson et al.(2019年)则从农民感知的角度分析了精准农业四大技术为其生产带来的益处及农民的参与意愿，并为精准农业的发展模式提出了建议。

2.2.6 现有研究总结与评述

(1) 当前对于数据技术在果蔬供应链中应用的研究集中在技术层面。通过详细的文献综述发现：鲜有文献定量分析(尤其从运营管理角度)数据技术如何在供应链管理中得到应用。本书将在第二篇"运作管理篇"和第三篇"数据驱动篇"中通过数学建模的方法探讨数据技术在果蔬供应链管理中的价值。

(2) 绝大部分农产品供应链管理研究关注其易腐坏特性，鲜有关注果蔬品的其他特性，例如其生产季节性、需求替代性、市场波动性等。本书将综合考量果蔬品的不同特性对果蔬供应链管理的影响，所得的管理学启示将有助于管理者在实践中参考借鉴。

第二篇　运作管理篇

　　果蔬供应链管理涉及种植、生产加工、运输、储藏、销售等环节,由于果蔬品独特的产品、需求与市场特性,其供应链管理的各个环节均与普通产品或工业化生产的食品有较大的差别。例如,如何根据果蔬品质量进行定价,如何根据市场价格波动调整库存策略等。本篇将从运作管理的角度建模分析果蔬供应链管理各个环节中的最优决策,包括库存、销售、生产加工等策略。本篇中所应用的分析方法是建立在传统的优化模型上,并结合果蔬品特性进行了合理地改造,可为其他研究者在研究果蔬供应链管理问题时提供参考借鉴。此外,本篇还通过现实案例对分析结果进行了管理学阐释,可为果蔬供应链的一线管理者提供决策依据。

第3章 考虑产品季节性与易腐坏特性的库存与销售策略

3.1 引　　言

绝大部分的果蔬品都具有季节性与易腐坏的特性,即产品只在特定的季节收获,且经过长时间的库存后品质会下降。此外,果蔬品批发商较整个市场而言往往规模较小,不具备定价能力,而是面对持续波动的市场价格。消费者往往是对价格敏感的,在面对波动的市场价格时通常将历史价格作为购买决策的参考,即价格参考行为。在此情形中,果蔬品批发商从农民或上级供应商处采购产品后,将其储存于特定的环境中保管(如冷库、恒温库等),并在产品的下一个收获季节到来之前,根据市场状况(包括市场价格变化、需求变化等)以及库存变化情况分批分量地将库存进行销售,以实现收益最大化。批发商所面临的决策分别是:①在产品收获季节的采购量;②在各个销售周期中的库存分配量。本章研究了在同时考虑上述因素下批发商的最优库存与销售策略。

3.2　模型假设与参数定义

假设某果蔬品相邻两个的收获季节之间间隔了 T 个销售周期(例如周、月等),批发商在销售周期期初以单位采购成本 c 采购 Q(决策变量)单位产品。消费者在各周期的需求量由历史价格以及当前的市场价格共同决策,并随着购买周期推进不断更新。用 p_t 和 r_t 表示第 t 周期的市场价格和消费者参考价格,借鉴 Dye and Yang(2016 年)的方法,消费者在第 $t+1$ 周期的参考价格可表示为

$$r_{t+1} = \alpha r_t + (1-\alpha) p_t \tag{3.1}$$

式中,$0 \leqslant \alpha \leqslant 1$ 刻画了消费者在参考价格更新时对历史价格的倚重程度。根据

Fibich et al.(2003年)、Dye and Yang(2016年),考虑消费者价格参考行为、价格敏感性、无风险偏好(risk-neutral)的需求形式如下:

$$D(p_t,r_t)=a-bp_t-\lambda(p_t-r_t)+\varepsilon=d(p_t,r_t)+\varepsilon \quad (3.2)$$

式中,$a>0$ 刻画了市场规模;$b>0$ 刻画了需求对当前市场价格的敏感性;$\lambda>0$ 刻画了估价落差对需求的影响;$d(p_t,r_t)$ 刻画了当前市场价格和参考价格对需求的综合影响;$\varepsilon\in[\underline{\varepsilon},\bar{\varepsilon}]$ 刻画了需求不确定性,并用 $f(\cdot)$ 与 $F(\cdot)$ 分别表示 ε 的概率密度函数(PDF)与累计概率分布函数(CDF)。容易发现,消费者的参考价格越高,其对高市场价格的接受度亦越高,整体需求量则越大;另外,由于需求的价格敏感性,市场价格越高,又会使整体需求量降低。

受到天气原因、整体收成情况、节庆时节等因素的影响,果蔬品的市场价格往往是高度波动的,图 3.1 描绘了中国农业部公布的苹果等 6 种水果从 2016 年 7 月至 2018 年 4 月的均价变化情况。为了刻画市场价格的波动行为,本章采用金融领域广泛使用的数学工具:几何布朗运动(Geometric Brownian Motion,该方法的更多信息请参见 Berling and Martínez-de-Albéniz,2011 年)。基于几何布朗运动的价格波动行为可以刻画为

$$\mathrm{d}p_t=\mu p_t \mathrm{d}t+\sigma p_t \mathrm{d}W_t \quad (3.3)$$

式中,$\mu\in R$ 表示几何布朗运动的偏移量,即价格波动的整体趋势;$\sigma>0$ 刻画了价格波动的幅度;W_t 刻画了维纳运动过程(Wiener process)。根据 Dixit 和 Pindyck(1994 年),若第 t 周期的市场价格 p_t,在几何布朗运动价格波动过程中,第 $t+1$ 的市场期望价格可以表达为

$$E[p_{t+1}|p_t]=p_t \cdot \mathrm{e}^\mu \quad (3.4)$$

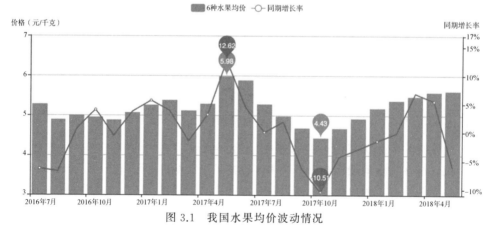

图 3.1 我国水果均价波动情况
(资料来源:中国农业信息网)

至此,批发商的决策过程如图3.2所示。在第一周期期初,批发商首先观察到产品市场价格 p_1 及采购成本 c,并决策采购量 Q。收到订单后(本章假设订货提前期为0),批发商决策预留给第一周期销售的批量为 x_1,并将剩余批量 $Q-x_1$ 储存于冷库等特定环境中以用于未来周期销售,库存产品的单位库存成本为 h。由于果品具有易腐坏特性,到下一销售周期到来时,可用库存量下降到了 $\theta(Q-x_1)$,其中 $0<\theta<1$ 表示产品保存率(对应的,$1-\theta$ 则表示产品腐坏率,Cai et al.,2010年)。在第一周期的销售过程中,需求产生并由批量 x_1 满足,未满足需求直接丢失。这是因为果蔬品在市场上的同类产品较多,消费者未购买到心仪产品可转而购买其他商家产品;此外,取出而未售完的产品将以0残余价值处理,这是因为脱离了特定库存环境的果蔬品会在短时间内迅速腐坏,不能用于再次销售。在第 t 周期期初,批发商首先检查可用库存 I_t,同时观察到该周期的市场价格 p_t,并决策预留给该周期销售的批量 x_t。同样地,剩余库存 I_t-x_t 将以一定成本储存,需求实现并得到满足,未满足需求时,未售出产品以0残值处理。到最后一个周期,即第 T 周期,批发商取出所有可用库存来满足需求,期末若有未售出产品,将仍以0残值处理。

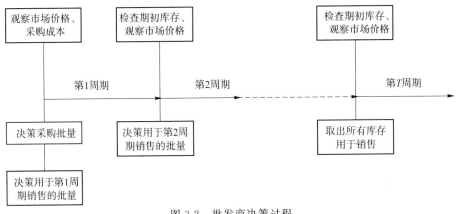

图3.2 批发商决策过程

3.3 模型构建

本节将构建有限周期动态规划模型来分析果蔬品批发商的最优决策。在模型构建前,首先定义参数 $z_t=I_t-x_t (0 \leqslant z_t \leqslant I_t)$,表示预留给未来周期销售的库存量。由此,批发商的决策变量转化为期初采购量 Q 以及各周期的库存预留量 $(z_1,z_2,\cdots,z_T)$。模型的目标是使果蔬品批发商在整个销售周期的总期望收益最大。用 $V_t(I_t)$ 表示第 t 周期期初库存为 I_t 时,并在本周期以及之后每个销售周期均采用最优库存分配策略下,批发商在第 t 到 T 周期所获得的总期望收益。批发商的动态规划模型如下:

$$V_t(I_t) = \sup_{0 \leqslant z_t \leqslant I_t} \Pi_t(I_t, z_t) \tag{3.5}$$

$$\Pi_t(I_t, z_t) = E\{p_t[(I_t - z_t) \wedge D(p_t, r_t)]\} - h\theta z_t + EV_{t+1}(\theta z_t)|_{p_t} \tag{3.6}$$

$$R_t(I_t, z_t) = E\{p_t[(I_t - z_t) \wedge D(p_t, r_t)]\} - h\theta z_t \tag{3.7}$$

$$I_{t+1} = \theta z_t \tag{3.8}$$

$$V_T(I_T) = E\{p_T[I_T \wedge D(p_T, r_T)]\} \tag{3.9}$$

式中,$x \wedge y =: \min(x, y)$;$R_t(I_t, z_t)$ 表示第 t 周期期初库存为 I_t,且为未来销售周期预留的库存量为 z_t 时,果品批发商在第 t 周期所获得的期望收益。根据定义可得

$$E\{p_t[(I_t - z_t) \wedge D(p_t, r_t)]\} = p_t \left\{ \int_{\underline{\epsilon}}^{I_t - z_t - d(p_t, r_t)} [d(p_t, r_t) + u] f(u) du + \int_{I_t - z_t - d(p_t, r_t)}^{\bar{\epsilon}} (I_t - z_t) f(u) du \right\} \tag{3.10}$$

上述动态规划模型借鉴了典型的"基于量的收益管理(quantity-based revenue management)"的建模思想,此类模型具有以下特征:①库存总量固定不变,且库存不具备易腐坏特性,不产生库存成本。收益管理中的库存往往是演唱会座位、飞机舱位、酒店房间等,一旦完成固定投资,库存量就通常不再发生变化;②收益管理模型中不同档次的产品会带来不同收益,并假设低收益顾客(low-fare-class customer)先到达。通过对比可知,本章模型在收益管理思想的基础上融入了果蔬品的产品特性,并把销售周期期初采购量作为批发商的决策,且各周期均会产生库存成本。因此,本章研究方法与传统的收益管理模型有显著区别。学者 Baron et al.(2015 年)以及 Dye and Yang(2016 年)在研究易腐坏产品库存管理模型时,同样考虑了消费者的价格参考行为。将本书与上述文献对比可以发现:上述文献假设批发商或生产加工商能在各个周期进行补货并且为产品定价;而在本章模型中,由于产品的季节性,只允许批发商在销售周期期初订货,之后不能进行补货。此外,批发商不能决策产品销售价格,而是面临高度波动的市场价格。综上分析,本书模型具有一定理论创新,更符合果蔬品市场的现实情境。

3.4 最优库存策略分析

本节将采用传统动态系统的逆向分析法来求解动态规划式(3.5)~式(3.9)的最优策略,即从最后一个销售周期开始分析批发商的最优库存分配策略,然后向之前周期推进求解各周期的最优策略,直到第一周期求解得到批发商的期初最优

采购量。此外,本节还分析了消费者的价格参考行为对批发商最优期望收益的影响。

3.4.1 最优库存分配策略

本小节将分析在期初采购量给定的情况下,批发商将如何决策各销售周期的最优库存分配策略。首先介绍以下引理。

引理 3.1 若函数 $f(x,y)$ 是关于 x 和 y 的联合凹函数,那么 $g(y) = \sup_{x \leqslant y} f(x,y)$ 是关于 y 的凹函数。

借助引理 3.1 可以证明,批发商的最优库存分配策略遵循以下特征:对于周期 $t=1,2,\cdots,T-1$,每个周期都存在"最小库存预留线",表示为 $z_t^0(I_t)$,如果该销售周期的期初库存量高于最小库存预留线时,即 $I_t > z_t^0(I_t)$,那么批发商只需要预留 $z_t^0(I_t)$ 库存用于未来周期销售,然后将剩下的所有库存均取出用于本周期销售;如果该销售周期的期初库存量低于最小库存预留线,即 $I_t \leqslant z_t^0(I_t)$,那么批发商应该将所有的库存用于未来周期销售。批发商的上述最优库存分配策略的数学表达如下:

$$z_t^*(I_t) = \begin{cases} z_t^0(I_t), & I_t > z_t^0(I_t) \\ I_t, & 其他 \end{cases} \quad (3.11)$$

本书将此库存分配策略称为"销售下限策略"(sell-down-to policy)。显然,"销售下限策略"逻辑非常简单,具有很好的可操作性,降低了批发商的管理难度。批发商的核心决策即是决策各个周期的 $z_t^*(I_t)$。定理 3.1 分析了批发商最优期望收益函数的结构特征,并正式给出了批发商的最优库存分配策略。

定理 3.1 对于周期 $t=1,2,\cdots,T-1$,具有以下性质:

(1) $R_t(I_t, z_t)$ 是关于 I_t 和 z_t 的联合凹函数;

(2) $V_t(I_t)$ 是关于 I_t 的凹函数;

(3) 批发商的最优库存分配策略是"销售下限策略"。

上述定理所得到的最优库存分配策略和传统库存控制问题中的 base-stock 策略非常相似,其中,$z_t^0(I_t)$ 对应于 base-stock level。两个策略的核心区别在于:管理者的操作方向完全相反,即"销售下限策略"描述了管理者应该如何削减库存水平,而 base-stock 策略描述了管理者应该如何提高库存水平;此外,$z_t^0(I_t)$ 与期初库存 I_t 息息相关,这是因为批发商只有一次机会订货,而 base-stock level 则与期初库存无关。另一个与"销售下限策略"相似的即是收益管理中的 capacity-protection 策略,capacity-protection 策略描述了管理者应该如何决策预留给不同顾客群体的库存容量。例如,航空公司在机票销售中应该预留多大比例全价票给商务人士或急客,而预留多大比例的机票用于打折销售。$z_t^0(I_t)$ 则对应于该策略中的 protection level。但是,在 3.3 节的模型比较中已经提到,传统的收益管理模型中并不涉及产品的易腐坏特性与库存成本,而本书模型则考虑了上述因素。定理 3.1 得到的策略与 Shi et al.(2013 年)在其研究中定理 3 所得到的 sell-down-to 策略很相似,然而 Shi et al.(2013 年)的模型中允许各个周期中进行补货,因此各个周期所得的 sell-down-to level 与期初库存无关。

接下来的定理 3.2 刻画了 $z_t^0(I_t)$ 与期初库存 I_t 的关系。

定理 3.2 对于周期 $t=1,2,\cdots,T-1, z_t^0(I_t)$ 是关于 I_t 的非减函数。

上述定理表明,各销售周期的期初库存越高,批发商会预留更多的产品用于未来周期销售。这是因为:即使当前的市场价格相对较高,批发商仍有动机将更多产品预留给未来周期销售以期待可能出现的更高的市场价格,此即典型的"投机心理"。此外,预留过多的产品用于当前周期销售可能导致产品滞销,而滞销产品残值很低,会给批发商造成较大滞销损失。

为了求解 $z_t^0(I_t)$ 与 $z_t^*(I_t)$,现定义以下两个函数:

$$\varphi_{1,t}(I_t,z_t) = p_t \int_{I_t-z_t-d(p_t,r_t)}^{\bar{\varepsilon}} f(u)\,\mathrm{d}u + h\theta = p_t \bar{F}(I_t - z_t - d(p_t,r_t)) + h\theta \tag{3.12}$$

$$\varphi_{2,t+1}(z_t) = \frac{\partial E(V_{t+1}(\theta z_t)|p_t)}{\partial z_t} \tag{3.13}$$

式中,$\varphi_{1,t}(I_t,z_t)$ 刻画了在第 t 周期多销售 1 单位产品所获得的期望边际收益,该函数的第一项计算了在考虑需求丢失情况下的期望销售额;第二项计算了产品销售所带来的库存成本节省。$\varphi_{2,t+1}(z_t)$ 刻画了在第 $t+1$ 周期多预留 1 单位产品到未来周期所获得的期望边际收益。至此可以得到:

$$\frac{\partial R_t(I_t,z_t)}{\partial z_t} = -\varphi_{1,t}(I_t,z_t) + \varphi_{2,t+1}(z_t) \tag{3.14}$$

根据定理 3.1 中所得到的凹性可知,$\varphi_{2,t+1}(z_t)$ 是关于 z_t 的单调递减函数。此外,对于给定的 I_t,易证明 $\varphi_{1,t}(I_t,z_t)$ 是关于 z_t 的单调递增函数。因此,$\dfrac{\partial R_t(I_t,z_t)}{\partial z_t}$ 是关于 z_t 的单调递减函数。由此可得

$$\min_{0 \leqslant z_t \leqslant I_t} \varphi_{2,t+1}(z_t) = \varphi_{2,t+1}(I_t), \quad \max_{0 \leqslant z_t \leqslant I_t} \varphi_{2,t+1}(z_t) = \varphi_{2,t+1}(0) \tag{3.15}$$

式中:

$$\begin{aligned}
\varphi_{2,t+1}(0) &= \lim_{z_t \to 0} \frac{\partial E(V_{t+1}(\theta z_t)|p_t)}{\partial z_t} \\
&= \lim_{z_t \to 0} \frac{\partial E\{p_{t+1}[\theta z_t \wedge d(p_{t+1},r_{t+1})]|p_t\}}{\partial z_t} \\
&= \theta \mathrm{e}^\mu p_t
\end{aligned} \tag{3.16}$$

现考虑以下三种情况。

（1）若 $p_t+h\theta\leqslant\varphi_{2,t+1}(I_t)$，此时有 $\left.\dfrac{\partial R_t(I_t,z_t)}{\partial z_t}\right|_{z_t=I_t}\geqslant 0$。因此批发商应将所有库存用于未来周期销售，即 $z_t^0(I_t)=I_t, z_t^*(I_t)=I_t$。

（2）若 $p_t\overline{F}(I_t-z_t-\mathrm{d}(p_t,r_t))+h\theta\geqslant\theta\mathrm{e}^\mu p_t$，此时有 $\left.\dfrac{\partial R_t(I_t,z_t)}{\partial z_t}\right|_{z_t=0}\leqslant 0$。因此批发商应将所有库存用于本周期销售，即 $z_t^0(I_t)=0, z_t^*(I_t)=0$。

（3）若 $p_t+h\theta>\varphi_{2,t+1}(I_t)$ 且 $p_t\overline{F}(I_t-z_t-\mathrm{d}(p_t,r_t))+h\theta<\theta\mathrm{e}^\mu p_t$，此时存在唯一的 $z_t^0(I_t)\in(0,I_t)$ 使得 $R_t(I_t,z_t)$ 取得最大值，则有 $z_t^0(I_t)=z_t^*(I_t)$。

将上述分析归纳与表 3.1 中，即可得到了批发商的最优库存分配策略。

定理 3.3 批发商的最优库存分配策略如表 3.1 所示。

表 3.1 批发商最优库存分配策略

期望边际收益条件	$z_t^*(I_t)$
$p_t+h\theta\leqslant\varphi_{2,t+1}(I_t)$	$z_t^*(I_t)=I_t$
$p_t\overline{F}(I_t-z_t-\mathrm{d}(p_t,r_t))+h\theta\geqslant\theta\mathrm{e}^\mu p_t$	$z_t^*(I_t)=0$
$p_t+h\theta>\varphi_{2,t+1}(I_t), p_t\overline{F}(I_t-z_t-\mathrm{d}(p_t,r_t))+h<\theta\mathrm{e}^\mu p_t$	$z_t^*(I_t)=z_t^0(I_t), 0<z_t^0(I_t)<I_t$

由表 3.1 可知，$z_t^*(I_t)$ 可能的取值只有 3 个，并由期望边际收益决定。具体地，若第 t 周期的期望边际收益非常低，即 $p_t+h\theta\leqslant\varphi_{2,t+1}(I_t)$，那么批发商应该将所有库存预留给未来周期销售；相反地，若第 t 周期的期望边际收益非常高，即 $p_t\overline{F}(I_t-z_t-\mathrm{d}(p_t,r_t))+h\theta\geqslant\theta\mathrm{e}^\mu p_t$，那么批发商应该将所有库存用于当前周期销售；若第 t 周期的期望边际收益居中，即 $p_t+h\theta>\varphi_{2,t+1}(I_t)$ 且 $p_t\overline{F}(I_t-z_t-\mathrm{d}(p_t,r_t))+h<\theta\mathrm{e}^\mu p_t$，那么批发商的最优库存分配策略则遵循"销售下限策略"。上述策略的决策思想与 Littlewood's Rule 非常相似，Littlewood's Rule 的核心思想是：是否拒绝或接受某个需求，取决于接受该需求所带来的期望边际收益与预留库存到未来销售所带来的期望边际收益的相对大小；$z_t^0(I_t)$ 则对应了 Littlewood's Rule 中的 optimal protection level。同样地，Littlewood's Rule 是基于收益管理视角的研究，并没有考虑产品的易腐坏特性和库存成本。

3.4.2 最优采购策略

要决策批发商的最优订货量 Q^*，只需求解 $\max \xi(Q)=V_1(Q)-cQ$。由定理 3.1 可知，$\pi(Q)$ 是关于 Q 的凹函数。因此，$\dfrac{\partial \xi(Q)}{\partial Q}=\dfrac{\partial V_1(Q)}{\partial Q}-cQ=\dfrac{\varphi_{2,1}\left(\dfrac{Q}{\theta}\right)}{\theta}-c$

是关于 Q 的单调递减函数。如果 $\lim\limits_{Q\to\infty}\varphi_{2,1}\left(\dfrac{Q}{\theta}\right)\geqslant c\theta$，那么对于所有的 $Q>0$ 均有 $\dfrac{\partial \xi(Q)}{\partial Q}\geqslant 0$，此时批发商应该尽可能多地采购产品；如果 $\varphi_{2,1}(0)=p_1<c\theta$，那么对于所有的 $Q>0$ 均有 $\dfrac{\partial \xi(Q)}{\partial Q}<0$，此时批发商不应该采购任何产品；否则，存在着唯一最优的采购批量 $Q^*=\theta\varphi_{2,1}^{-1}(c\theta)$，使得批发商的期望利润最大。将上述分析归纳于定理 3.4 中，则可得到批发商的最优采购策略。

定理 3.4 果品批发商的最优采购策略如下：

(1) 若 $\lim\limits_{Q\to\infty}\varphi_{2,1}\left(\dfrac{Q}{\theta}\right)\geqslant c\theta$，批发商应该尽可能多地采购产品；

(2) 若 $p_1<c\theta$，批发商不应该采购任何产品；

(3) 否则，批发商的最优采购批量为 $Q^*=\theta\varphi_{2,1}^{-1}(c\theta)$。

定理 3.4 表明，批发商的最优采购量由采购成本、产品的腐坏特性以及批发商在第 1 周期所获得的期望边际收益共同决定。从定理 3.4 中可知，最优采购量随采购成本递减，这与直观并不符合。这是因为：本章模型中假设第 1 周期的市场价格与当年收成情况（即采购成本）无关，而现实情况中，当年的收成情况会毫无疑问地影响当年的市场价格，本章将在 3.5.1 节中通过数值实验进一步分析收成情况对批发商最优决策的影响。

分析定理 3.4 还可以发现，$\varphi_{2,1}^{-1}(c\theta)$ 是关于 θ 的单调递减函数，因此 $Q^*=\theta\varphi_{2,1}^{-1}(c\theta)$ 关于 θ 的单调性并不确定，这同样与人们的直观经验相违背。直观经验认为：如果产品的腐坏率越高（即较小的 θ），那么批发商应该降低采购量来避免产品腐坏损失。对于上述现象可做如下解释：在市场价格波动情况下，未来销售周期中很可能出现高价市场，若此时批发商未持有库存，他们将错失绝佳的盈利机会。通过本章分析可以发现，批发商的采购决策必须综合考虑产品特性和市场情况。虽然定理 3.4 不能得到确切形式的解，但是批发商收益函数的凹性保证了管理者可以利用计算机快速地求解最优策略。

3.4.3 消费者行为对最优策略的影响

定理 3.5 分析了消费者的价格参考行为对批发商的期望收益的影响。

定理 3.5 对于周期 $t=1,2,\cdots,T$，给定期初库存量 I_t，批发商的最优期望收益函数 $V_t(I_t)$ 是关于期初参考价格 r_1 的单调递增函数。

定理 3.5 表明，销售周期期初参考价格较高，批发商将获得更高的收益。这是因为：根据消费者参考价格的更新模式，即 $r_{t+1}=\alpha r_t+(1-\alpha)p_t$，较高的期初参考价格会使消费者在未来销售期中建立更高的心理价格预期，因此对高价产品接受度更高。Dye and Yang（2016 年）对参考价格的分析也得到了类似的结论，但是他们在模型中假定了确定性需求，而本章将其拓展到不确定性需求的情境。

3.5 数值分析

本节将利用数值实验进一步分析果蔬品特性和消费者行为等因素将如何影响批发商的最优策略。本数值实验分为两个部分:第一部分研究了各个参数对批发商最优策略的影响,例如价格波动、消费者价格参考行为、收成情况、产品腐坏率等因素;第二部分将提出两种近似算法来辅助批发商进行决策,并将最优策略与近似算法进行比较来分析近似算法的有效性及适用条件。

本数值分析假设批发商的销售周期长度为 4 个周期,市场价格波动服从均值为 $\mu=0$、标准差为 $\sigma=0.2$ 的几何布朗运动。需求随机变量 ε 服从均值为 $\mu_\varepsilon=0$,标准差为 $\sigma_\varepsilon=1$ 的截断正态分布(truncated normal distribution)。基于对中国农产品市场需求现状、物流成本、库存成本等信息的调研,其他参数值设定如下:$a=80, b=5, \theta=0.8, c=0.3, p_1=1.5, r_1=1.2, h=0.1, \alpha=0.5, \lambda=2$。

3.5.1 参数敏感性分析

1. 市场价格波动

本组算例将改变几何布朗运动的均值 μ 让其在 -1 到 1 之间取值,μ 刻画了市场价格波动的整体趋势,其中,μ 取正(负)值表示市场价格呈现整体上升(下降)的趋势。此外,本组算例分别对 3 组不同的 σ 值进行考察,让其取值 0、0.2、0.4,σ 刻画了市场价格波动的幅度,σ 值越大说明市场价格波动越剧烈。本组算例实验结果如图 3.3 所示。

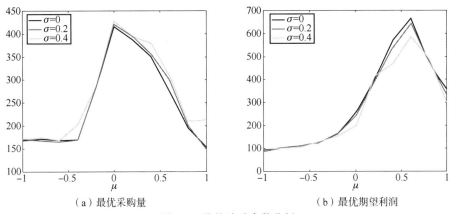

(a) 最优采购量　　　　　　　(b) 最优期望利润

图 3.3　价格波动参数分析

由图 3.3 可知,随着市场价格波动趋势上升,即 μ 增大,批发商的最优采购量和最优期望收益均呈现出先上升然后下降的变化趋势,这种现象并不符合人们的直观经验。直观经验认为:如果市场价格上升的趋势越明显,未来销售期中出现高价市场的概率就会越大,那么果品批发商将有动机采购并预留更多产品给未来销售期以获得高收益。上述现象可解释如下:虽然未来销售期的市场价格会急剧上升,但会导致价格敏感的需求总量下降,出现"有价无市"的局面,批发商若囤积过多的库存,将会遭受严重的滞销损失。

从图 3.3 中还可以观察到:随着市场价格波动水平增大,即 σ 增大,果品批发商的最优采购量由黑线增长到红线,最终到达绿线;相反地,批发商的最优期望收益则是随之下降的。上述现象表明,市场价格不确定性对批发商最优策略的影响与需求不确定性对其影响是一致的。Berling and Martínez-De-Albéniz(2011 年)将这种现象称为"博彩游戏"(playing the lottery):高度波动的市场价格意味着投机者有更大的机会以低价购买到产品。在这种投机心理的驱使下,消费者会更愿意在高度波动的市场中等待低价出现,因此需求波动性增大反而会损害果品批发商的收益。

2. 消费者价格参考行为

消费者的价格参考主要取决于两个参数:①对历史价格的倚重程度,用参数 α 表示;②市场价格与心理预期价格落差对费者的影响,用参数 λ 表示。本组算例将分别考查两个参数对批发商最优策略的影响。首先,本组实验令 α 自 0.2 到 1 之间取值;然后,令 λ 自 2 到 10 之间取值。此外,每组算例均在不同的 μ 值下进行(μ 于 -0.6 至 0.6 之间取值),实验结果如图 3.4 与图 3.5 所示。

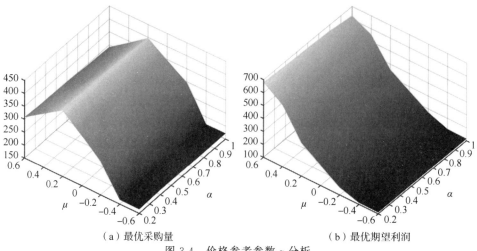

(a)最优采购量　　　　　　(b)最优期望利润

图 3.4　价格参考参数 α 分析

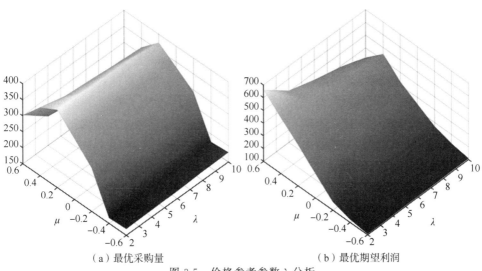

(a)最优采购量　　　　　　　　　(b)最优期望利润

图 3.5　价格参考参数 λ 分析

由图 3.4 可知,当市场价格波动呈现下降趋势时,消费者如果在购买时越倚重历史价格,即更大的 α,那么批发商应该采购更多的产品,其最优期望收益也会增加。这是因为:虽然市场价格整体下降,但是消费者在购买产品是很大程度上参考了历史价格,他们并不会将当前的市场低价视为理所当然,而认为产品的实际价值应该高于当前的市场价格,因此会有意愿购买产品。在这种情况下,批发商应该增加采购量。相反地,如果市场价格波动呈现上升趋势,α 值越大,那么消费者参考价格的上升趋势将会越慢,即消费者不会认为当前的市场高价是正常现象,从而会减少需求量来等待市场低价。在这种情况下,批发商应该减少采购量。此外,从整体上看,α 对于批发商的最优决策及其收益的影响不如市场价格波动趋势对其的影响大,这是因为 α 是通过消费者心理间接地影响需求。

图 3.5 刻画了消费者心理落差对批发商最优策略及其期望收益的影响,实验结果整体呈现出与参数 α 相似的影响趋势。根据消费者的价格参考行为可知,当 $r_t > p_t$ 时,消费者会有"获利"心理,从而刺激需求;当 $r_t < p_t$ 时,消费者会有"损失"心理,从而减少需求。因此,λ 值越大,消费者的这种获利或损失的心理感受均会放大。当市场价格波动呈现下降趋势时,市场价格的下降速度将快于消费者参考价格下降的速度,因此消费者会有获利心理,需求量整体增大,此时批发商应该提高采购量;当市场价格波动呈现上升趋势时,市场价格上升的速度同样快于消费者参考价格上升的速度,因此消费者会有损失心理,需求量整体减小,此时批发商应该降低采购量。

3. 收成情况

果蔬品每年的收成情况不尽相同，与当年的天气等因素相关。一般情况下，收成情况将直接影响当年的采购成本以及市场价格，进而影响批发商的最优策略及收益。根据供给与需求的基本规律，收成越好，采购成本越低，对应的市场价格也会越低。本组算例将分析收成情况对批发商最优策略及其期望收益的影响。算例假设 $p_1=5c$，并令 c 在 0.1 至 0.9 之间取值，每组算例均在不同的 μ 值（$\mu=-0.2,0,0.2$）下进行，实验结果如图 3.6 所示。

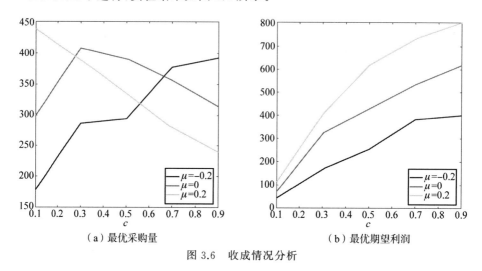

（a）最优采购量　　　　　（b）最优期望利润

图 3.6　收成情况分析

直观经验认为：如果某年收成情况好，该年的采购成本较低，那么批发商应该提高其采购量，Choi(2007年)在研究只有一次订货机会的服装行业零售商的采购决策时即得到这样的结论。如图 3.6(a)所示，批发商的采购策略不能脱离了价格趋势而仅以采购成本为参考：当市场价格波动呈现整体下降趋势时，批发商的最优采购量随着采购成本递增；相反，当市场价格波动呈现整体上升趋势时，最优采购量随着采购成本递减；而当市场价格波动没有明显的趋势时，批发商的最优采购量随着采购成本增加呈现出先增加而后减少的趋势。这种有悖于直观经验的现象可解释如下：①如果预期市场价格会上升，当采购成本上升时，第一周期的市场价格同样会上升，最终导致之后周期的市场价格急剧上升，同时需求量急剧减少，所以批发商应该降低采购量；②如果预期市场价格会下降，批发商能预期到未来周期需求量会持续增长，若收成情况不好（即较高的采购成本），不储备足量的库存会导致销售期后期出现缺货，因此批发商应当提高采购量；③若价格波动没有明显的趋势，当采购成本较低时，需求主要取决于参考价格，而当采购成本较高时,需求主要取决于市场价格,因此需求呈现出随采购成本先上升再下降的趋势,批发商的采购量也需要做出对应反应。

由图 3.6(b)还可以观察到,无论市场价格波动呈现什么样的趋势,批发商的最优期望收益都随着采购成本的增加而增加。这表明,在收成情况好的时候,批发商反而不能获高利,这是因为市场整体供过于求。

4. 产品腐坏率

果蔬品腐坏率是影响批发商决策的重要因素,尤其是当批发商销售的是荔枝、草莓等极易腐坏的产品时,他必须做出合理的库存决策以避免过高的产品腐坏损失。本组算例将研究产品腐坏率对批发商的最优决策和期望收益的影响。算例令产品保存率 θ 在 0.1 至 1 之间取值,每组算例均在不同的 μ 值($\mu=-0.4$,$-0.2,0,0.2,0.4$)下进行,实验结果如图 3.7 所示。

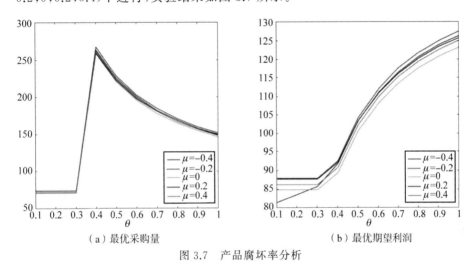

(a) 最优采购量　　　　　　　　(b) 最优期望利润

图 3.7　产品腐坏率分析

如图 3.7 所示,随着产品的保存率上升,批发商的最优采购量呈现先上升后下降的趋势,其最优期望收益则随着保存率上升而增加。收益增长与产品腐坏率的关系与人们的直观经验相符,但是直观经验还会认为:保存率越高,批发商的采购批量也应该提高,因为在这种情况下批发商所承受的产品腐坏损失较低,正如 Cai et al.(2010 年)所提到。造成以上反直观现象的原因可解释如下:当产品的腐坏率特别高时,批发商将承受很高腐坏损失,此时明智的选择是放弃部分需求而减少库存持有;随着产品的腐坏率降低,批发商承担的腐坏损失也降低,此时批发商可以增加采购量来满足更多需求以扩大利润;当产品腐坏率足够低时,只需要足够量的库存即保证充足的库存预留到未来销售期满足需求,因此批发商可以适当降低采购量。

3.5.2 最优策略近似算法

在 3.4.2 节中已经提到,要得到确切形式的最优策略是很难的,因此近似算法成为较好的解决方案。本小节将介绍两种近似算法:贪婪算法(greedy policy)和多重报童模型算法(multi-newsvendor policy),并通过数值算例验证两种算法的有效性及各自的适用条件。

1. 贪婪算法

首先介绍贪婪算法。虽然市场价格与需求均不确定,但是批发商可以基于销售历史记录和市场经验对市场价格趋势以及市场反馈等做出判断。直观经验下,如果批发商预期到市场价格高于采购成本,那么他会有动机取出足够的库存满足当期所有需求;相反,如果批发商预期到市场价格低于采购成本,那么他将会把库存预留到之后周期销售。贪婪算法的核心思想即是 nothing-or-all 策略。

贪婪算法在考查各销售周期的成本时,不能仅考虑采购成本,还必须将产品的腐坏损失、库存成本等因素纳入考量,本书将考虑上述所有因素的成本称为"综合成本"(comprehensive cost),用 $\tilde{c}_t$ 表示。具体地,$\tilde{c}_t$ 由三部分构成:①采购成本;②腐坏损失成本 c_t^l;③库存成本 c_t^h。当产品的腐坏率为 $1-\theta$ 时,若要在第 t 周期预留 1 单位产品,批发商必须在第一周期采购 $\left(\frac{1}{\theta}\right)^{t-1}$ 单位产品;将这些产品保留至第 t 周期将产生腐坏损失 $c_t^l = c * \left[\left(\frac{1}{\theta}\right)^{t-1} - 1\right]$;相应地,库存成本为 $c_t^h = h * \left[\left(\frac{1}{\theta}\right)^{t-2} + \left(\frac{1}{\theta}\right)^{t-3} + \cdots + 1\right]$。由此可得

$$\tilde{c}_t = c_t^p + c_t^l + c_t^h = \frac{\left\{h * \left[1 - \left(\frac{1}{\theta}\right)^{t-1}\right]\right\}}{\left(1 - \frac{1}{\theta}\right)} + c * \left(\frac{1}{\theta}\right)^{t-1} \tag{3.17}$$

图 3.8 描绘了贪婪算法思想下库存演变过程,贪婪算法伪代码见附录 B 中图 B-1 与图 B-2 所示。批发商基于贪婪算法的库存分配策略遵循如下原则:若市场价格高于综合成本,则尽可能满足需求;否则,将库存预留到未来周期销售。

2. 多重报童模型算法

多重报童模型的核心思想是:将各个销售期的决策过程均看成独立的报童模型,那么批发商的销售周期期初采购量则是各周期报童模型采购量之和。具体地,批发商首先估算第 t 周期的市场价格和消费者参考价格,分别为 $E(p_t)$ 和 $E(r_t)$,从而估算出当期需求。需要注意的是,类似于贪婪算法,在计算报童模型采购量时,所选取的成本也应该是综合成本 $\tilde{c}_t$。根据报童模型可得,第 t 周期采购量为

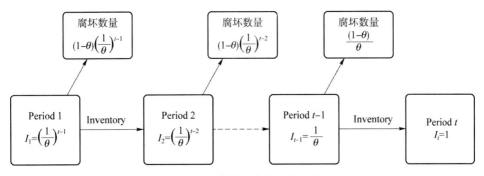

图3.8 贪婪算法库存演变过程

$$q_t = F^{-1}\left(\frac{E(p_t) - \tilde{c}_t}{E(p_t)}\right) + d(E(p_t), E(r_t)) \tag{3.18}$$

同样地,考虑到产品的易腐坏特性,要预留 q_t 单位产品到第 t 周期则需要在第 1 周期采购 $\dfrac{q_t}{\theta^{t-1}}$ 单位产品。因此,批发商的采购量可以表示为

$$Q_{mn}^* = \sum_{t=1}^{T} \frac{\left[F^{-1}\left(\dfrac{E(p_t) - \tilde{c}_t}{E(p_t)}\right) + d(E(p_t), E(r_t))\right]}{\theta^{t-1}} \tag{3.19}$$

多重报童模型算法伪代码见附录 B 中图 B-3 与图 B-4 所示。类似地,批发商的库存分配策略遵循如下原则:若市场价格高于综合成本,则尽可能满足需求;否则,将库存预留到未来周期销售。

3. 算法比较

用 Q_g^* 和 Q_{mn}^* 分别表示贪婪算法和多重报童模型算法下批发商的最优采购量,用 π_g 和 π_{mn} 表示其对应期望收益,则可用以下两个参数

$$\text{gap}_g = \frac{\pi^* - \pi_g}{\pi^*} \times 100\% \tag{3.20}$$

$$\text{gap}_{mn} = \frac{\pi^* - \pi_{mn}}{\pi^*} \times 100\% \tag{3.21}$$

来衡量两种近似算法的有效性。其中,π^* 是批发商在最优策略下的所获得的期望收益。本组算例中,对参数 μ 与 σ 分别进行了不同取值,结果如图3.9所示。

由图3.9可见,在大多数情况下两种近似算法均表现出较好的有效性,但当市场波动较大时(即较大的 σ 值),近似算法和最优期望收益相比,其有效性下降了20%~60%。可见,本小节提出的近似算法更适用于市场波动较小或适中的情形。

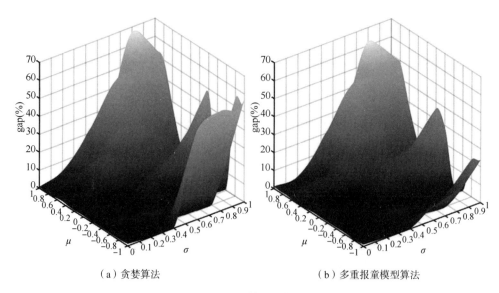

(a) 贪婪算法   (b) 多重报童模型算法

图 3.9　算法比较

3.6　案例分析

基于前述所得理论成果,本小节将通过案例分析的形式验证理论成果的有效性和实用价值,并从中得到更多管理学启示。本案例的研究对象是中国河北省赵县的一位梨品批发商。赵县是我国的产梨大县,赵县的梨树种植面积达 25 万亩,其中雪花梨 13.7 万亩,年产雪花梨 30 万吨以上[①]。根据调研获悉,皇冠梨的销售季从 11 月开始,到次年 5 月结束,批发商在销售期中所面临的决策与图 3.2 描述基本一致,即:批发商从梨农处采购皇冠梨,并在销售期中根据市场价格陆续从库存中取出梨品销售。该批发商 2013 年至 2015 年间的销售量及对应市场价格数据见表 3.2。

表 3.2　赵县皇冠梨批发商销售数据　　(价格单位:元,销量单位:箱)

月份	2013 年[②]		2014 年		2015 年	
	价格	销量	价格	销量	价格	销量
11 月	70	—	63	3 000	38	5 000
12 月	82	—	70	4 000	34	2 000

---

① 资料来源:http://hebei.hebnews.cn/2017-09/07/content_6614127.htm
② 备注:批发商未能提供 2013 年销量数据

续表

月份	2013 年[②]		2014 年		2015 年	
	价格	销量	价格	销量	价格	销量
1 月	90	—	72	4 000	39	8 000
2 月	90	—	72	3 000	32	1 000
3 月	104	—	71	1 000	32	4 000
4 月	100	—	70	3 000	33	3 000
5 月	97	—	80	1 000	32	1 000
总利润				156 000		−698 000

由于消费者的价格敏感性以及价格参考行为较难刻画,在本案例分析中假设:"各月需求量=该批发商的销售量+随机变量",其中,$\varepsilon \sim N(0,0.5)$。根据调研数据,每箱梨品重17.5千克,2014年与2015年的单箱采购价分别为62元和65元;库存成本约7元/箱;批发商提到,放入冷库的产品基本不会腐坏,即$\theta=1$。根据批发商提供的价格数据,利用GBM拟合2013年与2014年市场价格走势可得:$\mu_1=0.058,\sigma_1=0.082$(2013年数据);$\mu_2=0.041,\sigma_2=0.041$(2014年数据)。本案例分析将对比最优策略、该批发商实际采用的策略以及3.4.2节设计的近似策略。案例分析结果如图3.10所示。

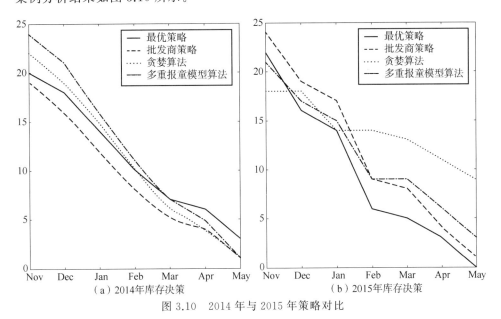

图 3.10 2014 年与 2015 年策略对比

对比图 3.10 中两个子图可以看到,在 2014 年市场情况整体向好时,批发商会扩大采购量以提高利润;而2015年市场走低时,批发商会降低采购量来降低损失。观察最优策略可知:在高价市场中,最优策略会让批发商尽可能将库存分配到市场价格较高的时期销售;在低价市场中,最优策略会使批发商尽可能在销售初期处理库存来避免损失。经计算可得,在最优策略下,2014年批发商的收益可提高22.4%达到191 000元;2015年批发商的损失可下降10.2%至627 000元。从图3.11中还可以看到,在高价市场中,近似策略会让批发商提高采购量并在销售初期销售更多库存,导致初期大量库存滞销;而在低价市场中,近似策略会让批发商降低采购量,并在销售初期保留库存不卖(即惜售行为),直到销售期尾声才处理库存,同样导致大量滞销库存产生。

通过案例分析可知,本章研究所得的最优库存与销售策略能够在真实的果蔬品市场中指导批发商合理决策,使其在价格波动的市场环境下,抓住价格高位时机扩大利润,并在价格低位时避免损失。

3.7 本章小结

果蔬品是人们日常生活的必需品,批发商在对果蔬品的库存与销售管理中面临着巨大的挑战。一方面是因为果蔬品特有的产品特性:易腐坏特性要求批发商必须在产品尚好时及时销售以避免腐败损失;季节性限制了批发商补货策略的可行性。另一方面,果蔬品市场价格波动,且价格敏感的消费者在长期的购买中累积了足够的经验,他们会同时参考历史价格和当前市场价格来决策购买行为。本章研究了易腐坏季节性果蔬品批发商的最优库存与销售策略,具体地,批发商需要在产品的收获季节基于市场预期和产品的腐坏特性决策采购量,然后在销售期中随着市场变化、剩余库存情况动态地分配库存量来满足需求,以实现收益最大化。通过构建有限周期动态规划模型,本章证明了批发商的最优库存分配策略是"销售下限策略",并给出了各周期"最小库存预留线"的计算方法;本章还求解了批发商的最优采购策略。在理论分析的基础上,本章利用数值算例分析了价格波动、消费者价格参考行为、收成情况、产品腐坏率等因素对批发商最优决策的影响,并根据批发商的决策特征提出了贪婪算法和多重报童模型算法两种近似算法。最后,利用对河北省赵县梨农的案例分析,验证了本章理论成果的有效性和实用价值。

第4章 基于固定产出比例技术的联合生产与库存策略

4.1 引言

基于固定产出比例技术的联合生产系统(Fixed-Proportions Co-production System，FPCS)被广泛应用在农业和石油产业等领域。该技术主要有两个特征：①生产加工一种初级果蔬品可同时得到多种副产品；②各种副产品产量之间存在固定比例。通过 FPCS 技术生产得到的副产品往往有不同的目标顾客群，生产加工商所面临的最大的挑战是"独立而不确定的需求"与"固定比例的产出"之间的不匹配问题。这是因为产出的固定比例限制了生产加工商的生产柔性，调整其中任何一个副产品的生产计划将同时牵动其他副产品的产量。因此，如何制定出合理的生产与库存联合策略来平衡供给与需求对生产加工商来说十分重要。此外，不同副产品的销售价格往往不同，这使得生产加工商进行决策时更具策略性。本章将研究"产出确定"而"需求不确定"的联合生产系统中，生产加工商采用固定产出比例技术时，如何制定生产加工策略及相应的库存策略从而实现收益最大化。本章还研究了当初级果蔬品为季节性产品时，生产加工商的最优生产加工与库存分配策略。在本章最后，将通过两组数值算例分析"供需关系"以及"价格波动"因素对生产加工商最优策略的影响，并得到更多管理学启示。

4.2 模型假设与参数定义

假设一位果蔬品生产加工商生产加工某种初级果蔬品(以下简称为原材料)后同时得到两种副产品，分别命名为产品1和产品2。其中，每生产加工1单位原材料，生产加工商可以得到 θ_i 单位的产品 i，$\theta_i>0$，$i=1,2$。假设原材料的单位采购与生产成本为 c。生产加工商的生产周期为 T，生产开始前生产加工商不持有任何库存；在以后的每个周期 t，生产加工商首先检查两种产品的剩余库存(x_t^1,x_t^2)，然后基于对产品价格、市场预期等因素的考量，决策该周期的原材料采购与生产量 q_t；在收到采购的原材料后，生产加工商将其全部生产加工为副产品。需要指出的是，本章首先在 4.3.1 节中分析原材料运输提前期与生产加工时间为 0 的情形；对于原材料运输提前期与加工时间为恒定正值的情形，本章将在 4.3.2 节中进行分析；在 4.3.3 节中，分析了无限周期情形下生产加工商的最优生产加工策略。

令 $r_i(i=1,2)$ 分别表示产品 i 的市场价格，生产加工商在制定生产计划时并不能准确掌握各个产品的真实需求 $D_t^i(i=1,2)$。假设各周期中两种产品的需求相互独立，D_t^i 在区间 $(0,+\infty)$ 服从累计概率分布函数为 $F_i(\cdot)$、概率密度函数为 $f_i(\cdot)$ 的分布，满足 $E(D_t^i)=\bar{D}_t^i(t=1,2,\cdots,T)$。生产加工商生产加工完原材料后，该周期的需求实现并由生产加工商所持有的库存满足。任何没有得到满足的需求都延迟到下一周期满足，并产生单位惩罚成本 p_i；任何没有销售完的产品，可用于下一周期继续销售，但会产生单位库存成本 h_i。待整个生产周期结束，即第 T 周期期末，若有剩余产品，生产加工商可从单位产品中获得残值 s_i；若有未满足需求，将以成本 s_i 得到满足。假设各成本参数满足关系 $\sum_{i=1}^{2}\theta_i s_i < c < \sum_{i=1}^{2}\theta_i(r_i+p_i)$。至此，生产加工商的决策变量为各周期原材料的最优生产加工量/采购量 ($q_1, q_2, \ldots, q_T$)，决策目标是期望收益最大化。

4.3　非季节性原材料的最优策略

4.3.1　零提前期模型

令 $V_t(x_t^1, x_t^2)$ 表示第 t 周期期初产品库存为 (x_t^1, x_t^2)，并从第 t 至末周期采取最优生产策略，生产加工商在第 t 至最后周期所获得的总期望收益。生产加工商的最优决策如下：

$$V_t(x_t^1,x_t^2)=\sup_{q_t\geqslant 0}\Pi_t(x_t^1,x_t^2,q_t) \tag{4.1}$$

$$\Pi_t(x_t^1,x_t^2,q_t)=R_t(x_t^1,x_t^2,q_t)+\alpha\cdot EV_{t+1}(x_{t+1}^1,x_{t+1}^2) \tag{4.2}$$

$$R_t(x_t^1,x_t^2,q_t)=E\Big\{\sum_{i=1}^{2}r_i[(x_t^i+\theta_i q_t)\wedge D_t^i]-\sum_{i=1}^{2}h_i(x_t^i+\theta_i q_t-D_t^i)^+ -$$
$$\sum_{i=1}^{2}p_i(D_t^i-x_t^i-\theta_i q_t)^+\Big\}-cq_t \tag{4.3}$$

$$x_{t+1}^i=x_t^i+\theta_i q_t-D_t^i \tag{4.4}$$

$$V_{T+1}(x_{T+1}^1, x_{T+1}^2) = \sum_{i=1}^{2} s_i x_{T+1}^i \tag{4.5}$$

式中，$0 < \alpha < 1$ 表示折现因子；$R(x_t^1, x_t^2, q_t)$ 刻画了第 t 周期期初库存为 (x_t^1, x_t^2)，原材料生产加工量为 q_t 时，生产加工商在当期获得的期望收益。Boyabatli (2015年)研究了上述问题的单周期模型，且假设 $\theta_1 + \theta_2 \leq 1$，本章的模型将其拓展到了有限周期情形，并将产量约束放宽为 $\theta_i > 0, i = 1, 2$。

在分析生产加工商的最优生产加工策略前，本节将刻画生产加工商最优期望收益函数的结构特征。首先介绍以下两个引理。

引理 4.1 如果 $f(x, y, z)$ 是关于 (x, y, z) 的联合凹函数，令 $g(x, y) = \sup_{z \geq 0} f(x, y, z)$，那么 $g(x, y)$ 是关于 (x, y) 的联合凹函数。

引理 4.2 如果 $f(x, y, z)$ 分别是关于 $(x, y), (x, z), (y, z)$ 的子模函数，那么 $f(x, y, z)$ 是关于 (x, y, z) 的子模函数。

基于上述引理，可以得到生产加工商的最优期望收益函数 $V_t(x_t^1, x_t^2)$ 是关于产品期初库存量 (x_t^1, x_t^2) 的联合凹函数与子模函数，归纳于定理 4.1 中。

定理 4.1 对于 $t = 1, 2, \cdots, T$，

(1) $V_t(x_t^1, x_t^2)$ 是关于 (x_t^1, x_t^2) 的联合凹函数；

(2) $V_t(x_t^1, x_t^2)$ 是关于 (x_t^1, x_t^2) 的子模函数。

由定理 4.1 可知，虽然两种产品的需求是相互独立的，但是两种产品在某种程度上具有一定"替代性"。若其中一种产品的期初库存量很高，生产加工商仅在另一种产品期初库存量非常低的情况下进行生产；若两种产品的期初库存量均不低，那么生产加工商在该周期不应该进行生产，而是用现有库存满足需求，以避免大量库存滞销的风险。导致产品出现上述"替代性"现象的原因是因为：在固定产出比例技术下，生产任意一种产品的同时亦会提高另一种产品的产量。用 $q^*(x_t^1, x_t^2)$ 表示第 t 周期期初库存为 (x_t^1, x_t^2) 时，生产加工商的最优生产加工量，接下来的性质 4.1 表明：若批发商持有大量产品库存，那么生产加工商会减少生产量来降低库存成本与滞销风险。

性质 4.1 $q^*(x_t^1, x_t^2)$ 是关于 x_t^1 与 x_t^2 的非增函数。

动态规划式(4.1)~式(4.5)的状态变量 (x_t^1, x_t^2) 是二维的，对生产加工商最优决策的分析造成一定难度，最直观的想法是将其降至一维状态变量。注意到，z_t^1、z_t^2 与 q_t 之间存在着数量关系：$q_t = \dfrac{(z_t^1 - x_t^1)}{\theta_1}, z_t^2 = \dfrac{x_t^2 + \theta_2(z_t^1 - x_t^1)}{\theta_1}$。令 $z_t^i(x_t^i, q_t) = x_t^i + \theta_i q_t (i = 1, 2)$，表示生产加工商在第 t 周期进行原材料生产加工后，产品 i 的库存水平。为简洁，在不引起歧义的情况下，本章用 z_t^i 表示 $z_t^i(x_t^i, q_t)$。因此，求解最优的 $q^*(x_t^1, x_t^2)$ 等同于求解 $z_t^{i*}(x_t^1, x_t^2)$。转换后，新的动态规划模型如下：

$$V_t(x_t^1, x_t^2) = \sup_{z_t^1 \geqslant x_t^1} \Pi_t(x_t^1, x_t^2, z_t^1) \tag{4.6}$$

$$\Pi_t(x_t^1, x_t^2, z_t^1) = R_t(x_t^1, x_t^2, z_t^1) + \alpha \cdot EV_{t+1}(x_{t+1}^1, x_{t+1}^2) \tag{4.7}$$

$$\Pi_t(x_t^1, x_t^2, z_t^1) = E\left[\sum_{i=1}^2 r_i(z_t^i \wedge D_t^i) - \sum_{i=1}^2 h_i(z_t^i - D_t^i)^+ - \sum_{i=1}^2 p_i(D_t^i - z_t^i)\right] - c \cdot \frac{z_t^1 - x_t^1}{\theta_1} \tag{4.8}$$

$$x_{t+1}^i = z_t^i - D_t^i \tag{4.9}$$

$$V_{T+1}(x_{T+1}^1, x_{T+1}^2) = \sum_{i=1}^2 s_i x_{T+1}^i \tag{4.10}$$

下面的定理 4.2 表明,经转换后的新动态规划中,生产加工商的期望收益函数仍然满足凹的性质。

定理 4.2 $\Pi_t(x_t^1, x_t^2, z_t^1)$ 是关于 (x_t^1, x_t^2, z_t^1) 的联合凹函数。

接下来的性质 4.2 表明,产品 1 在生产加工后的最优库存水平一定是有限值。

性质 4.2 对于所有的 $t = 1, 2, \cdots, T, z_t^{1*}$ 是有限值。

在传统的库存模型中,上述性质成立的条件是:单位缺货损失成本高于单位采购与生产成本,例如 Federgruen and Heching(1999 年)中的假设 2 与 Chen and Simchi-Levi(2004 年)中的假设 3,本章模型则要求 $\sum_{i=1}^2 \theta_i s_i < c < \sum_{i=1}^2 \theta_i (r_i + p_i)$。性质 4.2 还表明,生产加工商在对原材料进行生产加工后,产品 2 的库存水平同样是有限值,否则将会产生无穷大的库存成本。

在定理 4.2 中所得到的生产加工商期望收益函数关于期初库存量联合凹的性质保证了其在各周期存在唯一最优生产加工量,性质 4.2 则保证了最优生产加工量的有限性。由此可推断,生产加工商的最优生产策略为"生产上限策略"(produce-up-to policy),Gallego(1994 年)与 Eisenstein(2005 年)同样得到相似结论。"生产上限策略"表述如下:在第 $t(1 \leqslant t \leqslant T)$ 周期,对于产品 1 存在着唯一的"生产上限库存线"(produce-up-to level),z_t^{1*} ($z_t^{1*} < \infty$),若产品 1 的期初库存小于该值,即 $x_t^1 < z_t^{1*}$,那么生产加工商需要生产加工原材料使产品 1 的库存水平在生产加工后达到 z_t^{1*};否则,生产加工商无须生产加工原材料,用当前库存满足需求即可。由此,生产加工商原材料的最优生产加工量为 $q^*(x_t^1, x_t^2) = \frac{(z_t^{1*} - x_t^1)}{\theta_1}$。

令 $z_t^{1\circ}(x_t^1, x_t^2) = \arg\max_{z_t^1} \Pi_t(x_t^1, x_t^2, z_t^1)$,需要注意的是:$z_t^{1\circ}(x_t^1, x_t^2)$ 并不要求一定大于 x_t^1。接下来的定理 4.3 中严格地证明了"生产上限策略"即为生产加工商的最优生产加工策略。

定理 4.3 果品生产加工商的最优生产加工策略为"生产上限策略","生产上限库存线"确定如下:

$$z_t^{1*} = \begin{cases} x_t^1, & z_t^{1\circ}(x_t^1, x_t^2) \leqslant x_t^1 \\ z_t^{1\circ}(x_t^1, x_t^2), & \text{其他} \end{cases}$$

在传统有限周期单产品的库存管理模型中,已经证得最优策略为 base-stock 策略,例如 Veinott(1965 年);而对于可进行独立生产或采购的多产品库存管理模型,其最优策略则为 modified base-stock 策略,例如 Yu et al.(2017 年)。本章研究了一种原材料同时得到多种产品且产量比例固定的库存管理模型,分析结果表明:简单的一维"生产上限策略"即是生产加工商的最优生产加工策略。该策略简单易行,生产加工商在整个生产与销售过程中只需要追踪其中任意一种产品的库存水平变化(例如本章研究所选取的产品 1),只有当该产品的库存水平低于"生产上限库存线"时,生产加工商才需要启动生产。显然,z_t^{1*} 与该周期的期初库存水平 (x_t^1, x_t^2) 以及产品的成本因素相关,性质 4.3 刻画了"生产上限库存线"与上述参数的关系。

性质 4.3 (1) z_t^{1*} 是关于 x_t^1 的非减函数,是关于 x_t^2 非增函数;

(2) z_t^{1*} 是关于 r_i 和 p_i 的非减函数,是关于 h_i 的非增函数,$i=1,2$。

通过性质 4.3-(1)可知,在基于固定产出比例技术的联合生产系统中,其中一种产品的"生产上限库存线"与它自己的期初库存量正相关,而与另一种产品的期初库存量负相关。换句话说,如果产品 2 的期初库存量很高,那么生产加工商在生产加工后应该保证产品 1 的库存水平不会过高,否则会造成产品 2 的大量产品滞销。通过性质 4.3-(2)可知,如果满足(失去)单位需求可以带来很高的收益(造成严重的损失),那么生产加工商需要在本周期加工更多的原材料来满足需求;如果产品的库存成本较高,那么生产加工商应该降低其生产量来控制成本。

以下引理给出了生产加工商在特殊情况下的最优生产加工策略。

推论 4.1 如果 $\sum_{i=1}^{2}\left[\theta_i(r_i+p_i)-(r_i+h_i+p_i)\int_{x_t^i}^{x_t^i+\theta_i}F_i(y)\mathrm{d}y\right] \leqslant (1-\alpha)c$,则 $z_t^{1*}=x_t^1$。

推论 4.1 表明,若生产加工商生产加工原材料所获得的边际期望收益永远小于相应采购与加工成本的折现成本,那么生产加工商在本周期不应该生产加工任何的原材料,而是将其生产加工任务安排到未来生产周期。

4.3.2 恒定提前期模型

在上述分析中假设了原材料的订货提前期(包含生产加工时间)为 0。本小节将进一步分析当原材料的提前期为恒定正值时,果品生产加工商应该如何制定最优的生产加工策略。不失一般性,假设原材料的订货提前期为 L 个周期,其中 $0 < L < T$ 且取整数值,那么生产加工商在第 t 周期期初下的原材料订单直到第

$t+L-1$ 周期期末才会被加工成产品。本小节的分析思路借鉴了 Zipkin(2000 年)中 9.6 节的研究方法。

由于生产加工商在第 1 至 L 周期的收益并不受到订单影响,上述周期的生产加工过程可在分析中忽略,并假设这些周期中的需求由生产加工商提前备有的库存满足。为便于分析,假设生产加工商的生产周期延长至第 $T+L-1$ 周期,需求产生也随之延长;并假设生产加工商在收到原材料时付款。显然,第 t 周期的订单只会影响第 $t+L$ 周期的库存水平,因此可以用第 $t+L$ 周期所产生的库存成本来表示第 t 周期的库存成本,但需要考虑折现因子 α^L。定义产品 i 的净库存水平(net inventory)为 $\hat{z}_{t+L}^i = z_t^i - \sum_{s=t}^{t+L-1} D_s^i$,在第 $t+L$ 周期得到满足的需求则为 $D_{t+L-1} - (\hat{z}_{t+L})^- + (\hat{z}_{t+L-1})^-$。注意到,当 $t=1$ 时,$(\hat{z}_L)^-$ 为常数值,可以忽略;当 $t>1$ 时,可将 $(\hat{z}_{t+L-1})^-$ 划归到第 $t+L-1$ 周期。至此,生产加工商原有的动态规划式(4.6) ~ 式(4.10)变化为

$$V_t^L(x_t^1, x_t^2) = \sup_{z_t^1 \geqslant x_t^1} \Pi_t^L(x_t^1, x_t^2, z_t^1) \qquad (4.11)$$

$$\Pi_t^L(x_t^1, x_t^2, z_t^1) = R_t^L(x_t^1, x_t^2, z_t^1) + \alpha \cdot E V_{t+1}^L(x_{t+1}^1, x_{t+1}^2) \qquad (4.12)$$

$$\Pi_t^L(x_t^1, x_t^2, z_t^1) = \alpha^L \cdot \left\{ E \sum_{i=1}^2 \{ r_i [D_{t+L-1}^i - (1-\alpha)(\hat{z}_{t+L}^i)^-] - h_i(\hat{z}_{t+L}^i)^+ - p_i(\hat{z}_{t+L}^i)^- \} - c \cdot \frac{z_t^1 - x_t^1}{\theta_1} \right\} \qquad (4.13)$$

$$x_{t+1}^i = z_t^i - D_t^i, \quad \hat{z}_{t+L}^i = z_t^i - \sum_{s=t}^{t+L-1} D_s^i \qquad (4.14)$$

$$V_{T+1}(x_{T+1}^1, x_{T+1}^2) = \sum_{i=1}^2 s_i x_{T+1}^i \qquad (4.15)$$

类似于 4.3.1 节中的分析思路,本小节首先分析生产加工商最优期望收益函数的结构特征,归纳于定理 4.4 中。

定理 4.4 对于 $t=1,2,\cdots,T$,

(1) $\Pi_t^L(x_t^1, x_t^2, z_t^1)$ 是关于 (x_t^1, x_t^2, z_t^1) 的联合凹函数;$V_t^L(x_t^1, x_t^2)$ 是关于 (x_t^1, x_t^2) 的联合凹函数;

(2) $V_t^L(x_t^1, x_t^2)$ 是关于 (x_t^1, x_t^2) 的子模函数。

显然,基于定理 4.4 同样可以得到阈值形式(threshold-type)的最优生产加工策略。根据本章假设,产品 i 在任意连续 L 个周期中的需求仍然服从独立同分布。由此可得到生产加工商的最优生产加工策略如下。

定理 4.5 若原材料提前期为恒定正值,生产加工商的最优生产策略同样为"生产上限策略","生产上限库存线"确定如下:

$$z_t^{l\,*} = \begin{cases} x_t^1, & z_t^{l\circ}(x_t^1, x_t^2) \leqslant x_t^1 \\ z_t^{l\circ}(x_t^1, x_t^2) & \text{其他} \end{cases}$$

在接下来了性质表明:即使考虑了恒定提前期,生产加工商的最优"生产上限库存线"关于各成本因子的性质与不考虑订货提前期的情形相同。

性质 4.4 (1) $z_t^{l\,*}$ 是关于 x_t^1 的非减函数,是关于 x_t^2 非增函数;

(2) $z_t^{l\,*}$ 是关于 r_i 和 p_i 的非减函数,是关于 h_i 的非增函数,$i=1,2$。

类似地,通过比较生产加工商的边际期望收益与折现成本,若生产加工商生产加工原材料所获得的边际期望收益永远小于相应的折现成本,那么生产加工商在本周期不应该采购和加工任何的原材料。将该特殊情况归纳于推论 4.2 中。

推论 4.2 如果 $\sum_{i=1}^{2} \left\{ [\theta_i(1-\alpha)r_i + p_i] - [(1-\alpha)r_i + h_i + p_i] \int_{x_t^i}^{x_t^i + \theta_i} K_i(y)\mathrm{d}y \right\} \leqslant$ $(1-\alpha)c$,则 $z_t^{l\,*} = x_t^1$。

4.3.3 无限周期模型

在第 4.3.1 节与 4.3.2 节中,本书分析了有限周期情形下生产加工商的最优生产加工策略。在本节中,本书将分析无限周期情形下最优策略。为便于分析,本节假设生产加工商的订货提前期为 0。

本节假设需求与成本参数均为静态的,即 $c_t = c, h_t = h, r_t^i = r^i (i=1,2)$,$D_t^i = \overline{D}_i (i=1,2)(t=1,2,\ldots)$。令 $V(x_1, x_2)$ 表示当产品 i 的期初库存为 x_i 时,生产加工商采用最优生产加工策略所获得的总期望折扣收益。进而可得

$$V(x_1, x_2) = \sup_{z_1 \geqslant x_1} [\Pi(x_1, x_2, z_1)] \tag{4.16}$$

$$\Pi(x_1, x_2, z_1) = R(x_1, x_2, z_1) + \alpha \cdot E\left[V\left(z_1 - \overline{D}_1, x_2 + \frac{\theta_2(z_1 - x_1)}{\theta_1} - \overline{D}_2\right)\right] \tag{4.17}$$

$$R(x^1, x^2, z^1) = E\left\{ \sum_{i=1}^{2} [r^i(z^i \wedge \overline{D}_i) - h_i(z^i - \overline{D}_i)^+ - p_i(\overline{D}_i - z^i)^+] - c \cdot \frac{z^1 - x^1}{\theta_1} \right\} \tag{4.18}$$

易证得,$V(x_1, x_2)$ 是关于 (x_1, x_2) 的联合凹函数和子模函数,$\Pi(x_1, x_2, z_1)$ 是关于 (x_1, x_2, z_1) 的联合凹函数。注意到 $0 < \alpha < 1$,借助例如 Nagarajan and Rajagopalan(2008 年)的标准处理手段,可以证明 $V(x_1, x_2)$ 在"生产上限策略"下时连续收敛的。由此,本书可以刻画生产加工商在无限周期的最优生产加工策略,归纳于定理 4.6 中。

定理 4.6 生产加工商在无限周期中的最优生产策略为静态的"生产上限策略"。

4.4 季节性原材料的最优策略

在 4.3 节的建模分析中作出了如下假设:①生产加工商能够在各个周期进行补货;②两种产品的市场价格在整个生产与销售过程中保持不变。事实上,大部分果蔬品具有季节性特征,这意味着生产加工商仅能在原材料的收获季节进行采购,而在之后的整个生产加工过程中无法进行补货,与本书第 3 章所分析的情形类似。此外,果蔬品的市场价格亦是高度不确定的。综上分析,本节将研究当原材料具有季节性、价格不确定性时,生产加工商如何决策其期初的采购量,以及其后整个生产加工过程中如何动态分配原材料库存进行生产加工,从而使其总期望收益最大化。

假设果品生产加工商的整个销售期为 N 个周期,可视为原材料相邻两个收获季节之间的时间跨度。生产加工商的决策过程可以划分为 3 个阶段,具体如下。

(1)在第 1 周期期初,生产加工商不持有任何库存(包括原材料和产品),他首先观察到原材料的单位采购成本 c 和两种产品的市场价格 $r_1^i, i=1,2$。基于对未来市场的预期,生产加工商作出采购决策 Q,同时决策在第 1 周期中用于生产加工的库存量 w_1,并从库存中取出。将取出的原材料全部生产加工成产品后(假设生产加工成本已包含在采购成本中),需求实现并由生产加工商所持有的库存满足。未满足需求延迟到下一周期满足,并产生单位惩罚成本 $p_i, i=1,2$;未销售完的产品以及未取出原材料将分别产生单位库存成本 $h_i(i=1,2)$ 和 h_r。

(2)从第 2 到第 $N-1$ 周期,生产加工商首先在各个周期期初检查剩余的原材料库存 I_t 和产品库存 $x_t^i, i=1,2$,并观察到该周期产品的市场价格 $r_t^i, i=1,2$。随后基于对市场的预期,决策用于该周期生产加工的原材料 w_t,从库存中取出后全部加工成产品。之后需求实现并得到满足,未满足需求延迟到下一周期满足,同时产生单位惩罚成本 $p_i, i=1,2$;未销售完的产品以及未取出原材库存将分别产生单位库存成本 $h_i(i=1,2)$ 和 h_r。

(3)到最后一周期期末,若有未生产加工的原材料或未销售完的产品,将分别产生单位残值 c 和 $r_N^i(i=1,2)$;若有未满足需求,将分别以单位成本 $r_N^i(i=1,2)$ 满足。

综上所述,生产加工商的决策变量为期初采购量 Q 以及各个周期原材料的生产加工量 $(w_1, w_2, \cdots, w_N)$。生产加工商的最优决策满足以下动态规划:

$$V_1(Q,0,0) = \sup_{\substack{Q \geqslant 0, \\ 0 \leqslant w_1 \leqslant Q}} \Pi_1(Q,0,0,w_1) \tag{4.19}$$

$$V_t(I_t, x_t^1, x_t^2) = \sup_{0 \leqslant w_t \leqslant I_t} \Pi_t(I_t, x_t^1, x_t^2, w_1), \ (t=2,3,\cdots,N) \tag{4.20}$$

$$\Pi_t(I_t, x_t^1, x_t^2, w_1) = R_t(I_t, x_t^1, x_t^2, w_1) + \alpha \cdot E[V_{t+1}(I_{t+1}, x_{t+1}^1, x_{t+1}^2)] \tag{4.21}$$

$$R_t(I_t, x_t^1, x_t^2, w_t) = E\left\{ \sum_{i=1}^{2} r_t^i [(x_t^i + \theta_i w_t) \wedge D_t^i] - h_i (x_t^i + \theta_i w_t - D_t^i)^+ - p_i (x_t^i + \theta_i w_t - D_t^i)^- \right\} - h_r(I_t - w_t) \tag{4.22}$$

$$I_{t+1} = I_t - w_t, \quad x_{t+1}^i = x_t^i + \theta_i w_t - D_t^i \tag{4.23}$$

$$V_{N+1}(I_{N+1}, x_{N+1}^1, x_{N+1}^2) = \sum_{i=1}^{2} r_T^i \cdot x_{N+1}^i + c \cdot I_{N+1} \tag{4.24}$$

上述动态规划模型将 Liu et al.(2018 年)的研究拓展到了 FPCS 情境。Liu et al.(2018 年)所研究的模型是一维的,并且假设各个周期取出而未销售完的产品不能用于下一周期销售。在本节的模型中,剩余的原材料以及未销售完的产品均可以用于下一周期销售,因此是三维问题。接下来的定理 4.7 刻画了生产加工商最优期望收益函数的结构特征。

定理 4.7 $V_t(I_t, x_t^1, x_t^2)$ 是关于 (I_t, x_t^1, x_t^2) 的联合凹函数。

为便于分析,现令 $O_t = I_t - w_t$,表示为未来周期预留的原材料。因此,求解 w_t 等同于求解 O_t。经转化后的动态规划可表示为

$$V_1(Q, 0, 0) = \sup_{\substack{Q \geqslant 0, \\ 0 \leqslant O_1 \leqslant Q}} [\Pi_1(Q, 0, 0, O_1) - cQ] \tag{4.25}$$

$$V_t(I_t, x_t^1, x_t^2) = \sup_{0 \leqslant O_t \leqslant I_t} \Pi_t(I_t, x_t^1, x_t^2, O_t), \quad (t = 2, 3, \cdots, N) \tag{4.26}$$

$$\Pi_t(I_t, x_t^1, x_t^2, O_t) = R_t(I_t, x_t^1, x_t^2, O_t) + \alpha \cdot E[V_{t+1}(I_{t+1}, x_{t+1}^1, x_{t+1}^2)] \tag{4.27}$$

$$R_t(I_t, x_t^1, x_t^2, O_t) = E\left\{ \sum_{i=1}^{2} r_t^i [(x_t^i + \theta_i I_t - \theta_i O_t) \wedge D_t^i] - h_i (x_t^i + \theta_i I_t - \theta_i O_t - D_t^i)^+ - p_i (x_t^i + \theta_i I_t - \theta_i O_t - D_t^i)^- \right\} - h_r O_t \tag{4.28}$$

$$I_{t+1} = O_t, \quad x_{t+1}^i = x_t^i + \theta_i (I_t - O_t)_i - D_t^i \tag{4.29}$$

$$V_{N+1}(I_{N+1}, x_{N+1}^1, x_{N+1}^2) = \sum_{i=1}^{2} r_T^i \cdot x_{N+1}^i + c \cdot I_{N+1} \tag{4.30}$$

容易验证,在转化后的新动态规划中,生产加工商期望收益函数的凹性仍然保持。

定理 4.8 $\Pi_t(I_t, x_t^1, x_t^2, O_t)$ 是关于 (I_t, x_t^1, x_t^2, O_t) 的联合凹函数。

由定理 4.7 可推断,生产加工商的最优生产策略是"生产下限策略"(produce-down-to policy),即:在第 t 周期($1 \leqslant t \leqslant N$),对于原材料存在着唯一的"生产下限库存线"(produce-down-to level),$O_t^*(I_t, x_t^1, x_t^2)$,若原材料的期初库存量 I_t 高于 $O_t^*(I_t, x_t^1, x_t^2)$,那么生产加工商需要生产加工原材料使得其库存水平降至

$O_t^*(I_t, x_t^1, x_t^2)$；否则，生产加工商无须进行生产。接下来的定理 4.9 证明了果品生产加工商的最优生产加工策略是"生产下限策略"。

定理 4.9 当原材料是季节性产品时，生产加工商的最优生产加工策略是"生产下限策略"，"生产下限库存线"确定如下：

$$O_t^* = \begin{cases} 0, & O^\circ_t(I_t, x_t^1, x_t^2) \leqslant 0 \\ I_t, & O^\circ_t(I_t, x_t^1, x_t^2) \geqslant I_t \\ O^\circ_t(I_t, x_t^1, x_t^2), & \text{其他} \end{cases}$$

许多学者的研究表明，库存分配问题的最优策略是阈值形式，例如 Deshpande et al.(2003 年)、Teunter and Haneveld(2008 年)和 Liu et al.(2018 年)。这些学者的研究均关注了单产品库存系统或产量间无固定比例关系的多产品库存系统，本节的研究成果将库存分配问题拓展到了"产量间存在固定比例关系的多产品库存系统"。尽管研究问题更复杂，本节得到了非常简单的一维最优策略，生产加工商在整个生产过程中只需要追踪果蔬品原材料的库存水平变化情况。因此，本节成果能很好地应用于实际生产管理。性质 4.5 刻画了最优的"生产下限库存线"与原材料期初库存、产品期初库存以及成本因子之间的数量关系如下。

性质 4.5 (1) O_t^* 是关于 I_t、x_t^1 和 x_t^2 单调非减函数。

(2) O_t^* 是关于 h_i 和 p_i 的非减函数，关于 r_t^i 和 h_r 的非增函数。

性质 4.5-(1)的管理学启示非常直观：如果生产加工商持有大量的库存，他更有动机预留更多的原材料和产品用于未来周期生产加工和销售。此结论与本书定理 3.2 中所得结论一致。性质 4.5-(2)表明，若产品(原材料)的库存成本较高，那么生产加工商应该预留更多的(更少的)原材料到未来周期生产加工；若丢失需求所带来的损失较大，那么应该在本周期生产加工更多的原材料。同样地，本书给出了特殊情况下的最优策略，归纳与推论 4.3 中。

推论 4.3 如果 $\sum_{i=1}^{2} \left[(r_t^i + h_i + p_i) \int_{x_t^i}^{x_t^i + \theta_i} F_i(y) \mathrm{d}y - \theta_i(r_t^i + p_i) \right] \geqslant h_r$，则 $O_t^* = I_t$。

推论 4.3 表示：若多预留 1 单位原材料到未来周期所带来的边际期望收益永远高于相应的原材料库存成本增加，那么生产加工商应该将所有的原材料预留给未来周期。以上的分析已经完整地刻画了生产加工商的最优生产加工策略，另一个需要决策的变量是生产加工商在原材料收获季节的采购量，该决策由 $V_1(Q, 0, 0) - cQ$ 唯一决定。因为 $V_t(I_t, x_t^1, x_t^2)$ 是关于 I_t 的凹函数，因此只需要比较 $\dfrac{\partial V_1(Q,0,0)}{\partial Q}$ 与 c 的相对大小。注意到，生产加工商最优期望收益函数的凹性保证了 $\dfrac{\partial V_1(Q,0,0)}{\partial Q}$ 是关于 Q 非增函数，所以生产加工商的最优采购策略刻画如下。

定理 4.10　当原材料为季节性产品时,生产加工商的最优采购量决策如下：

(1) 若 $\lim\limits_{Q \to 0} \dfrac{\partial V_1(Q,0,0)}{\partial Q} < c$，则 $Q^* = 0$，即生产加工商不应采购任何原材料；

(2) 否则，Q^* $(0 < Q^* < +\infty)$ 由等式 $\dfrac{\partial V_1(Q,0,0)}{\partial Q} = c$ 唯一确定。

4.5　数值分析

本节将通过两组数值算例分别验证供需关系以及价格波动因素对生产加工商最优策略的影响。数值实验的参数设定如下：$T=5$，$\theta_1=2$，$\theta_2=3$，$c=5$，$r_1=1$，$r_2=2$，$s_1=0.2$，$s_2=0.5$，$p_1=0.3$，$p_2=0.8$，$h_1=0.1$，$h_2=0.2$，$\alpha=1$。各成本参数值设定满足关系 $\sum\limits_{i=1}^{2}\theta_i s_i < c < \sum\limits_{i=1}^{2}\theta_i(r_i+p_i)$。假设两种产品的需求 D_1^t 与 D_2^t 分别于区间 $[100,200]$ 和 $[80,150]$ 上服从 $(\mu_1=150,\delta_1=17)$ 和 $(\mu_2=115,\delta_2=12)$ 的截断正态分布。由 4.4 节中的分析可知，$\Pi_t(x_t^1,x_t^2,q_t)$ 是关于 (x_t^1,x_t^2,q_t) 的联合凹函数，因此生产加工商的最优策略可以很容易地借助 MATLAB 求解。在本节数值算例中，每组算例均运行 10 000 取平均数来求解生产加工商最优策略下的期望收益。

4.5.1　供需关系对生产策略的影响

要衡量两种产品供给与需求的匹配程度，本小节定义参数 $\Delta sd = \dfrac{\theta_1}{\theta_2} - \dfrac{\mu_1}{\mu_2}$。显然，$|\Delta sd|$ 的值越小，说明两种产品的供需关系更平衡，即生产加工商利用固定产出比例技术所得的产品能够更好地满足需求。为了研究供需关系对生产加工商生产策略的影响，本小节通过改变 θ_1 的值从而改变 Δsd，等同于改变 θ_2 或 $\mu_i(i=1,2)$。具体地，令 θ_1 取值 $\theta_1(1+\beta)$，然后使 β 在区间 $[-0.5,0.9]$ 以间距 0.2 取值。算例结果如表 4.1 所示。

表 4.1　供需关系对最优策略的影响

β	$|\Delta sd|$	q_1^*	q_2^*	q_3^*	q_4^*	q_5^*	总生产量
-0.5	0.971	163.91	37.88	0.00	0.00	0.00	201.80
-0.3	0.838	119.18	90.60	0.00	0.00	0.00	209.78
-0.1	0.704	94.08	87.70	86.51	86.09	52.43	406.81

续表

β	$|\Delta sd|$	q_1^*	q_2^*	q_3^*	q_4^*	q_5^*	总生产量
0.1	0.571	77.68	72.22	71.03	70.69	47.42	339.04
0.3	0.435	66.09	61.25	60.26	59.69	42.34	289.63
0.5	0.304	57.47	53.21	52.35	51.93	38.40	253.37
0.7	0.171	51.09	47.06	46.15	46.05	34.57	224.92
0.9	0.038	46.51	42.26	41.28	41.34	33.24	204.63

由表 4.1 可知,随着两种产品供需关系变得更加平衡,果蔬品生产加工商在各个周期的原材料最优生产加工量亦变得更加平衡。换句话说,当两种产品的供给与需求非常不匹配时,各个周期之间的原材料最优生产加工量存在着巨大的差值,在这种情况下,果蔬品生产加工商会在生产期的较早阶段进行生产。例如,当 $|\Delta sd|=0.971$ 和 $|\Delta sd|=0.838$ 时,生产加工商仅在最初的两个周期进行生产加工。造成上述决策的原因如下:当两种产品的供需平衡时,生产加工商各周期生产加工得到的产品在满足需求后并不会产生大量的滞销库存或未满足需求;而随着供需关系平衡性被打破,生产加工商若想满足所有的需求,势必会造成大量的滞销库存,因此需要将生产加工期提前以预留足够的时间消耗剩余库存。

分析表 4.1 还可观察到,随着两种产品供需关系变得更加平衡,生产加工商的最优总生产加工量呈现出先上升后下降的趋势。上述现象可以解释如下:在供需关系极不平衡的情况下,满足全部需求会造成大量产品滞销,因此生产加工商会选择放弃部分需求以避免滞销损失;随着供需平衡性的上升,同样的生产加工量在满足更多的需求的同时会产生更少的滞销库存,因此生产加工商有动机扩大生产加工量满足更多的需求以创造收益;当供需平衡性足够高的时候,例如本组实验中的 $|\Delta sd|=0.704$,已经有足够的需求得到满足,若继续扩大生产加工量只会再次造成大量滞销产品的产生,而且收益增长将低于采购与生产成本的增加,因此生产加工商会降低其生产加工量。表 4.1 的结果还表明,随着生产期接近尾声,生产加工商会逐渐降低其原材料的生产加工量,这个结果很直观,因为生产加工商处理滞销库存的时间逐渐缩短。

此外,本节选取了 $\beta=-0.5$ 和 $\beta=0.5$ 绘制了产品 1 的最优"生产上限库存线", z_t^{1*},与各周期期初库存水平,(x_t^1,x_t^2),的关系图,如图 4.1 所示。

从图 4.1 可以观察到:

(1)当两种产品的供需关系很不平衡时,即 $\beta=-0.5$,生产加工商应该集中精力满足利润更高的产品的需求,而放弃另外一种产品的需求。注意到,生产加工 1 单位原材料所产生的产品 1 的总价值为 2,产品 2 的总价值为 6。因此,一旦生产

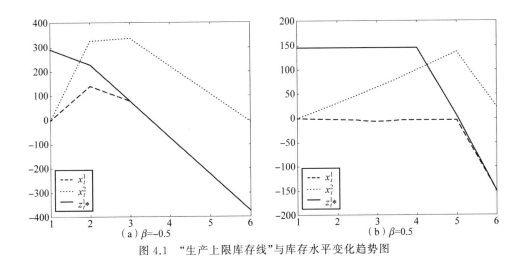

图 4.1 "生产上限库存线"与库存水平变化趋势图

加工商持有足够的产品 2 的库存(例如图 4.1(a)中的第 3 周期),他将不再生产加工任何原材料,即使产品 1 在后期出现严重缺货。这是因为在这种情况下,如果生产加工商要同时满足两种产品的需求,势必产生大量的滞销库存。

(2) 当两种产品的供需关系较平衡时,即 $\beta=0.5$,生产加工商会生产加工原材料使两种产品的需求都得到满足。这是因为,最优策略下不会产生大量的滞销产品。

4.5.2 价格波动对生产策略的影响

前文分析中假设了原材料和两种产品的市场价格均保持不变。实际上,在果蔬品市场中,原材料和产品的价格受到市场供需状况等因素是随机波动的。毫无疑问,价格波动将直接影响到生产加工商的生产加工策略。本小节将考查价格波动是如何影响果蔬品生产加工商的最优生产加工策略。

假设价格敏感的需求为 $D(r_t^i)=a_i-b_ir_t^i+\varepsilon_i$,其中 a_i,b_i 和 ε_i 分别刻画了产品 i 的市场规模、需求价格弹性以及需求不确定因子。具体取值如下:$a_1=100$,$b_1=4,\varepsilon_1\sim N(0,3);a_2=80,b_2=5,\varepsilon_2\sim N(0,1)$。类似于 3.2 节,本组算例利用几何布朗运动来刻画市场价格的波动行为。为了考查不同价格波动形式,进行了以下三组实验:

(1) 两种产品的价格波动趋势和原材料价格波动趋势相同。在此组算例中,假设 c_t 和 r_t^i 均服从参数相同的几何布朗运动,并令 κ 分别取值 $-0.3,-0.1,0.1$ 和 0.3。对于每个 κ,每组实验均对 σ 取两组值($\sigma=0.1$ 和 $\sigma=0.3$),实验结果如表 4.2 所示。

（2）其中一种产品的价格稳定,而另一种产品的价格持续波动。本组实验令所有周期的 $r_t^1=1$,在令产品2与原材料的价格服从相同的几何布朗运动,实验结果如表4.3所示。

（3）其中一种产品的价格波动趋势整体上涨,另一种产品的价格波动趋势整体下跌。本组实验令 $\kappa_1=0.3$,再分别令 $\kappa_2=-0.1$ 和 $\kappa_2=-0.3$。实验结果如表4.4所示。

表4.2　价格波动对最优策略的影响(1)

σ	κ	q_1^*	q_2^*	q_3^*	q_4^*	q_5^*	总生产量
0.1	−0.3	48.08	41.06	4.93	10.14	68.97	173.18
	−0.1	48.13	48.09	23.75	0.00	0.00	119.97
	0.1	52.18	44.68	16.10	0.00	0.00	112.96
	0.3	120.57	0.00	0.00	0.00	0.00	120.57
0.3	−0.3	46.57	38.19	19.58	25.97	86.81	217.12
	−0.1	48.01	48.04	23.68	2.63	4.61	126.97
	0.1	54.74	43.43	17.01	0.00	0.00	115.18
	0.3	111.86	9.43	0.00	0.00	0.00	121.29

表4.3　价格波动对最优策略的影响(2)

σ	κ	q_1^*	q_2^*	q_3^*	q_4^*	q_5^*	总生产量
0.1	−0.3	48.10	47.98	48.00	48.07	47.90	240.50
	−0.1	47.88	48.03	25.62	2.95	2.96	127.44
	0.1	53.77	43.65	15.44	0.00	0.00	112.86
	0.3	100.00	0.00	0.00	0.00	0.00	100.00
0.3	−0.3	47.65	48.35	48.04	47.93	48.07	240.18
	−0.1	48.02	48.05	34.05	19.22	19.09	168.43
	0.1	55.52	43.55	15.27	0.00	0.00	114.34
	0.3	95.22	7.67	0.00	0.00	0.00	102.89

表4.4　价格波动对最优策略的影响(3)

σ	κ	q_1^*	q_2^*	q_3^*	q_4^*	q_5^*	总生产量
0.1	−0.3	48.07	48.03	47.97	48.04	48.07	240.18
	−0.1	48.09	48.02	48.01	47.93	47.97	240.02
0.3	−0.3	47.64	48.27	47.86	47.97	48.48	240.22
	−0.1	47.95	48.10	47.59	47.54	47.01	238.19

观察表 4.2 可知,当市场经历价格的急剧下降时,例如 $\kappa=-0.3$,生产加工商会在生产期初期逐渐降低其原材料生产量;随着生产期接近尾声,生产加工商又会增加其生产加工量。这是因为:在初期由于价格下跌所带来的需求增长有限,且增长需求所带来的收益增加并不能弥补价格下跌所造成的利润损失,因此生产加工商会放弃利润较低的需求来节省采购与生产成本。随着价格的进一步下跌,需求量大幅度上升,同时采购与生产成本亦下降到较低水平,因此生产加工商会增加原材料的生产加工量来满足大量需求,即使满足单位需求所创造的利润并不高,此即"薄利多销"的思想。当市场价格整体波动趋势呈现出小幅度下跌或上涨趋势时,生产加工商会在生产期初期增加其原材料生产加工量,随着销售期接近尾声,他会降低生产加工量(甚至不生产)。上述现象可解释如下:在前一种情况,两种产品价格下降的总和高于采购与生产成本的下降量,而需求仅仅小幅度上升,因此生产加工商会尽量满足生产期初期更高利润的需求,而放弃销售期末期的低利润需求;在后一种情况中,只要生产加工商在初期采购和生产加工足量的原材料,他不仅可以节省成本,还能满足后期的高利润需求。从表 4.2 还可以观察到,仅当市场价格波动趋势呈现急剧下降的情形时,生产加工商才会有动机大幅度提高其原材料的生产加工总量,因为在这种情况下市场的整体需求量大幅度提高。

观察表 4.3 可知,情形(2)的最优策略与情形(1)的最优策略类似。这是因为在两种情形中的总价格趋势相同,但是情形(2)的整体趋势更小。因此,相较于情形(1),生产加工商在市场价格整体下跌时有动机生产更多的原材料,因为下跌幅度小;而在市场价格整体上涨的时候生产更少的原材料,因为上涨幅度小。还可以从表 4.3 中看到,随着市场价格波动趋势由下跌变为上涨,生产加工商的最优总原材料生产加工量下降,这是因为总需求量降低了。此外,同样可以发现仅当市场价格波动趋势呈现急剧下降的情形时,生产加工商才会有动机大幅度提高其原材料的生产加工总量。

观察表 4.4 可以看到,生产加工商在情形(3)中始终采取稳定的生产计划,即在每个生产周期中均衡地生产加工原材料。这是因为,在此情形下,一种产品的需求量增加而另一种产品需求量降低,因此总需求量相对稳定。此外,若生产加工商想同时满足两种产品的需求,势必会造成某种产品的大量滞销。因此,稳定的生产计划对生产加工商来说是最优的。

4.6 本章小结

本章研究了生产加工商利用固定产出比例技术在有限周期联合生产系统中的最优生产加工策略。该生产加工商将一种初级果蔬品(统称为原材料)生产加工成两种副产品,生产加工单位原材料所得到的产品产量之间存在着固定比例关系。通过构建基于生产加工商总期望收益最大化的有限周期动态规划模型,本章首先证明的生产加工商最优期望收益函数关于产品库存量的凹性和子模性质,然后运用产量之间的数量关系将模型降至一维模型,并得到生产加工商的最优生产策略为"生产上限策略"。此策略简单易行,生产加工商在整个生产过程中只需要关注其中任意一种产品库存水平的变化情况。本章还考查了当原材料具有季节性特征时生产加工商的最优生产加工策略。在该情形下,生产加工商只在原材料的收获季节有一次机会进行采购,之后不能进行补货。通过构建三维库存分配动态规划模型,证明了生产加工商最优期望收益函数关于原材料期初采购量的凹性,最终得到生产加工商的最优生产加工策略为一维的"生产下限策略"。同样地,该策略极大地降低了生产加工商的管理难度,其在整个销售期中只需要关注原材料的库存水平变化情况。本章的最后一部分通过两组数值算例分别验证了产品供需关系以及价格波动因素对果品生产加工商最优生产加工策略的影响。

第5章　考虑消费者质量偏好和需求转移的库存与销售策略

5.1 引　言

果蔬品在产品品质上表现出明显的差异性。此外,消费者对不同品质的产品展也展现出了不同质量偏好。鉴于此,果蔬品零售商往往有两种销售策略可以选择:①统一销售策略,即对产品不进行质量分级而按照统一价格进行销售;②分级销售策略,即根据产品质量将其分拣成不同质量等级的产品,并以不同价格进行销售。若零售商选择采取分级销售策略,在产品进行分拣前并不知道分拣后各等级产品的具体数量,亦不能准确了解消费者对产品的质量偏好。另一个不能忽略的因素是不同质量等级的产品之间的需求转移行为。本章研究了果蔬品零售商在考虑产品品质差异、消费者质量偏好、产品替代性以及分拣结果不确定性等因素,如何决策其最优库存与销售策略。本章首先分析了果蔬品零售商在两种策略下各自的最优采购策略,并求得两种销售策略下的最优期望收益;然后通过收益比较最终确定各销售策略的最优适用条件。最后,本章利用北京农产品市场的真实数据通过数值算例分析了各参数对零售商最优策略的影响。

5.2　模型假设与参数定义

假设某果蔬品零售商从上级供应商处采购一批产品,产品质量参差不齐且未经分级处理,零售商需要决策采取何种销售策略:统一销售策略或分级销售策略。在确定销售策略以及相应的采购量 Q 之前,零售商首先了解到产品的采购单价 c 以及产品的整体质量水平 q_0。若采取统一销售策略,零售商无需对产品进行质量分级处理,并以价格 r_0 进行销售,$r_0 > c$。若采取分级销售策略,零售商首先根据产品质量对产品进行分拣,分拣成本为 $c_s(Q) = b_0 + b_1 Q$,其中 b_0 为固定分拣成本，b_1 为边际分拣成本(Chen et al.，2013 年)。因为零售店一般同时售卖两种可替代产品(Nagarajan and Rajagopalan，2008 年)，本章假设零售商将产品分拣为高、低品质两种产品，两种产品的销售价格本别是 r_h 和 r_l。因为农产品市场供应充足，且单个零售商相对于整个市场规模太小，不具备定价能力，假设所有产品的价格均由市场决定(Talluri and van Ryzin，2005 年；Plaaragones，2015 年)。本章对各成本参数进行如下假设：$r_h > r_0 > r_l > c$。

产品的质量等级标准由市场共识(例如对形状大小、色泽、口感等的要求)确定。其中，质量水平在 $[\underline{q}, q_l)$ 的产品将被抛弃，即可销售产品的最低质量水平应该高于 q_l (Chen et al.，2013 年)；质量水平在 $[q_l, q_h)$ 和 $[q_h, \bar{q}]$ 的产品将分别被分级为低品质和高品质产品。然而，零售商在分拣前并不知道具体的分级结果，而仅能根据产品的整体质量水平 q_0 推测产品中高品质产品的比例 α，$0 < \alpha < 1$。令 $\alpha = \alpha(q_0)$，显然 $\alpha(q_0)$ 是关于 q_0 的非减函数，即产品整体质量水平越高，分拣后得到的高品质产品越多。令 $\alpha\varepsilon$ 表示分拣后高品质产品的真实占比，其中 ε 表示分级结果的不确定因素，假设 $\varepsilon \in [\underline{\varepsilon}, \bar{\varepsilon}]$ ($0 < \underline{\varepsilon} < 1 < \bar{\varepsilon}$) 满足 $E(\varepsilon) = 1$，累计概率分布函数为 $F(\cdot)$、概率密度函数为 $f(\cdot)$ 的分布。以上信息是零售商可基于以往分拣经验所获取的信息。为了与现实情境相符合，本章要求 $0 < \alpha < \dfrac{1}{\bar{\varepsilon}}$。

消费者的质量偏好(即消费者类型)可以用他们对产品质量的不同支付意愿来刻画。用 $\theta \in [\underline{\theta}, \bar{\theta}]$ 表示消费者的边际质量支付意愿，其中 $0 < \underline{\theta} < \bar{\theta} < +\infty$，则消费者以价格 $r_i (i = h, l)$ 购买一单位质量水平为 q_i 的 i 产品所获得的效益为 $\theta q_i - r_i$，假设消费者不购买产品的效益为 0(Chen et al.，2013 年；Pan and Hondon，2012 年；Qi et al.，2016 年)。消费者的购买决策取决于是否使其所获得的效益最大化。零售商通常能够根据历史销售数据能够了解消费者质量偏好的分布，假设 θ 服从累计概率分布函数为 $G(\cdot)$，概率密度函数为 $g(\cdot)$ 的分布。虽然每个质量等级的产品的质量水平分布于一定区间，可以假设消费者在进行购买决策时以该区间的最低水平来评估其自身所获得的效益。此假设是因为消费者并不在乎以同样的价格获得比预期质量水平更高的产品(Chen et al.，2013 年)。至此，类型为 θ 的消费者的购买决策取决于：①统一销售策略下为 $\max\{0, \theta q_0 - r_0\}$；②分级销售策略下为 $\max\{0, \theta q_h - r_h, \theta q_l - r_l\}$。令 $\theta^* = \dfrac{(r_h - r_l)}{(q_h - q_l)}$，为保证分级销售策略的有效性，要求 $\dfrac{r_l}{q_l} < \theta^*$。

令 D 表示该产品的需求总量，为简便，类似 Nagarajan and Rajagopalan(2008 年)以及 Pan and Hondon(2012 年)的处理方法，可以将 D 归一化处理为 1。因为果蔬品是人们的生活必需品,假设每个消费者一定会购买,即假设 $\bar{\theta} = \max\left\{\dfrac{r_l}{q_l}, \dfrac{r_0}{q_0}\right\}$。对于 $\underline{\theta} \leqslant \max\left\{\dfrac{r_l}{q_l}, \dfrac{r_0}{q_0}\right\}$ 的情形,只需将统一销售策略下的总需求缩减为 $\bar{G}\left(\dfrac{r_0}{q_0}\right)$;将分级销售策略下的总需求缩减为 $\bar{G}\left(\dfrac{r_l}{q_l}\right)$ 即可。本章将在 5.5 节的数值分析中放宽此条件,以得到适用性更广的管理学启示。通过上述假设可知,类型为 $\theta \in [\underline{\theta}, \theta^*]$ 和 $\theta \in [\theta^*, \bar{\theta}]$ 的消费者将分别选择购买低品质和高品质产品,因此 $d_l = G(\theta^*)$,$d_h = \bar{G}(\theta^*)$。可见,θ^* 刻画了消费者在权衡产品价格与产品质量后的均衡点(亦称为 indifferent point),较小的 θ^* 值意味着高品质产品的需求更多。

在前文已经提到,果蔬品的消费者在面临首选产品缺货时,几乎都会购买同类可选产品。一般来说,消费者都是"缺货厌恶型"(stockout-averse),即需求替代行为是部分发生的(Campo et al., 2000 年, 2003 年)。因此,本章假设由于缺货而未能得到满足的需求中,有 $\gamma(0 < \gamma < 1)$ 比例的消费者会愿意购买替代产品。若愿意购买替代产品而仍未得到满足的需求,以及不愿意购买替代产品的需求均会产生单位惩罚成本 π;未销售完的产品将产生单位库存成本 h。本章参数归纳于表 5.1 中。

表 5.1 参数定义

符号	定义	符号	定义
c	单位采购成本	b_0	固定分拣成本
b_1	边际分拣成本	r_0	统一销售策略下销售单价
r_h	高品质产品销售单价	r_l	低品质产品销售单价
π	丢失需求单位惩罚成本	h	未销售产品单位库存成本
α	采购批量中高品质产品期望占比	γ	需求转移率,$0 < \gamma < 1$
q_h	高品质产品最低质量水平,$q_h \in [\underline{q}, \bar{q}]$	q_0	产品整体质量水平,$q_0 \in [\underline{q}, \bar{q}]$
q_l	低品质产品最低质量水平,$q_l \in [\underline{q}, \bar{q}]$	ε	分拣不确定因素,$\varepsilon \in [\underline{\varepsilon}, \bar{\varepsilon}]$
Q	采购批量(决策变量)	θ	消费者类型,$\theta \in [\underline{\theta}, \bar{\theta}]$
$f(\cdot)$	ε 的概率密度函数	$F(\cdot)$	ε 的累计概率分布函数
$g(\cdot)$	θ 的概率密度函数	$G(\cdot)$	θ 的累计概率分布函数
d_l	低品质产品需求	d_h	高品质产品需求

类似于学者 Ernst and Kouvelis(1999 年)以及 Nagarajan and Rajagopalan(2008 年)的研究,本章对成本参数进行如下假设。

假设 对于 $i,j=h,l$ 且 $i\neq j$，有

(1) $r_i+\pi>c+b_1$，$i=h,l$；

(2) $r_i+h+\pi>\gamma(r_j+h+\pi)$；

(3) $r_i+\pi-c-b_1>\gamma(r_j+h+\pi)$。

式中，假设(1)保证零售商将产品进行分级销售是有利可图的；假设(2)表示将产品用于满足其第一选择的消费者将创造最大的利润；假设(3)保证了零售商有动机库存足够的产品来满足需求。上述假设中暗示了两种产品有相同的需求转移率，对于两种产品有不同需求转移率的情形，只需要假设将假设(2)和(3)分别进行如下调整：$r_i+h+\pi>\gamma_i(r_j+h+\pi)$ 和 $r_i+\pi-c-b_1>\gamma_i(r_j+h+\pi)$，从而保证零售商期望收益函数的凹性，且本章的所有结论均成立。

5.3 模型构建

5.3.1 统一销售策略模型

当零售商采取统一销售策略时，基于假设 $\theta\geqslant\dfrac{r_0}{q_0}$，每位消费者都会购买产品，且零售商每卖出一单位产品均能创造利润 r_0-c。因此，其最优的采购策略即是刚好满足全部需求。令 Q_u^* 和 $\Pi_u(Q_u^*)$ 分别表示统一销售策略下零售商的最优采购量和最优期望收益，立即可得 $Q_u^*=1$，$\Pi_u(Q_u^*)=r_0-c$。在接下来的分析中，统一销售策略的期望收益将作为基准来确定零售商的最优销售策略。

5.3.2 分级销售策略模型

本小节将分析零售商在分级销售策略下的最优采购量及最优期望收益。令 $M_i=(r_i+h+\pi)-\gamma(r_j+h+\pi)$，$i,j=h,l,i\neq j$，表示将产品 i 的用来满足产品 j 的替代需求时所造成的潜在收益损失。根据假设(2)可知，$M_i>0$，任意 $i=h,l$。本小节的研究方法借鉴了 Nagarajan and Rajagopalan(2008年)的分析思路，但是本小节模型与他们的不同之处在于：Nagarajan and Rajagopalan(2008年)在模型中假设两种替代产品可以进行独立采购，且采购量是零售商能够准确掌握的；而在本小节的分级销售策略下，两种产品的采购数量关系呈负相关关系，分拣后产品的具体数量是不确定的。因此，他们所得的重要结论"decoupled-policy"在本小节中不再成立。

令 Q_s 表示分级销售下的零售商的采购量,现考虑以下两种情形:$Q_s \geqslant 1$ 和 $Q_s < 1$。首先考虑 $Q_s \geqslant 1$ 的情形,存在以下 3 种子情形:

(1) $\underline{\varepsilon} \leqslant \varepsilon < \dfrac{d_h}{\alpha Q_s}$,此时低品质产品供过于求,高品质产品供不应求,高品质产品的转移需求能全部被剩余的低品质产品满足;

(2) $\dfrac{d_h}{\alpha Q_s} \leqslant \varepsilon \leqslant \dfrac{Q_s - d_l}{\alpha Q_s}$,此时两种产品均供过于求;

(3) $\dfrac{Q_s - d_l}{\alpha Q_s} < \varepsilon \leqslant \bar{\varepsilon}$,此时高品质产品供过于求,低品质产品供不应求,低品质产品的转移需求能全部被剩余高品质产品满足。

零售商的期望收益函数如下:

$$\Pi_s^1(Q_s) = \int_{\underline{\varepsilon}}^{\frac{d_h}{\alpha Q_s}} \{r_h \alpha \varepsilon Q_s + r_l [d_l + \gamma(d_h - \alpha \varepsilon Q_s)] - h[(1-\alpha \varepsilon)Q_s - d_l - \gamma(d_h - \alpha \varepsilon Q_s)] - \pi(1-\gamma)(d_h - \alpha \varepsilon Q_s)\} dF(\varepsilon) + \int_{\frac{d_h}{\alpha Q_s}}^{\frac{Q_s - d_l}{\alpha Q_s}} [r_h d_h + r_l d_l - h(Q_s - d_h - d_l)] dF(\varepsilon) + \int_{\frac{Q_s - d_l}{\alpha Q_s}}^{\bar{\varepsilon}} \langle r_h \{d_h + \gamma[d_l - (1-\alpha \varepsilon)Q_s]\} + r_l (1-\alpha \varepsilon)Q_s - h\{\alpha \varepsilon Q_s - d_h - \gamma[d_l - (1-\alpha \varepsilon)Q_s]\} - \pi(1-\gamma)[d_l - (1-\alpha \varepsilon)Q_s] \rangle dF(\varepsilon) - cQ_s - (b_0 + b_1 Q_s)$$

$$= \alpha Q_s \left[M_h \int_{\underline{\varepsilon}}^{\frac{d_h}{\alpha Q_s}} \varepsilon f(\varepsilon) d\varepsilon - M_l \int_{\frac{Q_s - d_l}{\alpha Q_s}}^{\bar{\varepsilon}} \varepsilon f(\varepsilon) d\varepsilon \right] - M_h d_h \cdot F\left(\dfrac{d_h}{\alpha Q_s}\right) - M_l (Q_s - d_l) \cdot F\left(\dfrac{Q_s - d_l}{\alpha Q_s}\right) + (r_h + h) d_h + [\gamma(r_h + h) - (1-\gamma)\pi] d_l + (M_l - h - c - b_1) Q_s - b_0 \quad (5.1)$$

现在考虑 $Q_s < 1$ 的情形,首先定义"分拣关键点":$\varepsilon_h = \dfrac{d_h + \gamma(d_l - Q_s)}{(1-\gamma)\alpha Q_s}$,$\varepsilon_l = \dfrac{Q_s - d_l - \gamma d_h}{(1-\gamma)\alpha Q_s}$,其中 $\varepsilon_l < \varepsilon_h$。同样,考虑以下 3 种子情形:

(1) $\underline{\varepsilon} \leqslant \varepsilon < \varepsilon_l$,此时低品质产品供过于求,高品质产品供不应求,高品质产品的转移与需求能全部被剩余低品质产品满足;

(2) 此时其中一种产品供不应求,另外一种产品供过于求,转移需求不一定能够得到全部满足;

(3) 此时高品质产品供过于求,低品质产品供不应求,低品质产品的转移需求能全部被剩余高品质产品满足。

此情形下零售商的期望收益函数计算如下:

$$\begin{aligned}\Pi_s^2(Q_s) &= \int_{\underline{\varepsilon}}^{\varepsilon_l}\{r_h\alpha\varepsilon Q_s + r_l[d_l + \gamma(d_h - \alpha\varepsilon Q_s)] - h[(1-\alpha\varepsilon)Q_s - d_l - \gamma(d_h - \alpha\varepsilon Q_s)] - \pi(1-\gamma)(d_h - \alpha\varepsilon Q_s)\}\mathrm{d}F(\varepsilon) + \int_{\varepsilon_l}^{\varepsilon_h}[r_h\alpha\varepsilon Q_s + r_l(1-\alpha\varepsilon)Q_s - \pi(d_h + d_l - Q_s)]\mathrm{d}F(\varepsilon) + \int_{\varepsilon_h}^{\bar{\varepsilon}}\langle r_h\{d_h + \gamma[d_l - (1-\alpha\varepsilon)Q_s]\} + r_l(1-\alpha\varepsilon)Q_s - h\{\alpha\varepsilon Q_s - d_h - \gamma[d_l - (1-\alpha\varepsilon)Q_s]\} - \pi(1-\gamma)[d_l - (1-\alpha\varepsilon)Q_s]\rangle\mathrm{d}F(\varepsilon) - cQ_s - (b_0 + b_1 Q_s) \\
&= \alpha Q_s\Big[M_h\int_{\underline{\varepsilon}}^{\varepsilon_l}\varepsilon f(\varepsilon)\mathrm{d}\varepsilon + (r_h - r_l)\int_{\varepsilon_l}^{\varepsilon_h}\varepsilon f(\varepsilon)\mathrm{d}\varepsilon - M_l\int_{\varepsilon_h}^{\bar{\varepsilon}}\varepsilon f(\varepsilon)\mathrm{d}\varepsilon\Big] + (r_l + h + \pi)(d_l + \gamma d_h - Q_s)F(\varepsilon_l) - (r_h + h + \pi)(\gamma d_l + d_h - \gamma Q_s)F(\varepsilon_h) + (r_h + h)d_h + [\gamma(r_h + h) - (1-\gamma)\pi]d_l + (M_l - h - c - b_1)Q_s - b_0\end{aligned}$$

(5.2)

综上分析,对于给定的采购量 Q_s,零售商的期望收益函数表示如下:

$$\Pi_s(Q_s) = \begin{cases}\Pi_s^1(Q_s), & Q_s \geqslant 1 \\ \Pi_s^2(Q_s), & Q_s < 1\end{cases}$$

性质 5.1 刻画了产品替代率(即需求转移率)对零售商期望收益的影响。

性质 5.1 对于给定的采购量 Q_s,零售商的期望收益函数 $\Pi_s(Q_s)$ 是关于产品替代率 γ 的非减函数。

很直观地,性质 5.1 表明:对于任意质量混比的采购产品,产品替代率越高,对零售商越有利。这是因为需求转移仅在缺货情况下发生,而更高的产品替代率不仅会带来更高的销售额,同时还能降低由于产品滞销和需求丢失所造成的损失。另一个直观经验是:产品的整体质量越高,那么更多的高品质产品能够被分拣出来,由于高品质产品的单位销售利润最高,因此零售商可以获得更高的收益。然而,定理 5.1 表明,零售商的期望边际收益是关于产品整体质量水平的非增函数。

定理 5.1 对于给定的采购量 Q_s,零售商的期望收益函数 $\Pi_s(Q_s)$ 是关于采购批量中高品质产品期望占比 α 的凹函数,即零售商的期望边际收益是关于产品质量水平的非增函数。

定理 5.1 所得到有悖于直观经验的结果可以解释如下:在存在需求转移的情况下,用消费者的首选产品满足其需求所创造的利润最大。因此,当产品的整体质量水平很低时,质量水平的小幅度提高即可以使零售商的期望收益显著增加,这是因为更多高品质产品需求能够被其首选产品满足。随着产品的整体质量水平逐渐提高,质量水平所带来的利润增长空间不断压缩(甚至出现负增长)。这是因为此时的高品质需求已经得到充分的满足,而低品质产品的缺货情况越来越严重,同时开始出现越来越多的高品质产品滞销。因此,从整体上看,零售商的期望边际收益是关于产品质量水平的非增函数。

令 $\Delta q = q_h - q_l$ 表示高、低品质两种产品之间的质量差异。因为零售商并不是市场的定价者,在很大程度上他们只能根据经验调整产品质量分级标准来应对市场变化,因此研究质量差异对零售商策略的影响具有一定现实意义。性质 5.2 即描述了产品质量差异将如何影响零售商期望收益。

性质 5.2 (1) 当 $F\left[\dfrac{(Q_s - d_l)}{\alpha Q_s}\right] M_l \leqslant \overline{F}\left[\dfrac{d_h}{\alpha Q_s}\right] M_h$ 时,$\Pi_s^1(Q_s)$ 随 Δq 非减,否则非增;

(2) 当 $(r_l + h + \pi) F(\varepsilon_l) \leqslant (r_h + h + \pi) \overline{F}(\varepsilon_h)$,$\Pi_s^2(Q_s)$ 随 Δq 非减,否则非增。

性质 5.2 表明,产品之间的质量差异既可以使零售商的期望收益增加,亦能降低其期望收益。具体的,当 $Q_s \geqslant 1$ 时(此时所有的转移需求均能够得到满足)且 $F\left(\dfrac{Q_s - d_l}{\alpha Q_s}\right) M_l \leqslant \overline{F}\left(\dfrac{d_h}{\alpha Q_s}\right) M_h$ 时,转移高品质产品需求造成的损失更大;当 $Q_s < 1$ 时(部分转移需求可能不会得到满足)且 $(r_l + h + \pi) F(\varepsilon_l) \leqslant (r_h + h + \pi) \overline{F}(\varepsilon_h)$ 时,多满足 1 单位高品质产品需求比多满足 1 单位低品质产品需求所创造的利润更大。上述的两种情况均意味着高品质产品满足需求会带来更大的期望边际收益,因此在此两种情况下,更大的产品质量差异会促使更多的顾客购买高品质产品(注意到 $d_h = \overline{G}\left(\dfrac{r_h - r_l}{\Delta q}\right)$),从而给零售商带来更大的期望收益。否则,更大的产品质量差异反而会降低其期望收益。

接下来的定理 5.2 表明,零售商在分级销售策略下的期望收益函数是关于采购量的凹函数。

定理 5.2 $\Pi_s(Q_s)$ 是关于 Q_s 的连续可微凹函数。

由定理 5.2 可知,零售商期望收益函数关于采购量的凹性保证了其最优采购量由其期望收益函数的一阶条件唯一确定。对 $\Pi_s(Q_s)$ 关于 Q_s 求一阶导可得

$$\frac{\mathrm{d}\Pi_s(Q_s)}{\mathrm{d}Q_s} = \begin{cases} \dfrac{\mathrm{d}\Pi_s^1(Q_s)}{\mathrm{d}Q_s}, & Q_s \geqslant 1 \\ \dfrac{\mathrm{d}\Pi_s^2(Q_s)}{\mathrm{d}Q_s}, & Q_s < 1 \end{cases}$$

式中：

$$\frac{\mathrm{d}\Pi_s^1(Q_s)}{\mathrm{d}Q_s} = \alpha \left[M_h \int_{\underline{\varepsilon}}^{\frac{d_h}{\alpha Q_s}} \varepsilon f(\varepsilon) \mathrm{d}\varepsilon - M_l \int_{\frac{Q_s - d_l}{\alpha Q_s}}^{\bar{\varepsilon}} \varepsilon f(\varepsilon) \mathrm{d}\varepsilon \right] - M_l F\left(\frac{Q_s - d_l}{\alpha Q_s}\right) + M_l - h - c - b_1 \tag{5.3}$$

$$\frac{\mathrm{d}\Pi_s^2(Q_s)}{\mathrm{d}Q_s} = \alpha \left[M_h \int_{\underline{\varepsilon}}^{\varepsilon_l} \varepsilon f(\varepsilon) \mathrm{d}\varepsilon + (r_h - r_l) \int_{\varepsilon_l}^{\varepsilon_h} \varepsilon f(\varepsilon) \mathrm{d}\varepsilon - M_l \int_{\varepsilon_h}^{\bar{\varepsilon}} \varepsilon f(\varepsilon) \mathrm{d}\varepsilon \right] - (r_l + h + \pi) F(\varepsilon_l) + \gamma (r_h + h + \pi) F(\varepsilon_h) + M_l - h - c - b_1 \tag{5.4}$$

易验证，$\Pi_s(Q_s)$ 在 $Q_s = 1$ 处连续可微，即 $\Pi_s^1(1) = \Pi_s^2(1)$ 且 $\left.\dfrac{\mathrm{d}\Pi_s^1(Q_s)}{\mathrm{d}Q_s}\right|_{Q_s=1} = \lim_{Q_s \to 1^-} \dfrac{\mathrm{d}\Pi_s^2(Q)}{\mathrm{d}Q}$。因为 $\Pi_s(Q_s)$ 是关于 Q_s 的凹函数，则一定存在某个 Q_s 值使 $\dfrac{\mathrm{d}\Pi_s^1(Q_s)}{\mathrm{d}Q_s} = 0$ 或 $\dfrac{\mathrm{d}\Pi_s^2(Q_s)}{\mathrm{d}Q_s} = 0$。接下来的定理 5.3 即刻画了零售商在分级销售策略下的最优采购量。

定理 5.3 令 ϑ_1 和 ϑ_2 分别表示 $\dfrac{\mathrm{d}\Pi_s^1(Q)}{\mathrm{d}Q} = 0$ 和 $\dfrac{\mathrm{d}\Pi_s^2(Q)}{\mathrm{d}Q} = 0$ 的唯一解，其中 $\vartheta_1 \in [1, +\infty), \vartheta_2 \in (0, 1)$，则有

$$Q_s^* = \begin{cases} \vartheta_1, & L_s \geqslant h + c + b_1 \\ \vartheta_2, & \text{其他} \end{cases}$$

式中，$L_s = (M_h d_h - M_l d_l) F\left(\dfrac{d_h}{\alpha}\right) - \alpha(M_l + M_h) \int_{\underline{\varepsilon}}^{\frac{d_h}{\alpha}} F(\varepsilon) \mathrm{d}\varepsilon + (1 - \alpha) M_l$

定理 5.3 给出了零售商在分级销售策略下的最优采购策略，其中，参数 L_s 刻画了由于需求转移所造成的综合损失。事实上，本小节通过衡量零售商采购量 $Q_s = 1$ 时所获得的期望边际收益来确定其最优采购量，当 $\left.\dfrac{\mathrm{d}\Pi_s^1(Q_s)}{\mathrm{d}Q_s}\right|_{Q_s=1} > 0$ 时，期望边际采购和加工成本低于综合损失，因此零售商会采购高于总需求量的产品以避免需求转移所造成的损失；否则，零售商将不会有动机采购高于整体需求量的产品。接下来的性质 5.3 给出了 ϑ_1 和 ϑ_2 的取值范围。

性质 5.3 零售商的采购量满足以下关系：$\vartheta_1 \geqslant \dfrac{1 - G(\theta^*)}{\alpha U}, \vartheta_2 \leqslant \dfrac{\gamma + (1 - \gamma) G(\theta^*)}{1 - \alpha(1 - \gamma) U}$，其中，$U = F^{-1}\left(\dfrac{\alpha \bar{\varepsilon} M_l + h + c + b_1}{\alpha \bar{\varepsilon} M_l + \alpha \underline{\varepsilon} M_h}\right)$ 且 $0 < U \leqslant \dfrac{1 - G(\theta^*)}{\alpha}$。

注意到 $\theta^* = \dfrac{(r_h - r_l)}{\Delta q}$，性质 5.3 表明 ϑ_1 是关于 Δq 的非增函数而 ϑ_2 是关于 Δq 的非减函数。这意味着当存在较多的高品质产品需求没有得到满足时，零售商会采购比总体需求更多的产品；而当高品质产品需求得到充分满足且低品质产品的缺货损失较低时，零售商会采购低于总需求量的产品。随着产品质量差异增大，越来越多的消费者会选择购买高品质产品，从而使得高（低）品质产品供需不平衡的情况在前（后）一种情形中加重（得到缓解），因此零售商会增加（降低）其采购量。

5.4 最优销售策略分析

要得到零售商的最优销售策略，需要比较统一销售策略和分级销售策略下的零售商所获得的期望收益。首先，定义两个函数：

$$\xi_1(x) = M_l d_l \cdot F\left(\frac{x - d_l}{\alpha x}\right) - M_h d_h \cdot F\left(\frac{d_h}{\alpha x}\right) + \Omega - b_0 \tag{5.5}$$

式中，函数(5.5)中前两项刻画了在高品质产品供过于求、低品质产品供不应求的情况下，由于需求转移所造成的潜在损失；$\Omega = (r_h + h)(d_h + \gamma d_l) - (1 - \gamma) d_l \cdot \pi$ 刻画了在考虑需求损失和库存成本节省的情况下，让所有低品质产品需求由高品质产品满足所带来的最大期望收益。

$$\begin{aligned}\xi_2(x) =& (r_l + h + \pi)(d_l + \gamma d_h) F\left(\frac{x - d_l - \gamma d_h}{(1 - \gamma)\alpha x}\right) - (r_h + h + \pi)(d_h + \gamma d_l) \\ & F\left(\frac{d_h + \gamma(d_l - x)}{(1 - \gamma)\alpha x}\right) + \Omega - b_0 \\ =& (r_l + h + \pi)(d_l + \gamma d_h) F\left(\frac{x - d_l - \gamma d_h}{(1 - \gamma)\alpha x}\right) + (r_h + h + \pi)(d_h + \gamma d_l) \\ & \overline{F}\left(\frac{d_h + \gamma(d_l - x)}{(1 - \gamma)\alpha x}\right) - \pi - b_0\end{aligned} \tag{5.6}$$

式中，函数(5.6)中第一项刻画了在低品质产品供过于求、高品质产品供不应求的情况下，让所有高品质产品需求由低品质产品满足所带来的最大期望收益；第二项刻画了在高品质产品供过于求、低品质产品供不应求的情况下，让所有低品质产品需求由高品质产品满足所带来的最大期望收益。定理 5.4 阐述了最优策略。

定理 5.4 果蔬品零售商的最优销售策略如表 5.2 所示。

表 5.2 果蔬品零售商的最优销售策略

	$h+c+b_1 \leqslant L_s$	$h+c+b_1 > L_s$
$r_0-c+b_0<\eta_1$	$\mathbf{SS}, Q^*=\vartheta_1$	(1)若 $\vartheta_2>\sigma_2$, $\mathbf{SS}, Q^*=\vartheta_2$ (2)否则,$\mathbf{US}, Q^*=1$
$\eta_1 \leqslant r_0-c+b_0<\eta_2$	(1)若 $\vartheta_1>\sigma_1 \mathbf{SS}, Q^*=\vartheta_1$; (2)否则,$\mathbf{US}, Q^*=1$	$\mathbf{US}, Q^*=1$
$\eta_1 \leqslant r_0-c+b_0 \geqslant \eta_2$	$\mathbf{US}, Q^*=1$	$\mathbf{US}, Q^*=1$

其中,**US** 表示统一销售策略,**SS** 表示分级销售策略;$\eta_1 = (M_l d_l - M_h d_h) F\left(\dfrac{d_h}{\alpha}\right) + \Omega$,$\eta_2 = M_l d_l \cdot F\left(\dfrac{d_h}{\alpha}\right) + \Omega$;$\sigma_i$ 是 $\xi_i(x)=r_0-c$ 的唯一解,$i=1,2$,$\sigma_1 \geqslant 1$ 且 $0<\sigma_2<1$。

由定理 5.4 可知,即使在销售过程中考虑了复杂的需求替代行为、消费者质量偏好的异质性以及产品分拣不确定性等因素,零售商的最优销售策略仅由两个成本参数确定,即"边际采购与分拣成本",$h+c+b_1$,以及"固定投资成本",r_0-c+b_0,其中后者考虑了放弃统一销售策略所带来的潜在收益损失。具体地,零售商在决策销售策略时需要考虑以下 3 种情况。

(1)若分级销售策略下的固定投资成本较低(即 $r_0-c+b_0<\eta_1$),零售商仅在边际采购与分拣成本较高(即 $L_s<h+c+b_1$)且采购量较低的时候(即 $\vartheta_2 \leqslant \sigma_2$)会选择统一销售策略,否则他会选择分级销售策略。这是因为在采购和分拣成本较低的情况下,零售商会扩大采购量来满足更大的需求以提高收益。

(2)若分级销售策略下的固定投资成本适中(即 $\eta_1 \leqslant r_0-c+b_0<\eta_2$),零售商会在边际采购与分拣成本较低(即 $h+c+b_1<L_s$)且采购量足够大(即 $\vartheta_2>\sigma_2$)的时候会选择分级销售策略。此情况下的决策理由类似于情况(1),零售商能以较低的成本满足足够多的需求来创造高收益。

(3)若分级销售策略下的固定投资成本较高(即 $r_0-c+b_0 \geqslant \eta_2$),此时零售商只会选择统一销售策略。此情况下的决策理由很直观,因为采取分级销售策略的高成本使其收益太低。

定理 5.4 表明,零售商的最优销售策略不仅取决于分拣成本(包括固定加工成本以及边际加工成本),还取决于采购与库存成本。通常情况下,零售商只会在上述成本均不高的情况下会选择采取分级销售策略,否则统一销售策略是更好的选择。换句话说,分级销售策略的适用范围很有限。著名连锁超市品牌 Aldi 的销售策略即很好地印证了这一点,该超市尽可能使其产品线简单,其90%以上的产品均只给消费者提供一种选择品牌[①]。Aldi的销售策略的核心思想是"the power of simplicity"。

在定理5.4中,$\eta_i(i=1,2)$是零售商策略决策时的重要参考指标。该指标综合考虑了产品整体质量、消费者质量偏好以及需求转移行为对零售商最优策略的影响。接下来的性质5.4刻画了上述因素与η_i之间的关系。

性质5.4 (1) 当$\theta^* \geqslant G^{-1}\left(\dfrac{M_h}{M_l+M_h}\right)$时,$\eta_1$是关于$\alpha$的非增函数,否则是非减函数;$\eta_2$是关于$\alpha$的非增函数;

(2) η_1和η_2是关于γ的非减函数。

性质5.4-(1)表示,若低品质产品的需求较高时,即$\theta^* \geqslant G^{-1}\left(\dfrac{M_h}{M_l+M_h}\right)$,产品的整体质量水平越高,分级销售策略对零售商越不利。这是因为在这种情况下,会导致大量的高品质产品滞销以及大量的低品质产品需求转移或丢失。另一方面,若高品质产品需求较高时,即$\theta^* < G^{-1}\left(\dfrac{M_h}{M_l+M_h}\right)$,产品的整体质量水平越高,零售商采取分级销售策略则更有利。这是因为在这种情况下,产品的供给与需求更匹配。性质5.4-(2)表示,更高的需求转移率会使得分级销售策略更具优势,本章已在性质5.1的管理学启示中阐述理由。

5.5 数值分析

5.5.1 参数设定

本节将通过数值算例分析各参数对零售商最优策略的影响。数值实验的参数设定参考了我国富士苹果的真实销售数据。首先,本节采集了中国农业部网站于2017年4月4日公布的北京地区5个批发市场富士苹果的市场价格数据[②],如表5.3所示。本节分别将5个市场的最高批发价格、最低批发价格以及大宗价格的平均值(分别为8.62元/千克、5.44元/千克、7.16元/千克)作为富士苹果质量等级的分级标准,并令$r_h=8.62$,$r_l=5.44$,$r_0=7.16$。然后,根据农产品销售平台

---

① 资料来源:https://rogermontgomery.com/13015/
② 资料来源:http://pfsc.agri.cn

HC360.com[①]查询到的该日富士苹果产地的苹果批发价格,于 0.8 元/千克到 1.2 元/千克不等,本数值实验取平均值 $c=1$。此外,作者通过对果农的电话调研搜集到苹果的库存成本以及加工成本数据如下:$h=0.32, b_1=0.05$。根据果农提供信息,绝大部分分拣工作为人工完成,因此 $b_0=0$。Nagarajan and Rajagopalan(2008年)以及 Stavrulaki(2011 年)的研究指出产品需求替代率于 0.3 到 0.6 不等,由于农产品等易腐败产品的产品替代率相对较高,本数值算例取值 $\gamma=0.6$。

表 5.3 2017 年 4 月 4 日北京地区富士苹果市场价格(价格单位:元)

市场名称	最高价格	最低价格	大宗价格
大洋路	10.0	4.0	7.0
八里桥	11.6	7.6	9.6
岳各庄	8.0	5.6	7.0
石门	7.5	6.0	7.2
水屯	6.0	4.0	5.0
平均值	8.62	5.44	7.16

消费者的质量偏好以及产品质量分级标准均难以量化,为了保证产品分级的有效性,即满足 $\frac{r_l}{q_l}<\frac{r_0}{q_0}<\frac{r_h}{q_h}$,本数值算例中产品质量分级标准数据取值如下:$q_h=2$, $q_l=1.3, q_0=1.7$。通过简单计算可得 $\theta^*=4.54$。假设消费者的质量支付意愿在区间 $[2,8]$ 上服从均匀分布,并放宽 5.2 节中的假设 $\underline{\theta}=\max\left\{\frac{r_l}{q_l}, \frac{r_0}{q_0}\right\}$,此时会出现部分消费者拒绝购买的现象。数值算例的其他参数设定如下:$D=1\,000, \pi=2, \varepsilon$ 在区间 $[0.7, 1.2]$ 上服从均值为 $\mu=1$,标准差为 $\sigma=0.3$ 的截断正态分布。

5.5.2 产品质量对销售策略的影响

本小节将分析产品整体质量对零售商最优销售策略的影响。令 $\alpha=\alpha(q_0)=a \cdot q_0$,其中,$a$ 的不同取值反映了不同的产品质量水平,令 a 在 0.15 到 0.45 间取值。此外,每组算例均对三组 σ 进行取值($\sigma=0.1, \sigma=0.3, \sigma=0.5$),从而分析分拣结果不确定性对最优销售策略的影响。每组算例均针对不同的 ε 值进行了 100 次实验并取均值来求解零售商的最优采购量和最优期望收益,算例结果如图 5.1 所示。

在统一销售策略下,零售商每满足 1 单位需求总会获得利润 r_0-c,因此在任

[①] 资料来源:http://www.hc360.com

何情况下其最优采购量刚好等于总需求量,在图 5.1 中呈现出一条直线。

从图 5.1 中可以观察到,在分级销售策略下,随着产品整体质量水平提高,零售商的最优采购量呈现出先增加后下降的趋势。上述现象可解释如下:当产品整体质量水平较低时,采购批量在分级加工后所得到的高品质产品较少,如果零售商想满足更多的高品质产品需求,则会出现大量的低品质产品滞销,因此零售商会选择降低采购量来避免滞销损失。随着产品整体质量水平提高,更多的高品质产品能从采购批量中分拣得到,同时,满足需求后滞销的低品质产品数量会减少,因此零售商会提高采购量来满足更多需求以扩大收益。当产品整体质量水平非常高时,有足量的高品质产品从采购批量中分拣得到,若零售商仍持续扩大采购量来保证低品质产品需求的满足,又会出现大量高品质产品滞销的情况,因此零售商会选择让部分未满足的低品质需求转移购买高品质产品。

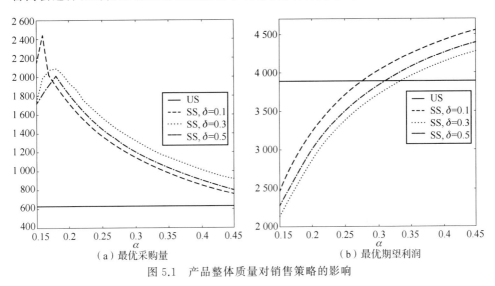

图 5.1　产品整体质量对销售策略的影响

由图 5.1(a)还可以观察到,在所有情况下,分级销售策略下的最优采购量均高于(甚至远远高于)同等条件下统一销售策略的采购量。这表明分级销售策略会让零售商承担更高的滞销风险。由图 5.1(b)可以看到,零售商在分级销售策略下的最优期望收益随着产品整体质量水平提高而增加;此外,分拣结果的不确定性越低,零售商的期望收益也会增加。分级销售策略仅在产品整体质量较高的时候才会优于统一销售策略,可见分级销售策略的适用范围有限。

5.5.3　市场划分对销售策略的影响

要研究市场划分 θ^* 对零售商最优策略的影响,考虑到零售商往往是市场中的价格接受者,因此本组算例选择固定 r_h 与 r_l ,而令 q_l 在 1.3 至 1.6 之间取值,并保证数量关系 $\frac{q_l}{r_l}<\frac{q_0}{r_0}<\frac{q_h}{r_h}$ 仍然成立。至此,θ^* 的取值在 4.54 至 7.95 中变化。在本组算例中,将分别针对三组 α 值(分别取值 0.4、0.6、0.8)进行实验。需要指出的是,研究市场划分对最优策略的影响(即固定消费者类型 θ 而变化 θ^*)等同于研究消费者类型对最优策略的影响(即固定消费者类型 θ^* 而变化 θ),因此,增加 θ^* 值等同于降低 θ 取值的上界或下界。算例结果如图 5.2 所示。

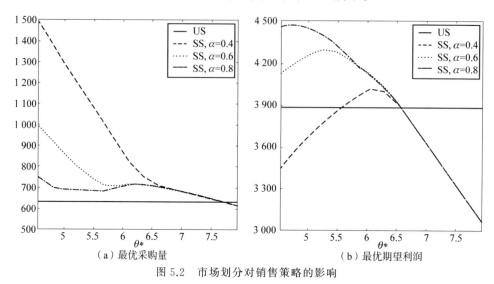

(a)最优采购量　　　　　　　　　　(b)最优期望利润

图 5.2　市场划分对销售策略的影响

同样的,由图 5.2 可以观察到,统一销售策略下零售商的最优采购量及其最优期望收益均为常数。

由图 5.2(a)可知,在分级销售策略下,随着 θ^* 增加,零售商的最优采购量呈现出下降再上升然后再次下降的趋势。上述 S 型的变化趋势可解释如下:当 θ^* 取值很小的时候,许多消费者都选择购买高品质产品,其单位利润最高,因此零售商会采购足量的产品保证有足量的高品质产品能够被分级加工出来。随着 θ^* 值增加,两种产品的供需关系更加平衡,因此零售商不需要采购大量产品就能满足需求。当 θ^* 值增加到某个零界点,会出现低品质产品供不应求而高品质产品需求得到充分满足的情形,因此零售商会提高采购量来满足缺货的低品质产品需求。当 θ^* 取值非常大的时候,几乎所有的消费者都会选择购买低品质产品,在这种情况下会出现大量滞销的高品质产品,因此零售商会降低采购量来避免过高的滞销损失。从图 5.2(a)中还可以观察到,当 θ^* 取值很大时,零售商会在分级销售策略下扩大采购量,同样表明分级销售策略会使零售商承担更高的滞销风险。

由图 5.2(b)可以观察到,在分级销售策略下,随着 θ^* 增加,零售商的最优期望收益先上升后下降。这是因为在 θ^* 取值很小时,高品质产品严重供不应求而低品质产品供过于求,导致大量的高品质产品需求丢失和大量的低品质产品滞销。随着 θ^* 上升,上述严重的供需不平衡局面得到缓解,因此零售商的期望收益会增加。当 θ^* 取值很大时,又会重新出现严重的低品质产品供不应求而高品质产品供过于求的不平衡局面,因此零售商的期望收益会降低。由图 5.2(b) 还可以观察到,当 θ^* 取值很大时,零售商应该采取统一销售策略。当低品质产品需求适中或需求很小时,采取何种销售策略则取决于产品整体质量水平:若产品整体质量水平很低,例如 $\alpha=0.4$,如果低品质产品需求也很低,则统一销售策略最优;如果低品质产品需求适中,则分级销售策略最优。若产品整体质量水平很高,则分级销售策略最优。由上述分析可知,分级销售策略的适用范围仍然受限。

5.6 本章小结

本章研究了果蔬品零售商的最优库存与销售策略。当零售商从上级供应商了解到产品整体质量及采购价格后,他需要决策是否采取统一销售策略或分级销售策略,以及该策略下的最优采购量。零售商的上述决策必须考虑到消费者质量偏好的异质性、产品的品质差异以及不同等级产品间的替代性。本章首先证明了零售商在分级销售策略下期望收益函数关于采购量的凹性,并得到了该销售策略下的最优采购量与期望收益。通过比较两种策略的期望收益,本章刻画了统一销售策略以及分级销售策略各自的适用条件。本章研究发现,最优销售策略的选择取决于两个成本参数:"边际采购与分拣成本"以及"固定投资成本"。一般情况下,只有当上述成本均不高时,零售商才会选择分级销售策。通过两组基于真实数据的数值算例,本章还分析了产品整体质量水平以及市场划分对零售商最优策略的影响。算例结果表明:当产品整体质量水平较低且有较多的消费者选择购买低品质产品时,统一销售策略更优;传统经营常采用的分级销售策略仅在产品整体质量水平较高时才更优。此外,分级销售策略会让零售商承担更高的滞销风险。

第三篇 数据驱动篇

随着大数据、人工智能、云计算、区块链、物联网等数据技术的应用和发展，人类社会迎来了继农业经济、工业经济之后的数字经济时代，数据的应用渗透到经济社会的各个领域，数据资源在产品和服务的生产中逐渐发挥与劳动力、资本、技术等具有同等重要的基础性作用。我国在政策上已经明确将数据纳为一项生产要素参与收益分配，在中国共产党第十九届中央委员会第四次全体会议通过的《中共中央关于坚持和完善中国特色社会主义制度推进国家治理体系和治理能力现代化若干重大问题的决定》指出：健全劳动、资本、土地、知识、技术、管理、数据等生产要素由市场评价贡献、按贡献决定报酬的机制。数据这座巨大"矿藏"已经显示出前所未有的影响力。例如，中国信息通信研究院发布的《中国数字经济发展白皮书（2020年）》显示，2019 年我国互联网数据服务(含数据中心业务、云计算业务)实现收入 116.2 亿元，同比增长 25.6%。在农业领域，数据技术催生了精准农业、农业物联网、智能温室等应用场景，数据驱动下的农业生产新业态新模式不断涌现。果蔬产业作为农业的重要组成部分，数据技术毫无疑问将驱动果蔬产业的新业态和新模式，革新果蔬供应链管理。"数据驱动篇"将对各种数据及其在果蔬供应链中发挥的作用进行阐释。

第6章 果蔬供应链管理中的数据技术

6.1 射频与冷链技术

6.1.1 射频技术

射频技术(Radio Frequency,RF)最较常见的应用是无线射频识别(Radio Frequency Identification,RFID),常称为感应式电子晶片或近接卡、感应卡、非接触卡、电子标签、电子条码等。射频技术是一种非接触式的自动识别技术,它通过射频信号自动识别目标对象并获取相关数据,识别工作无须人工干预。最基本的RFID 系统由三部分组成:①标签:由耦合元件及芯片组成,标签含有内置天线,用于和射频天线间进行通信;②阅读器:读取(在读写卡中还可以写入)标签信息的设备;③天线:在标签和读取器间传递射频信号。RFID 的具体工作原理如图6.1所示:电子标签进入天线磁场后,若接收到读写器发出的特殊射频信号,就能凭借感应电流所获得的能量发送出存储在芯片中的产品信息(无源标签),或者主动发送某一频率的信号(有源标签),读写器读取信息并解码后,送至中央信息系统进行有关数据处理。

RFID 技术的特点是快速、准确、安全。在阅读器有效范围内,读取标签数据时不需对准目标,识别码唯一,难以仿造,RFID 标签内能储存较多数据,并可重复读写。工作时,一次能同时读取多个标签的识别码和数据,并能全天候作业,即使有一定程度的污物或在物体高速运动的情况下也能对物体进行识别和解读,作用范围可以达到十几米。得益于上述特点,RFID 常在果蔬供应链中应用于果蔬品安全监控,实施信息收集、跟踪,涉及信息流和实物流在时间和空间范围内进行系统的联系。RFID 应用于果蔬供应链时需要预定义数据,对果蔬品、各项环境指标、生产指标及各个参与实体的信息进行有效标识,并将信息存储于 RFID 的电子标签中。出于降低成本的考虑,果蔬供应链常常使用传输距离小于2米的

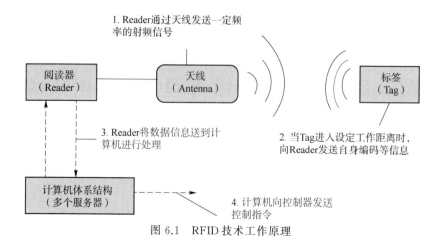

图 6.1 RFID 技术工作原理

低成本电子标签。在 RFID 系统中由阅读器通过空中天线读取信息,并按分布式结构分层次组织管理信息,多个阅读器之间彼此相互协作,共同完成信息校验、传递、存储等工作,它们之间的协同机制可建立在智能代理 Agent 技术基础上。安全农产品监控预警平台则可利用读取数据库来追溯果蔬品的来源、加工历史、配送过程中的流通和位置。由于系统涉及前端的 RFID 信息获取,后端的安全监控管理以及中间件,因此对系统无缝集成的要求非常高。特别地,RFID 电子标签技术可以统筹考虑果蔬供应链中各个子系统的数据采集/录入、数据存储、数据统计/分析、界面集成、模式切换等功能衔接,将冷库的仓储管理、交易、收费结算和物流配送与冷库的自动控制与安全监控结合在一起,再考虑冷库的远程管理维护以及互联网数据交换需求,形成一套完整的软硬件解决方案。具体实施方案如下:

(1)果蔬生产环节:果蔬品在产地收获后由农户或生产基地加入 RFID 标签,写入相关的基本信息,如产地、出产日期、储存方法及食用方法等。此外,在农产品基地流通加工生产环节应用 RFID 技术,可以实现在整个生产线上对不同种类果蔬品的识别与跟踪,减少人工识别成本和出错率,提高效率和效益。

(2)冷链运输环节:①运用 RFID 技术对司机授权,为每位司机配置一个无源电子标签,标签内相应数据记录包括司机姓名、年龄、照片、所属部门等;在物流车辆车头配置一个有源标签,标签内相应信息包括车牌号、所属车队等。当司机被领导授权运输货物时,司机领取相应车辆钥匙,进入车辆时,在车辆上的个人数字助力系统(Personal Digital Assistant,PDA)上刷自己的无源电子标签,PDA 通过 GPRS 将数据传递给系统终端,终端将显示司机和车辆信息。②运用 RFID 技术对运输过程中果蔬品进行温湿度监控:在装有果蔬品的托盘或包装箱放入冷链车之前,温湿度标签会被安装到物流车内,待装运出发后,开始持续记录物品所处环境的温湿度。RFID标签信息通过无线方式发送数据。当果蔬品在严格的控温条件下,被转移入冷藏车后,包装上的RFID感温标签同样定时采集车中的储藏温湿度,车内安装有同车载GPS相连的RFID读取装置,定时读取的数据通过GPS卫星传输到中间件服务器中。如果物流车里的温度靠近预先设定的温度极限值,系统则会根据预先设定的方式报警,提醒司机调整物流车冷库的温度。该系统也可以配置GPRS模块,通过GPRS技术,冷链物流中心可以通过PDA对物流车的温度进行监控,得出曲线或图表进行分析。当货物到达目的地,司机能即时凭警报信号检查温度出现异常的箱子。而系统亦会自动制作温度趋势图,可以准确地知道在什么时间温度发生了怎样的变化。农产品送达客户时,能通过PDA查看整个物流过程中的温度变化情况,一旦发现某时刻温度的实时值超出极限值范围,客户可以选择不收货,司机不交货。企业及用户可以通过各种终端,如PC、手机、PDA等多种方式进行管理、分析和下达指令等作业。

(3) 冷链配送中心存储环节:在果蔬品冷冻、冷藏仓库里,RFID技术最广泛的使用是存取货物与库存盘点,它能用来实现自动化的出库、入库、移库、盘库等操作。RFID技术的另一个好处在于在库存盘点时降低人力。RFID技术可以让商品的登记自动化,盘点时不需要人工的检查或扫描条码,更加快速准确,并且减少了损耗。由RFID系统实现数据录入的自动化,可以减少大量的人力物力消耗,同时还可以对冷库库存实现动态实时的控制。在冷库仓储环节全面应用RFID技术,RFID系统的软硬件可以和库存管理及自动控制实现集成,顺畅地实现数据识别、数据采集、数据交换及存储,保证了仓储环节对整个冷链的支撑。

(4) 配送/分销环节:在配送环节,采用RFID技术能大大加快配送的速度和提高拣选与分发过程的效率与准确率,并能减少人工、降低配送成本。如果到达冷链配送中心的所有果蔬品都贴有RFID电子标签,在进入冷链配送中心时,托盘通过一个阅读器,读取托盘上所有货箱上的RFID电子标签内容。系统将这些信息与发货记录进行核对以检测出可能的错误,然后将RFID标签更新为最新的商品存放地点和状态。

(5) 销售环节:RFID电子标签可以改进零售商的库存管理,实现适时补货,有效跟踪运输与库存,提高效率,减少出错。同时,智能标签能对某些时效性强的商品的有效期限进行监控;商店还能利用RFID电子系统在付款台实现自动扫描和计费,从而取代人工收款。

图6.2描绘了杭州奥肯技术有限公司将RFID技术应用于冷链运输的实例图。

果蔬品产出质量的异质性以及在途过程的持续腐坏给果蔬供应链管理造成了一定的挑战。结合果蔬品特性分析可知,将RFID技术应用于果蔬供应链后,将产生以下优势:

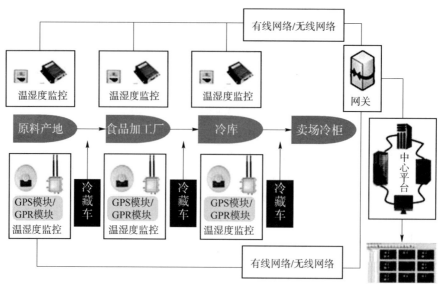

图 6.2 RFID 技术在冷链物流中的应用
(资料来源:奥肯技术公司网站)

(1) 与安全农产品监控预警平台结合,通过信息技术和网络技术自动进行数据收集、监控、分析和处理,使安全管理相关数据与信息的记录、存储、检索、发布过程电子化,使生产商、运输商、消费者、政府监控部门能够快速准确地找到需要管理的信息,并基于这些信息做出科学的决策,从而从根本上提升果蔬品品质。新版《食品安全法》修订草案于 2015 年 4 月获得通过,2015 年 10 月 1 日起正式施行。修改后的食品安全法将对食品安全从生产、运输、贮存、销售、餐饮服务等各环节实施最严格的全过程管理,强化生产经营者主体责任,完善追溯制度,加大监管处罚力度,RFID 技术提供了很好的果蔬供应链追溯解决方案。

(2) 跟踪冷链物流,增加生鲜农产品冷链管理的透明度:RFID 技术的核心是标签上的产品电子代码(Electronic Product Code,EPC),由于 EPC 提供对物理对象的唯一标识,所以可以实现果蔬品在整个冷链上货物的物流跟踪,而且 RFID 感温标签还可以提供温度的监控,保证了冷链物流中果蔬品的质量安全。

(3) 简化作业流程,提高果蔬供应链物流效率:果蔬品的易腐坏特点决定对其操作应尽量简化,缩短操作时间。在果蔬品托盘和包装箱上贴上 RFID 标签,在配送中心出/入口处安装阅读器,无须人工操作,且可以满足叉车将货物进行出/入仓库移动操作时的信息扫描要求,而且可以远距离动态的一次性识别多个标签。这样大大节省了出/入库的作业时间,提高了作业效率。

由此可见,将 RFID 技术应用于果蔬供应链后,管理者可以利用 RFID 搜集到的生产、运输、销售等各环节的数据来保证果蔬品质量安全,降低了管理成本。特别地,对于零售商来讲,当基于RFID数据的自动补货系统显示需要补货,就可以立即向上游企业订货,通过切实可行的RFID解决方案和RFID技术保证所需果蔬品安全、准时到达,防止缺货发生,提高了顾客服务质量、增加了销售机会,进而提高了收入。值得注意的是,RFID技术一般配合冷链物流和物联网技术在果蔬供应链中实施应用,本书将在相应章节探讨其具体应用场景。

6.1.2 冷链技术

冷链物流是指为保持食品新鲜的品质或其他产品(医药等)的效能以及减少运输损耗,在其加工、贮藏、运输、分销、零售等环节,货物始终保持一定温度和湿度的一种物流运输方式,由预冷处理、冷链加工、冷链储存、冷链运输和配送及冷链销售几方面构成,涉及冷库、冷藏车、保温盒、冷藏陈列柜等设施。图6.3和图6.4分别描绘了冷链物流中所涉及的流通环节以及冷链物流体系。众所周知,果蔬品是易腐坏产品,其经济价值随着库存时间延长而下降。因此,大量的果蔬品(尤其是高价值果蔬品,例如车厘子、荔枝等)通过冷链物流进行运输。冷链物流使鲜果蔬菜采摘后保存在低温控制环境下,即果蔬从离开田间到消费者餐桌前都处于"冷链"中,最大限度地保证产品品质和质量安全、减少损耗和污染。

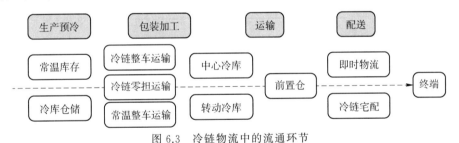

图6.3 冷链物流中的流通环节

(资料来源:艾瑞咨询《中国生鲜农产品供应链研究报告(2020年)》)

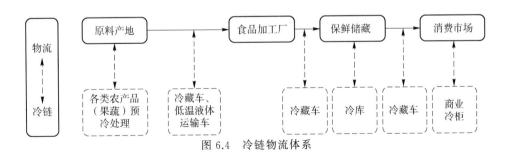

图6.4 冷链物流体系

冷链物流需要规模化企业的不断投入,通过完整的运输管理信息系统来协调订单处理、运输、配送、承运商管理、运力管理、返单管理、应收应付管理以及退货管理等业务环节，加强企业的整体联动效应来降低消耗成本，从而形成合理、高效的冷藏链。冷链物流的技术体系包括：冷链物流制冷技术、冷链集装箱（车厢）技术、冷链物流保温技术、冷链物流防腐保鲜技术、冷链物流追溯技术，归纳与表6.1中。表6.2归纳了不同果蔬类产品对冷链物流的贮藏和运输环境要求。

表6.1　冷链物流相关技术

技术名称	技术描述
制冷技术	将物体温度降低到或维持在自然环境温度以下，与一般制冷技术没有在工作原理上类似，但由于冷链物流的特殊要求，在运输中需要采用移动制冷，在冷库中建设中可以采用地源热泵等技术降低能耗
集装箱（车厢）技术	国际上普遍运用的冷藏、冷凝、气调、冷藏集装箱多式联运等先进的制冷技术。一是尽量使得制冷装置在最经济合理的工况条件下安全、可靠地运行，同时达到产冷量最大、功耗最低、运行效率最高的目的。二是采用多级分段制冷工艺，实现实际制冷冻结过程的节能。三是智能化自动控制制冷系统运行，使系统安全稳定地工作，保证储藏食品的品质，提高系统的运行性能，节约能源消耗，降低运行成本。四是采用冰蓄冷、热回收、低温空调送风系统等技术实现制冷节能。五是气调保鲜技术应用等
保温技术	主要是由保温材料、密封材料与密封技术等组成。其中冷链运输保温技术与一般的保温技术不同的是要求保温材料既要轻薄，又具有良好的隔热效应，要求密封材料密封效果更好，要求在车厢打开搬运装卸，作业条件下也应该尽量做到保温效果，这需要进行全面系统的设计
防腐保鲜技术	主要有真空保鲜、气调保鲜、臭氧保鲜等多种保鲜技术。利用机械设备，人为地控制气调冷库贮藏环境中的气体，实现水果蔬菜保鲜
追溯技术	追溯主要采用编码技术，产品编码是给产品赋予代码的过程，编码让产品有了身份证，是追溯的基础。产品代码化过程是实现信息化的基础，是物理产品计入信息系统的身份

表6.2　果蔬产品冷链要求

果蔬类别	举例	储存温度	储存湿度	运输温度 中长途（直达）	运输温度 短途（不超过5小时）	展售柜温度
水果类	香蕉	12~15 ℃	80%~90%	12~15 ℃	5~12 ℃	12~15 ℃
水果类	草莓、葡萄、樱桃	0~3 ℃	90%~95%	0~3 ℃	5~12 ℃	0~3 ℃
蔬菜类	菠菜、芥蓝	0~2 ℃	95%以上	0~2 ℃	5~12 ℃	0~2 ℃
蔬菜类	大蒜	0~5 ℃	65%~70%	0~5 ℃	5~12 ℃	0~5 ℃

资料来源：头豹研究院《冷链物流研究报告》。

在冷链物流整个流通过程中,果蔬供应链上的相关主体(包括承运人)借助信息化网络和物联网等技术可以获取产品的实时在途信息和质量信息,在有效保存果蔬质量的同时降低产品损耗。可以说,冷链物流很好地攻克了果蔬品的易腐坏特性,果蔬供应链管理者可以基于可靠的产品质量信息优化其采购策略。一方面,管理者在制定采购策略时能够根据供应商提供的质量信息准确判断其将来收货产品的质量情况;此外,根据冷链物流过程中实时的产品信息,管理者还可以根据在途信息不断地修正其采购策略。因此,冷链物流技术能够有效提高果蔬供应链管理者的决策效率。然而,我国的冷链物流存在自动化水平低、物流成本较高、冷链流通率低、政策环境不够宽松、尚未形成完善的冷链物流体系等问题,导致果蔬品冷链物流水平与居民消费升级、现代农业发展仍有较大的差距。

国家层面多次颁布新政与法规来加快生鲜农产品供应链体系的建设和完善。2017年9月,国务院办公厅印发《关于加快发展冷链物流保障食品消费升级的意见》,要求构建符合我国国情的"全链条、网络化、严标准、可追溯、新模式、高效率"的现代化冷链物流体系,满足居民消费升级需要。2019年5月,财政部办公厅、商务部办公厅印发了《关于推动农商互联完善农产品供应链的通知》,提出:加强产后商品化处理设施建设,发展农产品冷链物流,各地中央财政资金支持农产品产后商品化处理设施和冷链物流的比例不得低于70%。果蔬对于在加工、存储以及运输环节中涉及的冷链物流技术要求较高,然而,由于我国生鲜供应市场化时间短,供应链配套设施还处于发展阶段,冷链物流的质量和效率都无法满足未来市场的需求。根据中物联统计,2018年生鲜冷链的需求规模达到1.82亿吨,其中蔬菜与水果的冷链需求规模分别占比为27%和28%;2019年生鲜冷链的需求规模有望突破2.3亿吨,如图6.5所示。目前,我国冷链物流水平尚不足,冷链流通率较低。国家商务部15年统计数据表明,中国果蔬的冷链流通率的比重是22%,远不及发达国家95%的流通率。艾瑞咨询发布的《中国生鲜农产品供应链研究报告(2020年)》指出,2019年我国冷链物流规模将达到3 391亿元,并保持15%以上的年增速。

值得注意的是,冷链物流的智能化和信息化是发展的主要方向。目前中国的冷链物流行业在一定程度上较为粗放,从源头开始管理不到位的情况依然存在,例如,未安装定位设备,仓储、运输、订单等管理环节信息化系统缺失等,都会为冷链物流企业产生较大的损害,也给行业的进步带来了不小的阻碍,因此冷链的信息化、智能化是实现冷链货物的溯源追踪、落实冷链货物的安全责任的有效手段,在成熟的信息化和智能化辅助之下有望促进冷链企业的升级改造和推动行业的进步发展。另外,在终端消费者一方已经开始逐步意识到冷链物流是食品安全保障的重要环节,消费者对更为安全的食品购买意愿也不断上升,而信息化覆盖、智能化控制正是实现这一需求的必要手段。此外,智能化、信息化是增进盈利能力的手段,能提升整体流通性冷库的利用效率,降低单位货物的能耗水平,有助于经营者分析冷库库存情况和冷库利用周转率,为管理精细化做铺垫;有助于冷链企业从仅仅提供运输、储藏等低附加值功能服务,向提供信息、管理甚至咨询服务延伸,提升整体服务价值。所以未来中国冷链物流行业必将朝着智能化和信息化的方向发展。

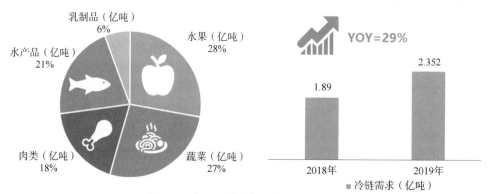

图 6.5 中国生鲜农产品冷链物流数据

(图片来源:艾瑞咨询《中国生鲜农产品供应链研究报告(2020 年)》)

6.2 物联网技术

6.2.1 物联网技术的技术原理与应用现状

物联网以物为关注点,通过多种感知技术识别和采集大量物体信息后,联通各种物体信息数据,形成数据网络,再通过云计算、大数据、边缘计算等技术形成智能化处理,实现物物智联,其在物流(供应链管理)物联网的原理是领域具有高适应性,可进一步加强对仓储、运输、配送等环节的物品监测,提升物流和管理效率。物联网建立在计算机互联网的基础上,利用 RFID、无线数据通信技术,构建覆盖全球数万座建筑的物联网。物联网的核心技术在云端,云计算是物联网实现的核心。物联网的三个关键技术和领域包括:传感器技术、RFID 技术、嵌入式系统技术。其中,传感器技术是一种计算机应用中的关键技术,将传输线路中的模拟信号转变为可处理的数字信号,交于计算机进行处理;RFID 技术已于本书 6.1.1 节中进行介绍,不再赘述;嵌入式系统技术是一种将计算机、计算机硬件、传感器技术、集成电路技术、电子应用技术集成于一体的复杂技术。

根据钱志鸿与王义君(2012 年)提出的物联网系统框架,包括了底层网络分布、汇聚网关接入、互联网络融合以及终端用户应用四个部分,如图 6.6 所示。大量的底层网络系统选择性地分布于物理空间中,根据各自特点通过相应方式构成网络分布。其中,底层网络分布包括 WSNs(Wireless Sensor Networks)、RFID 系统、无线局域网等异构网络,通过异构网络的信息交互实现物体对外部物理环境的感知,允许系统对物品属性进行识别以及对信息的采集和捕获。汇聚网关接入主要完成将底层网络采集的信息平稳接入到传输网络当中,接入技术包括同轴电缆、双绞线、光纤等有线接入方式以及 ZigBee、蓝牙、WiMAX、Wi-Fi、4G/5G、卫星通信等无线接入方式。优化网络系统包括广播电视网、互联网以及电信网的融合网络,主要完成信息的远距离传输。对于终端用户应用系统来说,主要完成信息相关服务的发现和应用功能,终端用户可以通过主管行为影响底层网络面向不同应用,从而实现人与物、物与物、物与人之间的物联信息交互。

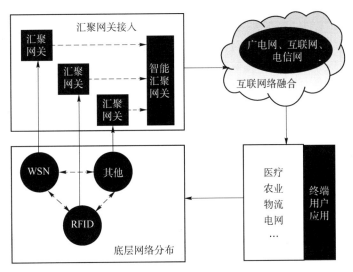

图 6.6 物联网系统框架

(资料来源:钱鸿志,王义君,2012 年:物联网技术与应用研究)

根据头豹研究院发布的《物联网系列深度研究报告》,按照物联网在物流领域的应用硬件及系统软件销售额进行计算,中国物联网在物流领域的应用规模从 2014 年的 578.3 亿元增长至 2018 年的 1 775.6 亿元,年复合增长率达 32.2%。伴随着智能化快递柜、无人机、无人车、货车编队等物联网在物流领域的应用逐步推广,预计至 2023 年,中国物联网在物流领域的应用规模将增长至 4 606.6 亿元,

2018—2023年年复合增长率有望达到21%。当前,阿里巴巴、京东、百度、腾讯等互联网巨头纷纷布局物联网应用,归纳于表6.3中。近五年,我国政府发布多项重要产业规划、政策文件鼓励和支持物联网在物流领域的应用,相关文件归纳于表6.4中。

表6.3 互联网巨头布局物联网

互联网公司	投资布局
阿里巴巴	2018年3月,阿里巴巴旗下菜鸟网络宣布战略投资智慧物联网公司易流科技,连接140多万辆物流车和150多万名货车司机,覆盖货主、生鲜冷链、电商快递、大型商超、综合物流等10多个细分领域。菜鸟科技通过与易流科技战略合作打造包括柔性自动化仓库管控、物流网点智能视频监控、物流车辆实时智能调控在内的物流链路
京东	2019年5月,京东与新宁物流签署战略合作协议,双方拟在"车联网""智能仓储""供应链解决方案"等领域开展深度合作,重点合作搭建车联网大数据应用平台,计划该平台将实现管控车辆总数超过200万台
百度	2018年4月,百度对智行者进行C轮投资,智行者是一家自动驾驶智能解决方案和营运服务的技术公司,从而加快无人配送物流车领域的发展步伐
腾讯	腾讯分别于2015年5月、2016年3月、2018年8月对G7进行C轮、C+轮战略投资,G7是基于人工智能与物联网的技术平台,向物流企业和货运车队提供车队管理综合解决方案,覆盖结算、金融、智能装备等运营流程,腾讯通过投资G7推进物流业务往物联网化、智能化方向发展

资料来源:头豹研究院《物联网系列深度研究报告》。

表6.4 我国近五年关于推广物联网应用的相关政策法规

政策名称	颁布年月	颁布主体	主要内容
《关于推动物流高质量发展促进形成强大国内市场的意见》	2019.2	发改委等24个部门	支持物流园区和大型仓储设施应用物联网技术,鼓励货运车辆加装智能设备,加快数字化终端设备的普及应用,实现物流信息采集标准化、处理电子化、交互自动化
《关于印发推进运输结构调整3年行动计划(2018—2020年)的通知》	2018.9	国务院	鼓励铁路运输企业增加铁路集装箱和集装箱平车保有量,提高集装箱共享共用和集转交换能力,利用物联网等技术手段提升集装箱箱管和综合信息服务水平
《关于进一步推进物流降本增效促进实体经济发展的意见》	2017.8	国务院	大力推进物联网、RFID等信息技术在铁路物流服务中心的应用,提升铁路物流服务水平
《商贸物流发展"十三五"规划》	2017.3	商务部等5个部门	推广使用自动识别、电子数据交换、货物跟踪、智能交通、物联网等先进技术装备,探索区块链技术在商贸物流领域的应用,大力发展智慧物流

续表

政策名称	颁布年月	颁布主体	主要内容
《关于开展加快内贸流通创新推动供给侧结构性改革扩大消费专项行动的意见》	2016.11	商务部等13个部门	深入推进"互联网＋流通"行动计划,加快流通数字化、网络化和智能化进程,深化移动互联网、物联网、云计算、大数据等技术在流通领域的应用,是新技术对流通发展的要素贡献率大幅提升
《关于深入实施"互联网＋流通"行动计划的意见》	2016.4	国务院	加大流通基础设施信息化改造力度,充分利用物联网等新计划,推动智慧物流配送体系建设,提高冷链设施的利用率

资料来源:头豹研究院《物联网系列深度研究报告》。

6.2.2 物联网技术在果蔬供应链中的应用

根据头豹研究院发布的《中国农业物联网行业研究报告》,2014年中国农业物联网行业销售规模为53亿元,得益于政治、社会、技术环境的支持,中国农业物联网行业得以稳定发展。《"十三五"全国农业农村信息化发展规划》提出实施农业物联网区域试验工程,简称10个农业物联网试验示范省、100个农业物联网试验示范区、1 000个农业物联网试验示范基地。截至2018年年底,我国共9个省份开展农业物联网区域试验,形成426项农业物联网产品和应用模式。物联网、人工智能等新技术的发展推动农业物联网设备及服务逐渐覆盖在农业各细分领域,包括农业资源环境监测、种植业生产智能监测、大田精准作业等,如表6.5所示。2018年,我国农业物联网行业销售规模为481.5亿元。2014年至2018年,我国农业物联网行业的年复合增长率为73.6%。《"十三五"全国农业农村信息化发展规划》预计至2020年,农业物联网等信息技术应用比例达到17%、农村互联网普及率达到52%、信息进村入户村级信息服务站覆盖率达到80%。《中国农业物联网行业研究报告》预测2023年中国农业物联网行业销售规模有望达到1 051.9亿元。

表6.5 农业物联网应用价值

价值体现	具体内容
农业资源和环境监测	物联网技术的应用可实现农业资源环境的监控,其监测手段分为两类:①通过使用低空传感器和无线传感器完成对农业生态环境和农情的监测;②利用3S技术(即遥感技术、地理信息系统、全球定位系统)与无线传感网结合,对作物长势、面积、估产、品质等指标进行实时监测,同时应用高光谱遥感数据对重要的生物和农学参数的反演模型算法进行研究。目前,国家农业信息化工程技术研究中心研制的地面监测站和遥感技术结合的墒情监测系统已在贵阳、黑龙江、河南等地示范应用。物联网技术对农业资源环境的监测可以帮助用户掌握全面的农业资源环境信息,增强用户获取信息和应用信息的能力,帮助农民科学决策,提高生产经营能力,最终提高农业生产效率

续表

价值体现	具体内容
种植业生产智能监测	物联网技术的发展可实现对种植业生产的智能化监测,其中在设施园艺生产场景的应用最为广泛。物联网技术可通过各种传感器实时监测温室大棚内温度、湿度、光照、土壤水分等环境因子数据,并在专家决策系统的支持下进行智能化决策。用户可通过计算机、手机等终端实施远程调控农业机械设备,调节大棚内生长环境至适宜状态,弥补传统设施农业参数采集监控的不足,实现科学监测、科学种植,提高农业综合效益
大田精准作业	物联网技术通过对大田种植生产过程关键环节进行自动化监测及精细化管理,从而有效提升农业生产管理水平,提高资源利用和产出效率。大田物联网建设在北京、黑龙江等粮食种植基地得到初步应用。例如新疆兵团粮食种植基地监理智能灌溉系统,相较于传统种植方式,应用智能灌溉系统后的基地每亩节省水肥10%以上,粮食产量提高近10%。黑龙江红星农场基于物联网技术建立了作物病虫害采集管理与远程诊断系统,支持典型作物病虫害现场定位、拍照、业务数据快速采集和无线传输,并且可以实时接收病虫害状况诊断处理信息,将作物病虫害信息采集、传输和诊断管理过程完整输出,提高农业植保信息服务效率

资料来源:头豹研究院《中国农业物联网行业研究报告》。

物联网技术能通过 RFID、红外传感、温度传感、湿度传感、无线传输等技术快速识别和传输仓储物品信息。在货品运输过程中,物联网可通过 GPS、RFID、智能传感等技术进一步加强对运输货物的跟踪以及对运输车辆的监控,提高运输效率、降低运输成本、减少货物损耗。此外,物联网技术结合 GPS、遥感等技术还可以在果蔬生产阶段用于作物管理,实现劳动力、肥料、农药和水的最优利用。这些方法不但能够提升作物生产效率,还可以提高果蔬品的食品安全水平,减少耕作活动对环境的不利影响。图 6.7 描绘了英特尔公司基于物联网构建的温室管理解决方案。基于农业物联网技术的农产品追溯系统可用于果蔬品质量安全追溯,保障产品质量安全。特别地,农业物联网应用于果蔬供应链中可以实现果蔬品的全流程监控追踪,在消费者发生购买行为前了解产品的真实质量,满足消费者追溯果蔬品信息的需求,保障消费者利益。

根据颜波等人(2014 年)的研究,物联网技术可在果蔬供应链全过程得到应用,如图 6.8 所示的基于农业物联网的果蔬品供应链追溯系统。其具体应用场景如下:

(1)种植环节:要实现对某一种植基地的生产环节的追溯,需要追溯的内容包括农户等生产企业基本信息、种植过程中果蔬品质量安全信息(包括肥料、农药、疾病预防、作物治疗等信息)。

图 6.7　温室管理解决方案
（图片来源：英特尔公司《面向精准农业的开放架构》）

图 6.8　基于农业物联网的果蔬品供应链追溯系统

(2) 生产加工环节：果蔬供应链的加工环节始于对采收后的果蔬品农药测定。在同一批次果蔬品采收后，将送到企业的质监部门和当地政府检测机构，对果蔬品的农药残量、品质等进行检测。检测后应出示该采收批次果蔬品的详细检测证明材料；企业可根据检测结果对果蔬品进行分级，将同一采收批次的果蔬品按品质划分为多个批次；而后按照该批次对果蔬品进行简单的加工包装，包括消毒、清洗、包装、张贴商标等。在农产品进入流通过程前，对果蔬品进行标识，在其容器的外包装上会添加电子标签，记录该批次农作物的出产信息、果蔬品质、药残检测证明材料等加工信息。

(3) 仓储物流环节：通常农产品加工厂距离配送中心、配送中心离零售终端较远，在途物流时间相对较长。而果蔬品因其易腐性、时鲜性的特性，运输过程中的操作不善或外界环境的突然变化都可能导致果蔬品的腐烂、变质，造成果蔬品的损耗。因此，产品入库前，配送中心工作人员首先要对果蔬品进行严格的验收操作。同时，果蔬品本身对仓储条件的要求较高，储存期间仓管人员要定期对产品进行盘点，并记录盘点结果。产品出库前，工作人员要严格按照客户订单要求进行分拣操作，安排产品出库。配送中心按照客户订单安排产品出库时，通过扫描标识当前配送批次的电子标签和标识零售批次的电子标签建立两者之间的对应关系,同时记录当前零售批次果蔬品的具体流向等配送环节追溯信息。当某一配送批次的果蔬品全部被销往各个零售终端时,标识该配送批次的电子标签可以被重复利用。

(4)零售环节:在果蔬品零售环节,可采用 RFID 技术与条码技术相结合的信息采集方式,在果蔬品零售包装上采用条码作为追溯信息载体。在产品验收环节,超市工作人员需要在果蔬品的零售包装上粘贴追溯码,通过扫描追溯码,对应当前零售批次的电子标签,实现条码与 RFID 技术的结合应用。同一零售批次的果蔬品对应相同的追溯码,消费者可以通过扫描或手动输入追溯码查询其所购买的果蔬品的追溯信息,或者用嵌入相关软件的手机对内部追溯码拍照,经自动解析后查询追溯信息,并且可以投诉销售问题果蔬品的零售商。

综上分析可见,物联网技术结合其他数据技术应用在果蔬供应链管理中能够有效地提高果蔬品生产质量、产品运输的物流效率,保障食品安全,这些特点对于草莓、车厘子、荔枝等高价值、高易腐坏性的果蔬品显得尤为有价值。

6.2.3 应用案例

案例一:山东省万兴食品有限公司

作为农业产业化国家重点龙头企业的山东省万兴食品有限公司,于 2013 年就全面启动并建立起了基于全产业链的物联网生姜质量安全平台管控系统,如图 6.9 所示,实现了以生姜为代表的蔬菜种植、加工、储运、销售全产业链的质量安全的正向跟踪和逆向追溯管理机制。例如,如果客户向公司提供了出现质量问题的生姜的标签信息,质检员就可以根据生姜包装上的 RFID 标签中记录的产品名称、生产地点、采摘时间、所处环境的温湿度等信息展开逆向追溯,进行问题原因的诊断,并通过系统迅速监测产前、产中、产后的生产运作情况,分析问题产生的根本原因,直至彻底查明原因,及时解决生姜生产运作过程中引发质量安全的具体问题并消除可能的安全隐患。此外,这套系统还可以利用物联网和加载到物品箱或目标物品上的温湿度标签,实现生姜物流的全程追踪,通过网关和管理中心持续记录生姜的配送车和所处仓储环境的温湿度,发现物流过程中存在的问题和隐患,大大减少了收购、仓储、运输过程中可能引发的生姜质量安全问题。同时,借助农业物联网模式下的正向跟踪和逆向可追溯机制,系统平台还可以有效地把生姜从产前、产中、产后等产业链关键节点的生产和物流运作信息与销售终端消费者的信息反馈连接起来,使消费者可以清楚、及时地了解从农田到餐桌生姜质量安全方面的信息,有效解决生姜质量标准不易掌控、品质不易评估和质量安全溯源等难题,系统投入使用后收效明显,不仅促进了企业跨部门、跨区域农产品电子商务的发展,而且还赢得了诸多欧美国家的订单,如今公司的相关生姜产品正畅销海内外。

图 6.9 生姜大数据监测预警平台
(图片来源:生姜大数据监测预警平台官网)

案例二:广东农垦

广东农垦旗下的广垦糖业集团丰收糖业公司、华海糖业公司以及广垦名富果业公司应用国家农产品质量安全追溯管理信息平台,如图 6.10 所示,实现了对菠萝罐头、青绿茶、番石榴和红杨桃等产品质量可追溯。广东农垦的主要做法是按照无公害食品生产有关要求进行标准化、规范化生产,编制产品质量追溯编码,把田间生产、投入品使用、加工、包装运输和销售各环节的信息进行采集和录入,并归集到统一的追溯编码实现监管和查询。东莞市农产品质量安全监督检测所、梅州市大埔县农产品质量监督检验测试中心利用地理信息系统(Geograohic Information System,GIS)技术,以地块为追溯单元进行生产档案数字化管理,以条形码为产品追溯标识,分别实现了蔬菜、蜜柚等农产品的质量安全溯源。

案例三:哥伦比亚、西班牙、越南智能农场

哥伦比亚农场面临重重阻碍,包括洪水、土壤氧气含量下降、湿度高和低温等问题。哥伦比亚电信公司、Movistar、Claro 和 Tigo 等运营商支持多家农场监测香蕉作物。实践证明:基于物联网的农产监测系统使得果农增产 15%,同时提高了环境和农业的可持续性、增强作物的可追溯性。在西班牙,运营商 Telefonica 推出了物联网框架下的自动灌溉系统,使用通用分组无线服务业务(General Packet Radio Service,GPRS)连接十多个农场的液压阀门、仪表和液位计,单个农场的总面积高达 21 000 公顷。该远程灌溉系统帮助农场主融合计算机和手机以制定合适的灌溉计划,最终实现每年节约水量高达 47 立方百米、农场利润增加 25%、电力费用节约 30%。越南 Viettel Mobile、MobiFone 和 VinaFone 等运营商在支持数据传输方面更进一步：农业监测系统实现了从无线传感器到传感器平台，最终再到云服务器的联通。越南一家农场应用实时监测后鱼类死亡率降低40%～50%、应用实时监测后六个月的实际收获达 42 000～45 000 千克、营业总额高达 63 000～67 500 美元、节约费用高达 18 000～22 500 美元。

图 6.10　国家农产品质量安全追溯管理信息平台
（图片来源：国家农产品质量安全追溯管理信息平台官网）

6.2.4　物联网技术在果蔬供应链中应用的局限性

"三网合一"的农业物联网必将在果蔬供应链中得到广泛应用和快速发展。然而，尽管基于物联网的果蔬供应链管理方案（尤其是农产品供应链质量安全监管方案）在理论和技术上具有可行性，目前我国农产品的供应链安全管理既缺乏基于物联网的硬技术，也缺乏在实践中不断积累的运营经验和协调能力，基于物联网的农产品供应链的安全监管模式还没形成。在实际运行中要把一个基于市场导向的农产品供应链管理模式与基于安全导向的无缝质量安全监管体系整合起来，形成一个新型的农产品经营模式，在技术上、观念上和制度上面临着较大的困难。根据陈秉恒和钟涨宝（2013 年）以及黄全高（2016 年）的研究成果，物联网技术当前应用的局限性体现如下：

（1）农产品供应链的安全监管缺少软硬件建设：目前，农产品供应链的各环节的信息读入技术、信息采集技术、信息收集和集成技术，以及自动安全预警系统技术建设落后，缺少大量专业技术人员、技术设备和管理人才。例如我国农产品质量安全检验检测中心（作为安全监管执行平台）在数量上远远不能满足农产品检测要求，基层安全监管中心检测设备设施、技术人员配备不够，运行机制不完善，质量安全监管手段简单。而且对品种多、鲜活性强、流通快等特点的农产品快速检测技术研究开发不够,导致一些鲜活的农产品安全问题不能及时发现和处理。

(2)农产品供应链安全技术标准和信息与国际接轨不够:目前我国农产品供应链已经与国际农产品供应链接轨,大量农产品通过国际供应链出口到国际市场,但质量安全问题也是频频发生,主要原因是安全标准和安全信息对接不够。如供应链中的水土安全标准、农产品农药残留标准、有机或绿色种养流程标准、物流和包装国际标准等。同时加强国内农产品供应链管理中的农产品技术标准体系与国际标准体系的对接。通过对技术信息、质量安全信息的规范引导,来改善我国农产品供应链中各环节的管理,以提高我国农产品的国际竞争力。

(3)信息安全问题:在农产品质量溯源系统构建中,需要收集和处理大量的农产品信息数据,这些信息使用不当就有可能直接威胁到农产品相关主体的信息安全。为此,必须有效保护农产品生产加工基地和农产品信息,保护生产基地信息的隐私、维护其正常权益。农产品溯源系统的建设亟待解决的问题是如何保障相关利益主体的信息安全。当前,保障信息安全的手段主要通过加密RFID技术标签,受制于资金的约束以及整个信息监控过程参与者众多,导致只能加密小部分的射频识别芯片;对绝大部分的射频识别芯片仍然无法有效加密,农产品相关主体的隐私和农产品信息安全受到一定程度上的威胁。

(4)市场分化、农业联网业务有限:不同于其他产业,农业市场不是由少数巨头主导,而是由针对农业价值链不同环节提供解决方案的小型公司构成的。农场主发现:通过部署仅适用于某项农业生产环节的解决方案,规模经济难以实现。例如,仅提供降低运输与灌溉成本的解决方案难以提升投资回报率。此外,相较于其他垂直行业(如零售业和汽车业),从技术角度看,农业市场的联网业务相对不成熟。因此,联网不足仍是农业市场发展的一大限制因素。好在众多供应商正在通过合作不断探索针对农业领域的业务。相信在不久的将来,农业市场联网业务不足这一障碍将被扫除。

6.3 区块链技术

6.3.1 区块链技术的技术原理与应用现状

区块链是随着比特币等数字加密货币的日益普及而逐渐兴起的一种全新的去中心化基础架构与分布式计算范式,目前已经引起政府部门、金融机构、科技企业和资本市场的高度重视和广泛关注。区块链技术具有去中心化、时序数据、集体维护、可编程和安全可信等特点,为解决中心化机构普遍存在的高成本、低效率

和数据存储安全等问题提供了解决方案。具体来说,区块链技术的基本原理可以从以下三个方面来理解:

(1)使用分布式账本技术解决信任问题:区块链从技术上来看是一个多方参与、共同维护的去中心化数据库账本,每一个节点都平等地参与账本的记录、更新和验证。通过多方参与,共同验证的方式杜绝区块链网络中的某一方垄断账本数据的可能性,使得账本的准确性和公正性得到保障,解决了网络世界中最基础的"信任问题"。所以有人说区块链是一个信任制作机器:区块链上记录的数据无法造假,无法篡改和抵赖,也不能被删除。同时,是否采用分布式记账技术和多个节点参与记账共识是判断一个项目是否真正应用区块链技术的有效判断办法。

(2)智能合约保障交易结果的公正性和确定性:首先实现智能合约功能的区块链是以太坊。从技术上来看智能合约以一套带有触发条件的计算机脚本文件,一旦条件达成,合约被触发后自动执行。智能合约具有不可撤销、不可篡改、不可抵赖等特点。在传统合约形势下,如果A公司从B公司采购一批货品,A公司付完款后可能出现B公司不履行合约的情况,那么A公司只能通过起诉B公司来保障自己的权益,即使官司打赢了也可能出现判决结果无法执行情况。虽然有法律作为保障,传统的合约存在信任成本和执行成本的问题,限制了交易的范围和频次。智能合约的出现让大家看到了一种新的可能性,也就是用代码来保障交易的公正性、公平性和结果的确定性。智能合约的出现可能对未来的商业运作产生巨大的影响,因为智能合约一旦广泛应用,很多需要依赖中介或者第三方担保的商业模式都将被改写,商业协作效率也会大幅度提高。目前智能合约在区块链范围内的交易已经相对成熟,如何扩展到区块链之外的交易还需要进一步的发展和完善。

(3)以 token(通证)构建数字经济的分配机制:通证是在区块链网络中流通的数字化的权益证明。通证有多种类型,包括货币型(包括数字货币,例如比特币)、证券型、权益型和使用型等,事实上商业中的各种权益都可以被转化为通证,例如股票、债券、积分、门票、月饼提货券等。通证具有几个特点:首先是价值性,通证必须是数字化的权益,具有经济上的价值同时必须是一串数字化的代码可以被区块链网络接收和处理。其次是流通性,交易双方在不需要第三方或者发行方支持的条件下都可以转移通证。再者是加密性,采用密码学进行加密达到可以防伪、可以被验证和转移的要求。多数的区块链公链都可以通过智能合约发布各种通证,最流行的是基于以太坊的 ERC20 协议发行的各种通证。通证的出现可能导致的结果是交易对手极大丰富,同时交易摩擦和交易成本的大幅度降低,从而改写未来的商业模式和社会结构。结合智能合约与通证奖励模式的通证经济可以设计出一种不同于传统的股权制的利益分配机制,一个企业的供应商、渠道商、员工,甚至消费者可以组成一个经济体,共享经济体创造的价值。

郑雪静与熊航(2020年)将区块链技术的价值归纳为去中心化、开放透明、自治性与安全性四点,具体内容如表 6.6 所示。袁勇和王飞跃(2016 年)将区块链技术的基础架构分为了六个层次,即数据层、网络层、共识层、激励层、合约层和应用层组成,如图 6.11 所示。其中,数据层封装了底层数据区块以及相关的数据加密和时间戳等基础数据和基本算法;网络层则包括分布式组网机制、数据传播机制和数据验证机制等;共识层主要封装网络节点的各类共识算法;激励层将经济因素集成到区块链技术体系中来,主要包括经济激励的发行机制和分配机制等;合约层主要封装各类脚本、算法和智能合约,是区块链可编程特性的基础;应用层则封装了区块链的各种应用场景和案例。

表 6.6 区块链技术价值体现

价值体现	体现方式
去中心化	区块链使用分布式账本核算与储存,计算的时候调用分布在世界各地的计算机,使得管理中心性被弱化甚至消除,从而使得系统更具有抗故障的能力,减少了人为干预的可能
开放透明	区块链系统是开放的,公有链中除了交易双方的个人私有信息被加密外,其中的数据对查询者而言都是公开的,整个区块链网络运行规则高度透明
自治性	由于区块链节点之间的数据交换遵循公开透明的固定算法,因此所有的客户端节点之间可以在信任的环境下开展数据交换,整个交易过程完全依靠对区块链系统的信任,数据交换完全靠整个客户端节点自治完成
安全性	区块链通过链式结构、数字加密和共识算法等技术保证区块链数据不可虚构、不可伪造、不可篡改等特点,有效保证数据的稳定可靠、安全且可追溯。

(资料来源:郑雪静,熊航,2020 年,区块链如何促进数据要素的价值实现:以食品供应链为例)

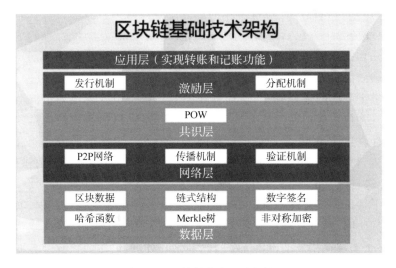

图 6.11 区块链技术基础架构

(图片来源:袁勇,王飞跃,2016 年:区块链技术发展现状与展望)

区块链技术在全球范围内受到了极大的关注,我国政府亦在区块链技术领域积极发力。2016年,国务院发布的《"十三五"国家信息化规划》首次将区块链纳入新技术范畴并做前沿布局,标志着我国开始推动区块链技术和应用的发展。2019年1月,国家互联网信息办公室发布《区块链信息服务管理规定》,为区块链信息服务的提供、使用、管理等提供有效的法律依据。2019年10月,习近平总书记在主持中共中央政治局第十八次集体学习时特别指出:全球主要国家都在发展区块链技术,我们也要利用区块链技术"为人民群众提供更加智能、更加便捷、更加优质的公共服务"。纵观全国,至少有20个省级行政区将"区块链"写入2021年政府工作报告。湖北、吉林等地定下区块链与产业融合发展目标;重庆、福建等地侧重培育区块链产业集群式发展;湖南、云南等地则细化到推进具体的区块链项目;而具有一定产业基础的北京、广东等地则明确提出要进一步巩固壮大区块链产业规模。从更长远来看,已有多个省份将区块链纳入当地的"十四五"规划中。根据前瞻产业研究院发布的数据,我国区块链行业市场规模由2016年的1亿元增加至2019年的12亿元,提供相关服务的企业数量达到1 006家。国际数据公司IDC预测到2024年中国区块链市场整体支出规模将达到22.8亿美元,年复合增长率高达51%。区块链正与大数据、云计算、人工智能、5G等新一代信息技术快速融合,并应用到供应链、政务、医疗、公益慈善、司法治理等重要领域。

6.3.2 区块链技术在果蔬供应链中的应用

供应链是一个复杂的有机整体,涉及主体众多,根据德勤发布的《区块链VS供应链,天生一对》报告,供应链协作的难点主要体现为三方面特征:①涉及多主体协作,供应链参与方包括跨国家、地区、行业的上下游各生产企业、物流服务商、分销商等众多相互独立的企业,必须通过紧密协作以满足最终产品的高质量交付。②牛鞭效应明显,牛鞭效应指供应链上下游企业之间信息误差逐级放大的现象。供应链上下游间环环相扣,任何一环的变动都会引发其他环节波动,且影响逐级放大。在信息流从终端客户向原始供应商传递时,由于缺乏信息共享,信息在传递中存在扭曲风险,导致供应链体系的波动与不稳定。③四流相互牵制,供应链是商流、物流、信息流、资金流合一的网链体系,四流相互牵动,与供应链紧密连接,需要进行统一的计划、组织、协调与控制。

由于上述供应链协作难点的三大特征,需要多元主体间进行无缝、实时、动态的业务数据协同,通过有计划地协调控制让四流达成统一,以满足终端市场需求。因此,众多企业都在积极推行供应链的数字化升级,但仍然面临五个方面的挑战:①信息交互成本高,企业之间通过接口对接实现供应链上下游企业之间的数据共享与流转,但由于企业间数据孤岛严重、隐私保护阻碍数据共享,企业间信息交互成本较高。②全链可追溯能力弱,数字化供应链依然无法保证商品供应链中某一方提供的商品信息等数据绝对真实可靠,进而,供应链可视化及商品溯源防伪成为痛点。③合规性难保证,供应链生产加工流程尚不够透明,商品来源、主体资质也并未被要求清楚告知消费者,导致国内的供应链合规性监管常常无从下手。④动态适应性差,受可信度影响,主体间交易仍以纸质单证为主,数据传导存在误差和作假、且时效性较差,在面对突发事件时难以快速识别并进行适应性方案调整。⑤业务效率低,由于企业之间很多交互环节数字化程度并不高,依然需要通过人工方式进行,业务与交易协同耗费大量时间。

结合上一节中对区块链技术特点的分析,供应链协作中所面临的难点与挑战都可应用区块链技术各个击破,如图6.12所示。具体分析如下:①数据共享,通过信息加密和解密授权、零知识证明等隐私保护机制,区块链可以解决数据隐私和数据共享价值间长期存在的矛盾,消除相关方在数据共享中的后顾之忧。②数据追溯和资质保证,区块链是一种在对等网络环境下构建的可追溯的块链式数据结构,具有数据可溯、防伪造篡改的特点,保障全链数据真实可溯(包括供应链状态信息和相关企业资质信息等)。真实可溯的数据将成为产品防伪、供应链管理、供应链金融等业务展开的重要基础。③行业互信,"电子签名+区块链技术"是保证数据可靠的另一手段。将物流和贸易单证以可信形式进行电子存证化处理,解决传统纸质单据易丢失、易篡改的问题,保证数据真实,增进行业互信。④效能提升,基于区块链的全程无纸化交易流程,结合基于智能合约的自动交易处理,将进一步提升企业间交互自动化程度和便捷度,赋能区块链上下游企业协同效率的提升。

图 6.12 区块链技术在供应链管理中的优势
(图片来源:德勤《区块链 VS 供应链,天生一对》)

具体到果蔬(农产品)供应链管理,由于果蔬品天生的质量异质性与易腐坏特性,如何保障果蔬品在冷链物流与库存管理所造成的损耗与质量风险是最大的难题之一。正如前述分析,在冷链物流环节,冷链物流温度记录实时性较差,多为自动采集、人工记录,易产生偏差,甚至存在作假与虚报。在库存管理端,当前仓储管理方式极大依赖人工对于变质过期生鲜产品的库存盘点,耗时耗力,难以实时根据生鲜产品新鲜程度及销售情况对仓储和上架进行调整。基于"区块链＋物联网技术"的生鲜冷链物流管理体系可以解决果蔬供应链链条跨度长、各环节难以无缝对接的痛点。从果蔬供应链的冷链物流环节来说,通过物联网全程追踪,可以保证冷链物流监控全流程不断链。而区块链技术进一步为实时上链数据的安全准确提供担保。仓、干、配等各个环节的实时生鲜产品库存与货架时间数据真实上链,不仅可以指导现有分销配送环节的优化,更可以起到协同作用,协助上游进行供应链优化生产与配送。图6.13描绘了基于区块链技术的果蔬供应链冷链物流体系。

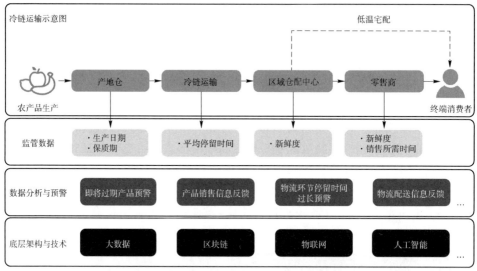

图6.13 基于区块链技术的果蔬供应链冷链物流体系
(图片来源:德勤《区块链VS供应链,天生一对》)

在实施过程中,"区块链＋物联网技术"要记录三类数据:①果蔬品库存数据,实时记录与保存在库果蔬品生产日期与保质期,将数据与零售商和工厂共享,并在有库存过期风险的情况下提供警报。②冷链物流数据,监控果蔬品的在各个物流环节的温度与平均停留时间,并在温度与停留时间达到阈值以上时突出显示需要关注的区域,进行冷链温度过高/过低的预警与低效运输路段的提示。③果蔬零售上架数据,跟踪零售商货架上所有果蔬的新鲜度,以及果蔬品在货架上所需的销售时间,即将过期或者由滞销导致的新鲜度不合格的产品将被突出显示。通过结合库存、物流与货架三方数据的分析,可以将真实的果蔬品消耗情况反馈给供应链上游,及时根据果蔬在库质量情况调整库存水平与周转率,有效进行分销端的配送,降低果蔬品损耗。

具体到果蔬供应链中的各个环节,"区块链+物联网技术"的价值体现如下:

(1)生产阶段:区块链技术与物联网技术相结合,传感器自动记录果蔬品的关键信息,并记录在区块链中。这些关键信息包括:背景环境,例如土壤、水、空气、阳光;植物的生长过程,包括种子的质量、品种、产地、生长条件、播种时间、采摘时间、工作方式,负有相关责任的企业甚至员工等;肥料和农药的信息记录和使用情况;仓库的相关情况。异常情况发生时会自动触发智能合约。

(2)加工阶段:生产者直接通过区块链将产品所有权转让给加工商,加工商将新数据记录到区块链中,这些数据包括:处理环境,例如温度控制、消毒和处理设备;使用添加剂的情况;仓库的相关情况;加工商及有关人员的基本情况;生产企业和与加工企业之间的财务交易。

(3)运输阶段:在配送过程中,3T原则(时间、温度和耐藏性)是确保果蔬品安全性和质量的关键因素。因此,通过传感器将实时环境数据(例如温度、湿度)记录到区块链中,当数据超过安全标准时,将立即发出警报。通过使用GPS,配送中心可以对每辆运输卡车进行车辆定位,并制定最佳的配送路线以缩短配送时间,还要记录运输路线、运输方式和运输时间等。

(4)零售阶段:零售商在区块链中存储收到的产品数量和质量的详细信息,传感器定期将有关零售环境状态的信息自动存储在区块链中。由于果蔬品保质期短,零售商可以使用可追溯系统监视产品的新鲜寿命,更换接近保质期的产品。

(5)消费阶段:零售商在区块链中存储已售产品的详细信息,而消费者能够在购买产品之前透明地验证产品的整个历史。若发生食品质量安全事故,可以立即找到有缺陷的产品。消费者可以使用手机连接到Internet/Web或网络应用程序,来扫描与食品相关的QR码,查看与产品相关的所有信息。

种植信息、加工信息、储运信息和销售信息在区块链技术下相互连通,各个环节的数据不再是孤立的信息,而是组成了一个全产业链的完整数据信息,提高了监管的效率,同时也保障了逆向追溯的有效畅通,如图6.14所示。

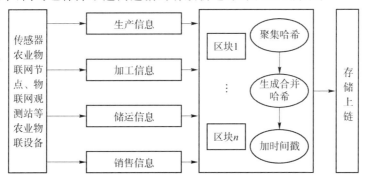

图6.14 "区块链+物联网技术"在果蔬供应链中的信息采集

(资料来源:史亮等人,2019年:基于区块链的果蔬农产品追溯体系研究)

6.3.3 应用案例

案例一：京东数科智臻链防伪追溯平台

京东智臻链防伪追溯平台，如图 6.15 所示，记录商品从原产地到消费者全生命周期每个环节的重要数据，通过物联网和区块链技术，建立科技互信机制，保障数据的不可篡改和隐私保护性，为企业提供产品流通数据的全流程追溯能力。利用对产品防伪和全程追溯体系丰富的业务经验，针对每个商品，记录从原材料采购到售后的全生命周期闭环中每个环节的重要数据。通过物联网和区块链技术，结合大数据处理能力，与监管部门、第三方机构和品牌商等联合打造防伪，同时与全链条闭环大数据分析相结合的防伪追溯开放平台。平台基于区块链技术，与联盟链成员共同维护安全透明的追溯信息，建立科技互信机制，保证数据的不可篡改性和隐私保护性，做到真正的防伪和全流程追溯。

图 6.15　京东智臻链防伪追溯平台官网
（图片来源：京东官网）

京东智臻链防伪追溯平台架构由用户层、视图层、应用层、数据层、区块层、存储层和资源层构成，该追溯平台主要提供四个功能：①一物一码营销，基于商品一物一码，支持各类营销方式，包括红包、优惠券、实物、积分等奖励发放，同时支持内容营销及调查有奖等客户互动营销。②数据分析，基于客户扫码数据和大数据分析，呈现用户扫码分析及用户画像分析，对目标客户精准可见。③赋码管理，提供多种方式的赋码解决方案，提供各种二维码防伪方案、RFID 标签方案，满足多场景所需。④追溯管理，根据追溯商品，支持完全自定义的追溯环节设置，个性化扫码展示模板，一物一码的全程追溯，如图 6.16 所示。

案例二：中兴云链

中兴云链自主研发出了国内首个基于区块链技术的有机食品溯源和防伪系统。该系统采用认证节点的联盟链模式，利用区块链数据不可篡改、数据共享、点对点传输等技术特点，将农场、农户、认证机构、食品加工企业、销售企业、物流仓储企业等加入到联盟链上,形成了一个信息和价值的共享链条。该系统从技术上突破了传统的溯源防伪系统信息不透明、数据容易篡改、安全性差、相对封闭等弊端和弱点,为创造一个全新的农业食品诚信体系打下了坚实的基础。中兴云链结合 IOT 传感器和其他防伪技术,用机器代替人力校验农产品信息,降低道德风险,在信息上链前保证真实性。然后,在"种子—种植—收割—加工—检验—销售—餐桌"各环节将信息上链,在云上生成并验证节点。消费者注册 App 和扫码溯源都可以获得积分,兑换商品,中兴云链借此培养 C 端对区块链的认知。农户利用中兴的品牌效应和销售网络(合作方包括京东等电商、中粮等集团和线下商超),提升销售额。用区块链防伪溯源既符合国家关于发展绿色农产品和强调食品安全的相关政策,又保护了消费者的安全和种植户的利益。

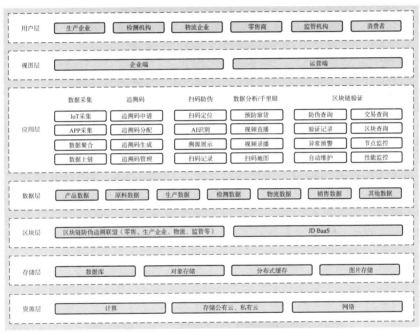

图 6.16　京东智臻链防伪追溯平台架构

(图片来源:京东官网)

目前,中兴云链开发的区块链溯源系统,已经和黑龙江农垦在有机大米上进行示范合作,并推出了国内第一个手机 App 应用——"米恋"。米恋是中兴云链研发的基于 C-Ledger 区块链大数据库的手机客户端应用,用户可以在手机上对大米进行真伪验证,查询到大米从种子开始,到种植、加工、监测、一直到物流的全流程溯源数据。不仅仅是黑龙江农垦,中兴云链还与新疆兵团、齐齐哈尔等地的种植大户开展了区块链应用合作,涵盖了各类有机、绿色农产品。2017 年 12 月 7 日下午,中兴云链技术有限公司和内蒙古阳光田宇葡萄酿酒有限公司在京举行红酒区块链防伪追溯签约仪式,如图6.13所示。双方将以区块链红酒溯源防伪项目为开端,在精准扶贫、智慧能源等领域展开全方位的基于区块链的战略合作。本次签约标志着国内第一个应用区块链技术打造"自然酒"的项目正式落地。

图 6.17　中兴云链红酒区块链防伪追溯签约仪式

(资料来源:新浪新闻)

案例三:我买网"链橙"

2017年11月20日上午10时,中粮旗下的"我买网"售卖了一批特殊的脐橙,它们每一个都拥有独特"身份证",这批脐橙叫作"链橙",颇受消费者青睐,在试预售中,仅半个小时就被消费者抢购一空。据悉,这批"链橙"是全球首款渗入了区块链技术的赣南脐橙。基于区块链技术的特性,区块链研发人员为赣南脐橙穿上了"防伪溯源"的外衣,每一颗橙子从出生到销售等每一个环节的信息都登记到"区块链"上,利用区块链溯源确权、信用广播、共识机制等,形成信用自证,每颗橙子拥有了专属于自己的"身份证二维码",实现"一橙一码"。届时,无论是消费者、商家、还是果农,只要轻轻一扫码,链橙从生产到流通到餐桌的每一个细节都将尽收眼底,真赣南橙假赣南橙也就一目了然。

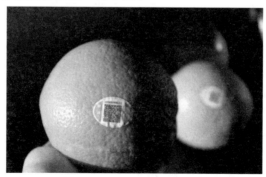

图 6.18　我买网"链橙"外观

(图片来源:新浪新闻)

案例四：沃尔玛的追溯绿叶蔬菜供应链

2017年12月15日，沃尔玛、京东、IBM、清华大学电子商务交易技术国家工程实验室共同宣布成立中国首个安全食品区块链溯源联盟，旨在通过区块链技术进一步加强食品追踪、可追溯性和安全性的合作，提升中国食品供应链的透明度，为保障消费者的食品安全迈出了坚实的一步。沃尔玛、京东、IBM和清华大学将共同建立一套收集食品原产地、安全和食品真实性数据的基于标准的方法，通过区块链技术为消费者和零售商提供全供应链实时溯源服务。这将推动问责制并使供应商、监管机构和消费者更加深入和清晰地了解食品如何从农场到餐桌通过整个食品供应链进行流通。沃尔玛一直在与IBM合作开发食品安全区块链解决方案，2018年9月25日前者宣布要求旗下山姆会员商店(Sam's)和沃尔玛超市的所有绿叶蔬菜供应商必须在2019年9月之前将其数据上传至区块链。沃尔玛日前宣布，美国疾控中心已经开始与该公司沟通，希望提升食品的可追溯性，从而帮助政府官员调查和寻找食源性疾病的爆发源头。沃尔玛从2016年开始就与IBM合作测试区块链技术，以从其产品清单中识别并对召回食品进行下架处理。沃尔玛表示有了基于区块链的系统，公司能够验证有关产品的任何信息，同时得益于区块链技术的去中心化特点，公司能免受黑客攻击以及不会遇到数据篡改的问题。

图6.19 沃尔玛、京东、IBM、清华大学区块链溯源联盟

(图片来源：中新网)

6.3.4 区块链技术在果蔬供应链中应用的局限性

尽管区块链技术在果蔬供应链管理中展现出了显著的优势，尤其该技术的落地应用仍处在探索阶段，存在一定的局限性。胡森森和黄珊(2020年)、韩恬(2020年)等学者将区块链技术在果蔬(农产品)供应链中的局限性归纳为以下几点。

(1) 区块链技术常与云计算、边缘计算、物联网等新兴的信息技术相结合。不仅要实现这些技术的集成，还要实现它们的互操作性。目前标准化接口还不统一，共享数据的安全性还有待进一步完善，数据的全部潜力还有待开发。

（2）区块链技术无法阻止人为作假信息的录入，究其原因，一是物流链条上的参与者共享信息的意愿比较弱，产业互信生态还没有建立起来；二是新一代信息技术在物流流程中的融合应用还不够。因此应用区块链技术的前提还是取决于企业有控制农产品质量安全的意愿，并且能够将实际情况记录下来。农产品供应链企业要加强管理，完善监督体系，确保数据的自动化录入。

（3）区块链技术作为前沿技术，其在农业领域应用需要技术设备的更新及人才的引进，为此需要投入更多成本。当引进新技术成本过高时，部分主体基于利益考量将退出这一供应链。对农户和中小企业而言，应用区块链技术的成本仍然较高，不适合存储大量数据，可扩展性是亟待解决的突出问题。

（4）区块链技术如何在确保信息共享的前提下，又保证信息的隐私性。比特币、以太坊的每个节点全量存储着全部交易数据，每个用户可见证任何用户的交易历史。在农产品供应链中，区块链技术隐私保护的难点在于既要隐藏交易细节，又要验证交易的有效性。这种共同见证虽保证了数据的可靠性，却牺牲了数据隐私。

（5）一定的技术门槛：区块链技术作为一种新技术，在生鲜农产品质量和安全追溯领域中的应用门槛较高，在具体的实现中设计密码学、人工智能等领域，这也对该项技术的应用与发展造成了一定影响。而由于其自身特点，在每一个节点都会保存一份数据副本，相应的速度也比其他领域慢，而这些副本也为数据储存带来巨大的压力。由此看来，区块链技术引入生鲜农产品领域的门槛较高。

6.4 人工智能技术

6.4.1 人工智能技术的技术原理与应用现状

人工智能（Artificial Intelligence，AI）的本质是学习并超越人类感知和响应世界的方式。简单来说，AI是指可模仿人类智能来执行任务，并基于收集的信息对自身进行迭代式改进的系统和机器。AI的工作原理是：首先，计算机会通过传感器（或人工输入的方式）来收集关于某个情景的事实；然后，计算机将此信息与已存储的信息进行比较，以确定它的含义；紧接着，计算机会根据收集来的信息计算各种可能的动作，然后预测哪种动作的效果最好。计算机只能解决程序允许解决的问题，不具备一般意义上的分析能力。因此，AI更多的是一种为超级思考和数据分析而服务的过程和能力，而不是一种格式或功能，它旨在大幅增强人类的能力和贡献。AI的细分领域包括深度学习、计算机视觉、语音识别、引擎推荐等，具体技术原理如表6.7所示。

表 6.7　AI 技术细分领域

AI 细分领域	技术原理
深度学习	构建一个网络并且随机初始化所有连接的权重,将大量的数据情况输出到这个网络中。网络处理这些动作并且进行学习,如果这个动作符合指定的动作,将会增强权重;如果不符合,将会降低权重。系统通过如上过程调整权重;在成千上万次的学习之后,超过人类的表现
计算机视觉	计算机视觉技术运用由图像处理操作及其他技术所组成的序列来将图像分析任务分解为便于管理的小块任务。例如,一些技术能够从图像中检测到物体的边缘及纹理。分类技术可被用作确定识别到的特征是否能够代表系统已知的一类物体
语音识别	对声音进行处理,使用移动窗函数对声音进行分帧。声音被分帧后,变为很多波形,需要将波形做声学体征提取,变为状态;特征提起之后,声音就变成了一个矩阵,然后通过音素组合成单词
引擎推荐	推荐引擎是基于用户的行为、属性(用户浏览网站产生的数据),通过算法分析和处理,主动发现用户当前或潜在需求,并主动推送信息给用户的信息网络。快速推荐给用户信息,提高浏览效率和转化率

资料来源:整理自 CSDN 网站资料

人工智能在各个行业中得到快速发展主要是基于三大因素:①快速可用、经济高效、性能强劲的计算能力。强大的商用云计算为企业带来了经济高效、高性能的计算能力。在此之前,唯一适用于 AI 的计算环境并非基于云且成本高昂。②大量的可供训练的数据。AI 需要接受大量数据的训练才能做出正确的预测。各种不同数据标记工具的兴起,再加上组织可以轻松便捷、经济高效地存储和处理结构化及非结构化数据,这让更多组织能够构建和训练 AI 算法。③AI 的竞争优势。越来越多的企业开始认识到运用 AI 洞察支持业务目标所带来的竞争优势,并将其作为企业的重中之重。例如,AI 提供的针对性建议可以帮助企业更快做出更明智的决策。AI 将提升社会劳动生产率,特别是在有效降低劳动成本、优化产品和服务、创造新市场和就业等方面为人类的生产和生活带来革命性的转变。根据跨国软件公司 Sage 的预测,到 2030 年 AI 将为全球 GDP 带来额外 14% 的提升,相当于 15.7 万亿美元的增长。全球范围内越来越多的政府和企业组织逐渐认识到 AI 在经济和战略上的重要性,并从国家战略和商业活动上涉足 AI。根据中国产业信息网和中国信通院数据,世界 AI 市场将在 2020 年达到 6 800 亿元,复合增长率达 26.2%;其中,中国 AI 市场也将在 2020 年达到 710 亿元,复合增长率达 44.5%。根据 IDC 预测,2020 年全球 AI 市场规模为 1 565 亿美元,同比增长 12.3%。根据中国信通院发布的《全球人工智能战略与政策观察(2020 年)》报告:截至 2020 年 11 月,全球 AI 企业共计 5 896 家,其中美国 2 257 家,中国 1 454 家,英国 430 家。

我国发展人工智能具有多个方面的优势,比如开放的市场环境、海量的数据资源、强有力的战略引领和政策支持、丰富的应用场景等,但仍存在基础研究和原创算法薄弱、高端元器件缺乏、没有具备国际影响力的人工智能开放平台等短板。随着技术的进步、应用场景的丰富、开放平台的涌现和人工智能公司的创新活动,我国整个人工智能行业的生态圈也会逐步完善,从而为智慧社会的建设贡献巨大力量。我国政府推出各类政策文件积极推动 AI 发展,包括《新一代人工智能发展规划》《促进新一代人工智能产业发展三年行动计划(2018—2020 年)》《"互联网+"人工智能三年行动实施方案》《关于促进人工智能和实体经济深度融合的指导意见》《国家新一代人工智能创新发展试验区建设工作指引》《国家新一代人工智能标准体系建设指南》等。上述政策文件均指出 AI 技术标准、产业规划、安全和伦理等方面的要求,明确指出把握新一代 AI 发展特点,促进 AI 和实体经济深度融合。

在 AI 技术向各行各业渗透的过程中,安防和金融行业的人工智能使用率最高,零售、交通、教育、医疗、制造、健康行业次之。安防行业一直围绕着视频监控在不断改革升级,在政府的大力支持下,我国已建成集数据传输和控制于一体的自动化监控平台,随着计算机视觉技术出现突破,安防行业便迅速向智能化前进。金融行业拥有良好的数据积累,在自动化的工作流与相关技术的运用上有不错的成效,组织机构的战略与文化也较为先进,因此人工智能技术也得到了良好的应用。零售行业在数据积累、人工智能应用基础、组织结构方面均有一定基础。交通行业则在组织基础与人工智能应用基础上优势明显,并已经开始布局自动驾驶技术。教育行业的数据积累虽然薄弱,但行业整体对人工智能持重点关注的态度,同时也开始在实际业务中结合人工智能技术,因此未来发展可期。医疗与健康行业拥有多年的医疗数据积累与流程化的数据使用过程,因此在数据与技术基础上有着很强的优势。制造行业虽然在组织机构上的基础相对薄弱,但拥有大量高质量的数据积累以及自动化的工作流,为人工智能技术的介入提供了良好的技术铺垫。图 6.20 汇总了 AI 技术在各行业中的渗透情况。

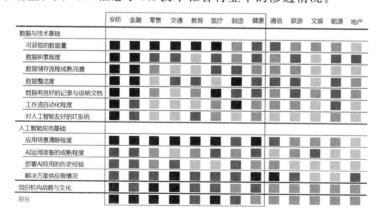

图 6.20　AI 技术在各行业中的渗透情况

(图片来源:中科院大数据挖掘与知识管理重点实验室发布《2019 年人工智能发展白皮书》)

6.4.2 人工智能技术在果蔬供应链中的应用与优势

物流作为供应链管理最重要的环节之一，人工智能(AI)技术在物流中的应用主要分为两个方向：①以 AI 技术赋能的如无人卡车、AMR、无人配送车、无人机、客服机器人等智能设备代替部分人工；②通过计算机视觉、机器学习、运筹优化等技术或算法驱动的如车队管理系统、仓储现场管理、设备调度系统、订单分配系统等软件系统提高人工效率。根据前瞻研究院数据：2019 年我国"人工智能＋物流市场"规模为 15.9 亿元，预计到 2025 年市场规模达 97.3 亿元。"人工智能＋物流市场"主要以仓储和运输为主，合计比重达 81.2%；2019 年我国"人工智能＋运输市场"规模达 6.1 亿元，其中无人卡车业务市场规模为 0.6 亿元，车队管理系统市场规模为 5.5 亿元；"人工智能＋运输市场"规模达 1.9 亿元，其中无人配送市场规模为 1.1 亿元，物流无人机市场规模为 0.8 亿元。

聚焦到果蔬(农产品)供应链，AI 技术正逐步在供应链上各个环节得到推广和应用。例如半自动联合收割机可以利用 AI 和计算机视觉来分析农产品品质，并找出农业机械穿过作物的最佳路径；另外也可以用来识别杂草和作物，有效减少除草剂的使用量。计算机视觉还可以帮助农产品生产加工商更安全、更智能、更有效地运行，比如对包装和产品质量进行监控，并通过计算机视觉减少不合格产品。具体到果蔬供应链管理，AI 技术主要能够协助管理者在另有环节提升全流程运行效率、优化消费者体验，具体包括生产加工、库存管理、运输网络路径优化、需求预测等，分析如下：

(1) 生产环节：此环节中 AI 与机器人的结合最多。杂草是农田管理中的重头戏，而现代农业严重依赖化学除草剂，造成的后果是大量农药残留，额外的成本投入与抗除草剂的杂草。利用 AI 图像辨识技术，开发出能辨识杂草的智慧型农药喷雾器或除草机器人，可以准确地判断"杂草"和"作物"，再进行除草剂的喷洒。比过去传统喷洒农药的方式，不但减少了 90% 药剂的用量，降低成本也提高效率，对于环境和作物也相对有较多适当的保护。此外，AI 不断地学习和预测如何生产出最优质的产品，控制光线，调节水分养分，并拍摄每株植物的相机图像，以监控其健康状况。

(2) 加工环节：人工果蔬品质量检查需要相当长的时间，而且不够彻底。现有食品质量检查系统往往会侵入性破坏食物，导致大量的浪费和资源消耗。利用高光谱成像和 AI 学习软件可以纯粹通过从外部扫描果蔬品质来提供有关果蔬品质质量的信息，包括果蔬品质的新鲜程度、预期保质期以及可能存在的任何污染。

(3) 库存环节：典型应用 AI 的库存管理系统就是 MRP(即物资需求计划，

Material Requirement Planning），通过MRP系统可以对之前的数据进行总结，并且对下一时间段的生产所需要的库存量进行调整。在此基础上可以减少因不必要而产生的库存压力，减少库存管理费用，使企业始终如一地保持高质量的服务，为顾客提供更贴心服务的同时，也并不妨碍物流运行操作。

（4）运输环节：在运输路径规划方面，AI不仅能够实时监测物品的物流信息，并且可以根据路况适当调整路线，实现全自动化管理。

（5）配送环节：在配送前，配送机器人会通过数据收集，根据路况分析自动生成配送路线图；在配送过程中，能够自动避让行人、车辆，在遵守交通规则的前提下安全抵达机器人停放点，此时只需要通过短信或者电话的方式通知收货人，收货人只需要输入提货码或者直接通过人脸识别技术就能够取走货物。

（6）销售环节：AI的应用不仅能精准预测消费者需求，降低果蔬品供给与需求之间的不平衡，降低果蔬品的销售成本，缩短销售环节，加快果蔬品的流通过程。物联网技术与AI的应用能帮助企业和消费者对果蔬品追踪溯源，跟踪物流过程，提高果蔬品的质量控制和物流配送效率，从而推动农村电商与果蔬品物流的协同发展。特别地，利用电商平台信息资源优势，依靠大数据分析，为农民提供直接对接消费者的平台，同时无人技术的成熟及智能物流设备等基础设施的推广也为果蔬品上行提供了技术支撑。以拼多多的"拼农货"模式为例，利用分布式人工智能技术，分析平台消费者的显性和潜在需求，打破传统零售中的"人找货"模式，运用"农货智能处理系统＋轻仓储"的智能化物流模式使果蔬品原产地和消费者有效连接，让优质果蔬品"主动"找到目标消费者，有效拓展了果蔬品的消费市场，切实化解了果蔬品出山"肠梗阻"，让果蔬品更快走出去。

6.4.3 应用案例

案例一：沃尔玛"AI智能补货"项目

果蔬零售市场刚刚触及核心供应链改造，还存在着大量创新空间，而果蔬供应过程里的高成本高损耗问题使得现代化供应链升级的需求变得更加紧迫。中游经销链条订货补货系统存在依赖人工经验判断，具有不稳定性、波动大，效率低和难以大范围标准化复用等问题。沃尔玛和观远数据落地的"AI智能补货"项目结合AI算法，通过异常判断、可视化分析等方式，快速梳理数据间的关联并发现异常，实现自动化处理，大范围、强稳定的销量预测用于辅助商业决策的规划和制定、有效管理和安排供应链，从而来指导门店订货，资源分配，以及门店运营。双方建立起完整的"数据清洗—特征工程—模型训练—结果输出—误差监控"的AI迭代流程，如图6.21所示，部署自动任务流程每日对接新数据，实现了对未来4~6天的预测输出，指引门店订货。在项目概念验证（Proof of Concept，POC）阶段，沃尔玛选出 26 家门店对模型预测进行两周的试点测试,测试商品为具有代表性的大台农芒(季节性)、小台农芒(季节性)、山东富士苹果(非季节性)3 个单品。观远数据方案结合了销售、清仓、进货等内部业务数据,增加了天气、节假日以及和中国国情紧密相关的节气等外部数据,根据业务场景按天进行门店维度单品的预测。通过尝试多种模型,融合业务经验和统计数值、信号变换等特征,进行数据平滑等操作以及经过对历史数据呈现趋势的学习调整参数,观远数据协助沃尔玛建立了完整的"数据清洗—特征工程—模型训练—结果输出—误差监控"的 AI 迭代流程,部署自动任务流程每日对接新数据,实现了对未来 4~6 天的预测输出,指引门店订货。结果显示:3 种测试品类两周的预测准确率较原有模型精度绝对值平均提升 7%。

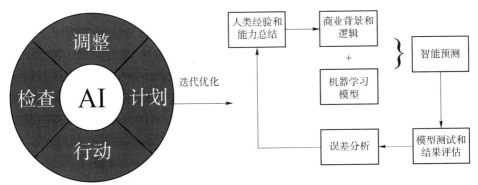

图 6.21 沃尔玛 AI 项目实践过程
(资料来源:观远数据)

案例二:中联重科的无人驾驶植保机

中联重科 3WP-600HA 无人驾驶植保机拥有国内首创的前置喷药、撒肥一体式垂直升降架,可实现喷药、撒肥等多种功能;配有变量喷洒系统,智能自动调节,喷洒更精准。在加装中联重科自主研发的自动驾驶系统后,可实现基于路径规划的导航和无人驾驶植物保护作业,如图 6.22 所示。据中联重科技术负责人介绍:"该套系统基于卫星定位,通过算法控制电动方向盘来实现无人驾驶,具有智能化程度高、操作简单、工作模式多样灵活、行驶路径直、轨迹偏差小等特点"。目前,中联重科以智能产品为基础,在物联网、大数据、人工智能、5G 等技术支持下,中联重科将农机农艺融合,持续发力数字化种植等智慧农业。其农机产品涵盖土地耕整、种植、田间管理、收获、烘干等农业生产全过程,在北美设有高端农机研发中心,高起点跨入人工智能技术领域,致力于打造"互联网+智能农机",推动我国智慧农业的发展。

图 6.22 植物保护无人机

(资料来源:观远数据)

案例三:其他应用案例汇总

AI 在果蔬供应链中的应用案例如表 6.8 所示。

表 6.8 AI 在果蔬供应链中的应用案例

应用场景	供应链环节	应用说明	图例
智能植物识别软件	生产环节	通过深度学习算法,生物学家戴维·休斯和作物流行病学家马塞尔·萨拉斯将关于植物叶子的 5 万多张照片导入计算机,并运行相应的深度学习算法应用于他们开发的手机应用 Plant Village。在明亮的光线条件及合乎标准的背景下拍摄出植物的照片,然后手机应用 Plant Village 就会将照片与数据库的照片进行对比,可以检测出 14 种作物的 26 种疾病,而且识别作物疾病的准确率高达 99.35%	
机器人耕作	生产环节	Blue River Technologies 是一家位于美国加州的农业机器人公司,他们的一款农业智能机器人利用计算机图像识别技术来获取农作物的生长状况,通过机器学习、分析和判断出哪些是杂草需要清除、哪里需要灌溉、哪里需要施肥、哪里需要打药,并且能够立即执行	

续表

应用场景	供应链环节	应用说明	图例
远程操控	生产环节	安徽省滁州市全椒县现代农业示范园已建成"果园物联网＋水肥一体化"应用系统,实时监测棚内温度、湿度、二氧化碳浓度和土壤墒情。除种植、采摘、日常养护工作外,包括灌溉、控温、施肥等在内的大部分工作,都由智能调控系统和感知系统完成	
果实采摘	生产环节	在比利时的一间温室中,有台小型机器人,它穿过生长在支架托盘上的一排排草莓,利用机器视觉寻找成熟良好的果实,然后用3D打印出来的爪子把每一颗果实轻轻摘下,放在篮子里以待出售。如果感觉果实还未到采摘的时候,机器人会预估其成熟的时间,然后重新过来采摘	
果实分拣	加工环节	北京工业大学利用百度 PaddlePaddle 深度学习平台做了一台桃子"分拣器"。桃子"分拣器"在学习了 6 400 张大批照片后,已经能像经验丰富的桃农一样根据桃子的大小、质量等自动进行分拣,目前准确率已达到 90%	

资料及图片来源:整理玖越机器人公众号及网上公开资料。

6.5 大数据技术

6.5.1 大数据技术的技术原理与应用现状

大数据技术起源于 2000 年前后互联网的高速发展中,伴随着时代背景下数据特征的不断演变以及数据价值释放需求的不断增加,大数据技术已经逐步演进针对大数据的多重数据特征,围绕数据存储、处理计算的基础技术,同配套的数据治理、数据分析应用、数据安全流通等助力数据价值释放的周边技术组合起来形成的整套技术生态。在数据时代下,面对迅速而庞大的数据量,传统集中式计算架构出现难以逾越的瓶颈,传统关系型数据库单机的存储及计算性能有限,出现了规模并行化处理(Massively Parallel Processing,MPP)的分布式计算架构。面向海量网页内容及日志等非结构化数据,出现了基于 Apache Hadoop 和 Spark 生态体系的分布式批处理计算架构。面向对于时效性数据进行实时计算反馈的需求,出现了 Apache Storm、Flink 和 Spark Streaming 等分布式流处理计算框架。具体而言,大数据技术包括数据收集、数据存取、基础架构、数据处理、统计分析、数据挖掘、模型预测、结果呈现,如表 6.9 所示。

表 6.9 大数据技术构成

组成部分	具体内容
数据收集	在大数据的生命周期中,数据采集处于第一个环节。根据 MapReduce 产生数据的应用系统分类,大数据的采集主要有 4 种来源:管理信息系统、Web 信息系统、物理信息系统、科学实验系统
数据存取	大数据的存取采用不同的技术路线,大致可以分为 3 类。第 1 类是主要面对的是大规模的结构化数据。第 2 类是主要面对的是半结构化和非结构化数据。第 3 类是面对的是结构化和非结构化混合的大数据
基础架构	云存储、分布式文件存储等
数据处理	对于采集到的不同的数据集,可能存在不同的结构和模式,如文件、XML 树、关系表等,表现为数据的异构性。对多个异构的数据集,需要做进一步集成处理或整合处理,将来自不同数据集的数据收集、整理、清洗、转换后,生成到一个新的数据集,为后续查询和分析处理提供统一的数据视图
统计分析	假设检验、显著性检验、差异分析、相关分析、T 检验、方差分析、卡方分析、偏相关分析、距离分析、回归分析、简单回归分析、多元回归分析、逐步回归、回归预测与残差分析、岭回归、logistic 回归分析、曲线估计、因子分析、聚类分析、主成分分析、因子分析、快速聚类法与聚类法、判别分析、对应分析、多元对应分析(最优尺度分析)、bootstrap 技术等
数据挖掘	目前还需要改进已有数据挖掘和机器学习技术;开发数据网络挖掘、特异群组挖掘、图挖掘等新型数据挖掘技术;突破基于对象的数据连接、相似性连接等大数据融合技术;突破用户兴趣分析、网络行为分析、情感语义分析等面向领域的大数据挖掘技术
模型预测	预测模型、机器学习、建模仿真
结果呈现	云计算、标签云、关系图等

随着大数据技术不断演进和应用持续深化,以数据为核心的大数据产业生态正在加速构建。值得注意的是,处于理解视角的差异,大数据产业内涵的界定目前仍然存在争议。根据中国信通院发布的《大数据白皮书(2020 年)》,当前对于大数据产业内涵的定义分为两派:①一类观点从产业经济学出发,认为大数据产业是以大数据为出发点和落脚点,通过对自身生产或从外部获取的数据进行挖掘、应用以创造价值的经济活动集合;②另一类观点认为大数据只是现代信息技术产业中的一部分,因为大数据的本质是在互联网、软件、计算机等基础上实现的数据服务,其围绕的数据采集、传输、加工、分析、应用等一系列活动仍包含于现代信息技术产业的范畴之内。本书将采用中国信通院对大数据产业的定义,即:大数据产业是以数

据及数据所蕴含的信息价值为核心生产要素,通过数据技术、数据产品、数据服务等形式,使数据与信息价值在各行业经济活动中得到充分释放的赋能型产业。

根据中国信通院发布的《大数据白皮书(2020年)》,大数据技术应用的主要商业模式可以分为三大类:①提供数据或技术工具。这类模式以数据资源本身或数据库、各类 Hadoop 商业版本、大数据软硬件结合一体机等技术产品,为客户解决大数据业务链条中的某个环节的对应问题。按照资源的不同分类收费,既可以买断数据资源或技术产品,也可以按需、按月、按年、按量等方式获得付费服务,方便零活。②提供独立的数据服务。这类模式主要指为数据资源拥有或使用者提供数据分析、挖掘、可视化等第三方数据服务,如情报挖掘、舆情分析、精准营销、个性化推荐、可视化工具等,以付费工具或产品的形式向客户提供。③提供整体化的解决方案。这类模式主要是为缺乏技术能力但需要引入大数据系统支撑企业或组织业务升级转型的用户定制化构建和部署一整套完整的大数据应用系统,并负责运营、维护、升级等。

根据 IDC 和希捷预测数据,未来两年企业数据将以 42.2% 的速度保持高速增长。我国政府高度重视大数据技术及其产业发展,于 2014 年 3 月将"大数据"首次写入政府工作报告。2015 年 8 月印发的《促进大数据发展行动纲要》对大数据整体发展进行了顶层设计和统筹布局。2016 年 3 月,《"十三五"规划纲要》正式提出"实施国家大数据战略",国内大数据产业全面、快速发展。2017 年 10 月,党的十九大报告中提出推动大数据与实体经济深度融合;同年 12 月,中央政治局就实施国家大数据战略进行了集体学习。2019 年 3 月,政府工作报告第六次提到大数据,并且有多项任务与大数据密切相关。2020 年 5 月 18 日,中央在《关于新时代加快完善社会主义市场经济体制的意见》中进一步提出加快培育发展数据要素市场,标志着数据要素市场配置上升为国家战略,将进一步完善我国现代化治理体系。中国信通院结合对大数据相关企业测算预测,2016 年至 2019 年间我国大数据产业市场规模由 2 840.8 亿元增长到 5 386.2 亿元,连续四年增速保持在 20% 以上。工业和信息化部运行监测协调局发布的数据显示:2019 年我国以云计算、大户数技术为基础的平台类运营技术服务收入达 2.2 万亿元,其中典型云服务和大数据服务收入达 3 284 亿元,提供服务的企业达 2 977 家。根据前瞻经济学人数据,到 2025 年中国大数据产业规模将达到 19 508 亿元。

6.5.2 大数据技术在果蔬供应链中的应用

在大数据技术的支持下,供应链类型的企业利用物联网等技术搭建信息共享平台,能够快速组织商品从生产到销售的全过程,便利采购、销售、物流、金融等一系列作业,促进了效率的提升与成本的降低。根据《中国农产品供应链发展报告

(2020年)》，目前农产品供应链上各主体(如市场管理方、仓储物流方、批发零售商、系统集成商等)之间均存在着信息孤岛，企业数据价值未能得到很好地应用。该保护建议政府主导建设农业产业物联网，扶持建设一批智慧农批应用平台，平台数据对政府开放，便于采集汇总行业数据，鼓励企业开展数据交易，深挖大数据价值。刘阳阳(2020年)的研究表明，基于大数据技术的生鲜农产品供应链模式主要特点表现为：①拥有供应链云平台，能够对接 B2B、B2C、C2C 多种商业模式，从而实现了资源整合、物流追溯、品质管控、产销对接。②融合了"新零售＋供应链"，其通过"线上平台＋线下店面"的建设，实现了线下线上双向引流，进而打造"商业模式—供应链策略—供应链配置—供应链运营"的优化模式；③打造了供应链金融圈，该模式以核心企业合作机制为基础，通过抓住生产和销售两个环节的资金流通，利用大数据平台打造资金流全封闭的农产品供应链金融，从而实现各环节的利益共享。

根据董玮(2018年)、王晓丹与沈思强(2021年)等人的研究，大数据技术在果蔬供应链中的应用归纳为以下五个方面。

(1) 对果蔬生产环境进行监控，使生产模式更加精准。精准化的农业生产都是利用检测数据，处理与整合环境数据，从而对农业生长的环境进行智能控制。然后对各个执行设备进行调动，进行调光、调温、换气等工作，通过全球定位技术、智能化农机系统、遥感观测技术等，创建完善的农田地理信息系统。该系统可以对农作物的生产情况进行观测，有针对性地对农业生产资料进行投放，从而实现节约资源、减少污染的目的。此外，大数据分析还可以进行预测，给农业生产者提供合理的建议，以便于其进行更好的决策，对耕地的空间与潜力进行充分发挥，从而提升农业生产者的经济收益与产量，促进生态环境和农业生产的和谐发展。

(2) 利用大数据优化仓储。仓储物流是冷链物流运作中的一个重要环节，随着物流的智能化发展，大数据技术在仓储物流中的作用也日益凸显。依据大数据及其他先进的科学技术构建的农产品仓储物流管理系统，极大地促进了农产品一体化的发展。这一系统能够实现对物流信息的快速检索和上传，为物流整体的运作提供技术支持，不仅工作效率高，还有效节省了企业物流环节中的运作成本。

(3) 利用大数据优化水果物流运输。利用 GPS 技术、车载移动终端构建果蔬智能运输系统，实现对冷藏车辆的配送和动态管理，从而提升物流效率，减少浪费。在果蔬品配送之前，建立包括载重、容量、贮存条件等信息在内的冷藏车辆数据系统。在配送中，利用 GPS 定位和可视化技术对冷链运输中车辆的位置、运行速度、运行轨迹及人员进行远程监控，为物流企业进行车辆调度和指挥提供及时有效的反馈信息。特别地，果蔬对冷链物流的温度、湿度、光照等有着严格的要求,这些因素对保证果蔬品质至关重要。如何保障果品在运输过程中始终处于低温状态,是整个冷链体系的重点与难点。通过在物流车辆内安装温度、湿度传感器和光照传感器,及时将相关信息传送至控制中心,就能够根据实时情况作出调整,达到降低果品损耗的目的。

(4) 构建果蔬溯源系统,提高食品安全性。食品安全一直是我国政府、企业、消费者关注的热点问题。利用物联网、智能追溯等技术,收集果蔬的生产、加工、运输与储藏数据源,创建农产品溯源系统,在系统中可以进行追踪清查、高效识别等,从而把果蔬(农产品)供应链完全透明地进行展示,使消费者可以快速了解食品的加工过程与生长环境。如果食品出现问题,可以利用追溯码对食品进行清查,发现出现问题的环节,保证问题食品的可召回性,为社会提供品质优良的食品,避免消费者对食品品质的担忧。以陕西省国家级苹果产业大数据中心为例,目前,苹果产业大数据平台已覆盖了苹果生产资料投入到贸易等全产业链环节,能够实现对苹果种植的精准化管理,提高果品质量。通过该平台也能够对陕西省苹果进行品牌认证和质量分级,及时剔除不合格产品,保障冷链流通产品的质量和安全。同时,利用区块链技术可解决品牌认证的数据可信问题,快速提升品牌价值。陕西省也将建设苹果数字试验站和智慧果园,对果库进行数字化改造,实现生产智能化、管理高效化、经营网络化和服务多元化。

(5) 推动果蔬销售精准化:目前,我国果蔬等农产品销售的渠道较为单一,主要都是通过批发商,这样的销售渠道会使信息发生不对称的情况。利用大数据技术可实现对全国果蔬价格、成本以及市场供需开展动态监测,进行供需匹配,可避免因供需失衡和价格剧烈波动而导致的市场混乱,实现冷库与市场的有效对接。利用大数据技术还可了解客户的行为和反馈,深刻理解客户的需求,根据所获取的信息不断调整不同果蔬品生产的方向,制定科学的销售策略。不断推进目标市场的精确定位、销售价格的精确评估和销售数量的精确预报。

通过上述分析可见,大数据技术在果蔬供应链中的应用依托于农业物联网、人工智能等技术,前者为大数据技术提供了数据源,后者为大数据技术提供了分析方法。将大数据技术应用于果蔬供应链管理中可以带来以下优势:首先,有利于发挥果蔬品流通的规模经济效应。传统农产品流通过程中虽然也使用了信息化管理,但是受信息存储容量的有限性和物理介质的不确定性影响,使得数据处理存储受到掣肘。而在大数据技术具有强大的计算能力以及更加海量的存储介质,可以将无数"散户"信息进行整合,对市场信息进行及时掌握,实现农产品流通效率的提升。其次,有利于发挥果蔬品流通的供应链驱动效应。果蔬品流通涵盖了生产、集散、仓储、批发、零售、终端消费者等环节,大数据技术增强了对复杂数据的处理能力,使各个环节能够紧密地环环相扣,更有利于相关物流信息资源的挖掘与开发。然后,有利于发挥果蔬品流通的极化效应。在大数据时代,不但相关果蔬品流通的信息实现了"所有即所得",同时将传统的物流信息管理的"后置总结分析"转变为"前置预测判研",充分发挥了大数据技术的数据分析与挖掘功能,对果蔬品流通进行分析与形势判断,使得流通过程中可以根据市场需求"对症下药、见招拆招",使流通更有针对性。

6.5.3 应用案例

案例一:Solum土壤抽样分析服务商与Granular农场云端管理分析服务平台

Solum公司成立于2009年,总部位于美国硅谷。Solum公司致力于提供精细化农业服务,目标是帮助农民提高产出、降低成本。其开发的软硬件系统能够实现高效、精准的土壤抽样分析,以帮助种植者在正确的时间、正确的地点进行精确施肥。农民可以通过公司开发的No Wait Nitrate系统在田间地头进行实时分析,即时获取土壤数据;也可以把土壤样本寄给该公司的实验室进行分析,Solum公司生产的土壤测量机如图6.2.3所示。Granular公司成立于2014年,总部位于美国旧金山,Granular公司主营业务是为农民提供农场商业管理软件服务,包括计划、生产、营销、会计四个模块业务。软件最大的亮点在于:能够为农场种植的每个业务环节都提供云端数据分析服务,以辅助农场主决策。如:播种之前,软件会分析包括市场动向、土壤、病虫害、人力成本等各方面因素,判断种植哪些农作物最合适;在收获环节,会自动为农民制定农作物收割时间、注意事项、销售时间等工作计划与安排。Granular公司宣传图如图6.24所示。

图6.23 Solum公司生产的土壤测量机

(图片来源:长江证券《从美国农业信息化发展看中国未来之路》报告)

第 6 章　果蔬供应链管理中的数据技术

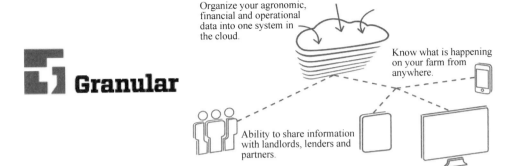

图 6.24　Granular 公司宣传图

(图片来源:长江证券《从美国农业信息化发展看中国未来之路》报告)

案例二:Blue River Technology——自动化农业技术公司

Blue River Technology 公司成立于 2011 年,总部位于美国森尼韦尔市,是一家计算机视觉与机器人公司。Blue River technology 公司通过计算机视觉技术识别可以从农作物中精准地识别出杂草,有选择性地杀死有害植物,从而减少化学农药的使用。该技术特别适用于有机农业生产和耐药性杂草清理。Blue River Technology 公司宣传图如图 6.25 所示。

图 6.25　Blue River Technology 公司宣传图

(图片来源:Blue River Technology 公司官网)

案例三:VitalFields——农场云端预警服务商

VitalFields 公司成立于 2013 年,总部位于爱沙尼亚共和国首都塔林。

VitalFields 公司的目标是实现农场天气、病害、成本投入的精准预测管理。农民将农场的信息上传至 VitalFields 云端农场日志中，可以用手机实时查询农场信息，VitalFields 公司通过对农民日志分析，告知农民在农作物生长的每个阶段需要投入的成本、病虫害风险防治及天气预测。使农民能更有效地管理农场，通过成本控制和风险预测管理来提高收益。VitalFields 公司宣传图如图 6.26 所示。

图 6.26　VitalFields 公司宣传图
（图片来源：VitalFields 公司官网）

6.5.4　大数据技术在果蔬供应链中应用的局限性

大部分果蔬生产者还没有充分认识大数据技术，对云计算、物联网等新技术感到非常陌生，具有一定的敬畏心理，以至于在部分农村推广智慧农业时存在一定的困难和挑战。智慧农业中的一个关键就是物联网，它也是大数据技术获取数据源的重要工具。农业信息化与机械化的程度直接影响着物联网技术的发展与推广。目前，我国主要农作物综合机械化水平尽管有所突破，但是因为部分地区受到自然条件因素的制约，致使农业机械化程度和信息技术水平存在一定的差距，无法满足农业信息化和智能化的发展。值得注意的是，相较于金融、电信、交通、医疗等行业，农业软件业缺乏软件开发与市场拓展能力。目前，我国软件产业应用的领域中农业应用较为落后，一方面是由于农业的实际需求较为落后；另一方面是因为农业软件研发的相关单位经营规模较小，没有足够的开发实力和基础。

近几年随着互联网信息技术的普及和农村物流效率的提高，果蔬品市场线上销售发展规模不断扩大，果蔬品的生产方式与营销模式发生巨大转变，借助大数据技术在其他行业的应用经验，果蔬品供应链的各项数据资源将得到充分整合与挖掘，大数据技术的应用将会对果蔬品整体供应链模式进行重组优化，对果蔬品需求端进行精确预测，不断促进我国农业发展的转型与升级。在大数据经济时代,要想实现大数据技术与果蔬供应链的密切融合发展:首先,打通线上线下果蔬品全链路,建立利益一体化的供应链合作伙伴关系;其次,借助大数据技术不断完善果蔬品物联网追溯体系,优化果蔬品供应链管理机制;再者,以果蔬品产业链核心企业,组织整合供应链资源;最后,构建高效果蔬品线上销售政策扶持体系,加大对果蔬品供应链各环节互联网信息通信设备的基础设施建设。

6.6 精准农业

6.6.1 精准农业的技术原理与应用现状

供需不匹配问题是果蔬供应链管理的核心难题,随着信息通信技术、物联网技术、数据分析技术的迅猛发展,精准农业应运而生。精准农业指按照作物生长过程的要求,通过现代化的监测手段对作物土壤墒情、气候等从宏观到微观的监测与预测,实施分布式精细调控,达到田区内资源潜力的均衡利用,从而实现高产、优质、高效和节能的农业管理。需要强调的是,精准农业并不是指某种特定的数据技术,而是多种技术的集成,从而实现精准化的农业生产管理。基于现代技术的高级精准农业发展历程并不长,20世纪80年代中期,GPS被引入农作物收割过程和产量图的编制过程,标志着高级精准农业的诞生,并在20世纪90年代初期实现了商业应用。随着一系列技术发明被引入农业生产,精准农业内涵不断丰富。根据权威市场研究机构Markets and Markets的预测,精准农业市场将从2016年的13.4亿美元增长到2021年的30.6亿美元,复合年均增长率为17.9%。根据方向明与李姣媛(2018年)的研究,精准农业包括四个基本要素:地理定位、数据采集、数据分析和精准处理,实现数据收集、决策支持、精准变量投入的功能。精准农业的具体技术模块及应用场景如表6.10所示。

表6.10 精准农业技术模块及应用场景

技术模块	应用场景
定位导航技术。包括GNSS系统(GPS、GLONASS、GALILEO、北斗卫星导航系统)与GNSS信号接收系统	用于地理定位。通过定位导航技术绘制农田详细信息,然后根据本地化参数精确管理作物。例如,结合GPS信息和数字土壤图,可在农业机械作业时实时调整播种、施肥加药的比例
信息记录技术。以物联网技术为代表,包括遥感、传感、测绘、摄像机、无人机、无人驾驶车辆	用于数据采集。物联网技术是传感器、自主交互通信设备、中央数据库交互设备等信息记录设备运作的基础,可实现土壤条件、温度、光照、湿度等实时数据流源源不断地采集

续表

技术模块	应用场景
决策支持技术。包括管理区域规划系统、决策支持系统、农场管理信息系统、质量监测系统	用于数据分析。在获取物联网数据和传感器数据后,需要将数据经过存储与分析。例如可运用预测性分析算法将获取到的大数据处理变为预测模型,这是自动化专业系统的核心;此外,预测性分析算法还可以利用所在地区、国家甚至全球数据库资源,进一步优化预测结果,为复杂决策提供支撑
变量作业技术与路线规划技术。包括精准灌溉、施肥、施药、除草系统,自动操舵系统、受控交通耕作	用于精准处理。变量作业技术的典型代表是可变速率技术,它将变速控制系统与应用设备相结合,在精准的时间、地点投放输入,确保每块农田获得最适宜的投放量。路线规划技术的典型代表是受控交通耕作技术,它根据作物地理布局规划机械设备在农田中的移动轨迹,避免重复作业,并确保机械设备对作物和土壤的碾压破坏最小化

资料来源:整理自方向明与李姣媛(2018年)、华为报告《联网农场:智慧农业市场评估》

精准农业可通过使用物联网终端和大数据技术分析实现提高产量及降低成本的目标,通过采用传感器技术、GIS技术、人工智能技术助力下游各应用场景以少量资源实现更高产量的目标。我国精准农业行业上游市场参与主体为软硬件及资源供应商,为中游精准农业服务商提供设备生产所需软硬件及农业大数据资源。中国精准农业行业中游参与主体包括精准农业设备生产商、精准农业解决方案服务商,为下游覆盖的各应用场景提供产品和解决方案。图6.23描绘了我国精准农业行业产业链。精准农业得到国家各级主管部门的重视与推广,2015年国务院在其印发的《关于农业农村大数据发展实施意见》提到:优化整合农业数据资源,建设农业大数据资源中心,构建涵盖涉农产品、资源要素、农业技术、政府管理等内容在内的数据指标、采集方法、分析模型、发布制度等农业数据标准体系;构建农业大数据共享交换及服务平台,推荐数据共享开放。2016年国务院在其印发的《全国农业现代化规划(2016—2020年)》中提出:政府将对大田种植、畜禽养殖等农业种类进行物联网改造,推进农业生产智能化、精准化进程;同时政府将大力建设基于遥感、航空无人机、田间观测一体化的农业遥感应用与研究中心。2019年中央1号文件、国家"十四五"规划、《国家中长期科学和技术发展规划纲要》均把农业精准作业与信息化明确列为农业科技发展的重要领域。精准农业的经济价值已在农业生产中得到证明。例如,中化农业启用现代农业综合解决方案,实现种植环节降本增收15%以上;北京小汤山建成2 500亩国家精准农业研究示范基地,其生产项目显示精准农业可使生产成本下降30%~50%。根据头豹研究院《中国精准农业行业研究报告(2019年)》,2014年中国精准农业行业销售规模仅有43.2亿元,2023年该数据有望达到190.6亿元。

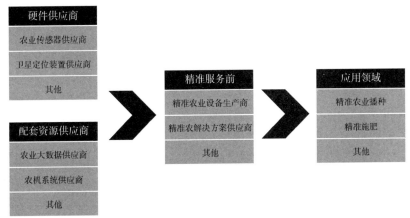

图 6.27　我国精准农业行业产业链
（资料来源：头豹研究院《中国精准农业行业研究报告（2019 年）》）

6.6.2　精准农业在果蔬供应链中的应用

精准农业综合应用了多种数据技术，革新了果蔬品生产管理模式。果蔬供应链管理最大的难题是由于果蔬品产品、需求以及市场特性造成的供需不平衡。库存管理作为果蔬供应链调节供需最有力的手段，在精准农业下被激发了全新的活力。首先，果蔬生产具有季节性和较长的生产提前期，产品收成后短期内无法补货，同时市场价格高度波动、需求形势不断变化，农商必须根据市场形势预测将有限的库存分批售出以实现收益最大化。市场形势的发展与诸多因素密切关联，例如农业生产数据、气象数据、金融数据等，精准农业可利用先进的信息技术与数据分析技术对上述数据的采集与分析。因此，农商可以利用精准农业的大数据采集与分析功能构建更可靠的市场预测机制，从而优化库存控制策略、提高农商市场风险缓释能力。其次，果蔬品具有典型的易腐坏特性，而消费者偏好新鲜优质产品，农商的库存控制策略必须考虑到在库质量的持续恶化。此外，近年来，收入水平的提高激发了人民对果蔬品、果蔬加工品及高附加值产品的强劲需求，农商通常配合其库存策略采取"保鲜处理"和"深加工"等加工手段来进行果蔬品质量管理。无论是考虑产品腐坏的库存调整策略或是针对质量管理的加工手段，均需要对在库质量进行准确识别与监测，精准农业基于传感与遥感等技术的农业物联网技术可实现上述功能。因此，农商可以利用精准农业的质量监测功能，再结合市场预测模型，更灵活地根据在库质量变化调整其库存控制策略，并制定更精细化的基于质量管理的库存与加工集成策略，以实现收益增长。

精准农业可以从以下三个方面赋能果蔬供应链管理：

（1）基于精准农业的果蔬市场预测机制。果蔬生产具有季节性与较长的生产提前期，大部分农商在产品收获后很难在短期内通过补货的方式来调整库存策略。通常，农商常借助地窖、冷库等贮藏手段来延长其销售期。在整个销售期中，受市场整体供给情况、竞争性产品供给情况、经济形势、气候状况、节庆、社会突发事件等因素的综合影响，果蔬品市场价格高度波动、需求形势不断变化。至此，农商所面临的问题为：如何根据对市场形势的预测将有限库存在不同时间节点进行分批销售，从而实现收益最大化？显然，市场形势预测的准确性直接关乎农商库存控制策略的成功与否。大部分果蔬滞销案例即是由于农商错误的市场判断所造成的，例如对于市场形势过于乐观而盲目囤货。精准农业已经实现了对农业生产、金融、气象、市场环境等大数据的采集与基础分析功能，但上述数据与果蔬市场形势（包括价格走势、需求形势）具体的相关关系及演化机制尚不明确。换言之，目前尚无可靠的果蔬市场预测机制利用精准农业的大数据采集与分析功能，将所得数据进行整合、分析，并对市场形势做出准确判断。根据上述分析，精准农业将从以下方面发挥作用：基于精准农业的果蔬市场预测机制设计。通过梳理果蔬市场形势预测的相关研究理论与方法，分析精准农业的大数据采集与分析机制，探索果蔬市场数据与农业生产、金融、社会环境等数据的相关关系，构建果蔬市场预测模型。

（2）基于果蔬市场预测的动态库存控制策略。市场预测模型为农商们采取有效的库存管理策略提供了依据。按照市场类型分类，当前的农商主体主要分为竞争性农商与垄断性农商两大类，各自实施库存管理策略的自由度不同。首先是占据我国农商主体绝大部分的、不具规模和市场影响力的小散农，即竞争性农商。他们往往只能根据持货量以及市场形势预测，选择在不同时间节点、以不高于其所在地市场的价格销售产品。在此情形下，过早地销售库存意味着错失后期潜在的高价市场；而采取"惜售"策略则意味着更大的滞销风险与库存成本。其次是对于具有一定规模和市场影响力的垄断性农商，例如北京新发地、山东寿光等。除库存控制手段外，他们还可以借助灵活的定价策略来更有效地调节市场供需关系。在采取上述策略时，一个不能忽视的问题是：果蔬品普遍易腐坏，未售出产品的质量与经济价值随存储时间延长持续下降，而消费者偏好新鲜高质产品。因此，农商必须根据在库质量的腐坏情况动态调整其库存与定价策略。利用精准农业的质量监测功能，农商可以对在库质量变化进行实时的准确监测，协助其实施更精准策略调整。由此分析，精准农业将从以下三个方面发挥作用：①竞争性农商的动态库存控制策略。农商利用果蔬市场预测模型，在波动市场中将有限库存分配至不同时间节点进行销售，以实现收益最大化。②垄断性农商的联合库存与定价策略。当农商具备定价能力时，同时需要决策不同销售时间节点的库存分配批量及相应的定价。③考虑果蔬品腐坏的联合库存与定价策略。考虑到在库库存的持续腐坏,农商可利用精准农业的质量监测功能,根据在库质量变化动态地调整其库存与定价策略。

（3）基于质量管理的果蔬库存与加工集成。考虑到果蔬品易腐坏特性以及质量异质性对农商库存管理策略的影响,农商时常采取主动加工的管理手段。现实中,农商常常配合其库存管理策略采用"保鲜处理"与"深加工"两类加工手段对果蔬品进行质量管理,例如采用活性包装、"三避"技术、对高易腐产品进行晾晒或榨汁处理来开辟副产品线等。根据中国农业农村部数据,到2025年,蔬菜和水果类的加工转化率将分别提高至30%和35%。果蔬品加工不仅在一定程度上能够缓解果蔬易腐难题：一方面,即使是同一片田地生产所获产品也存在质量差异；另一方面,消费者由于收入水平、受教育程度等因素的差异,其质量偏好亦呈现出显著异质性。因此,农商利用加工手段可以实现产品增值与市场划分,更大程度地攫取产品的经济价值。借助精准农业下的市场预测模型与质量监测功能,农商可以更准确地判断加工手段的可行性,并设计更细致的实施方案,实现更精准的供需匹配。根据上述分析,精准农业可以在以下两个方面发挥作用：①基于保鲜处理的联合库存与定价策略。主要从延长果蔬品新鲜度的角度分析,农商可以根据消费者对果蔬品的新鲜度偏好,设计保鲜投资方案来更好地匹配需求。②基于产品深加工的联合库存与定价策略。主要从市场划分的角度分析,农商利用库存质量差异与需求质量偏好异质性,设计深加工方案来实现更好的市场划分。

上述分析主要从库存管理的角度分析了精准农业如何赋能果蔬供应链管理。值得注意的是,精准农业要想实现以上功能必须解决以下两个问题：①果蔬品特性与精准农业运作机制的刻画。一方面,将果蔬品特殊的产品、需求、市场特性进行准确的表达具有一定挑战性。例如,果蔬品的腐坏规律、消费者支付意愿与产品质量之间的量化关系、消费者质量偏好异质性的体现等；另一方面,将精准农业下的技术语言在模型中进行量化具有一定难度。例如,精准农业下采集到的质量指标如何转化为反应库存质量的参数。②果蔬市场预测机制的构建。果蔬市场形势的发展受诸多因素综合影响,例如气象变化、金融市场、经济局势、社会突发事件等。得益于精准农业的大数据采集与分析功能,结合对果蔬市场的深入调研分析以及对其他市场成熟的预测理论与方法的学习,构建可靠的果蔬市场预测机制可为农商制定科学合理的库存管理策略提供重要参考。

6.6.3 应用案例

案例一:中化农业广东雷州 MAP 技术服务中心

中化集团的农业业务打造了 MAP(Modern Agriculture Platform,现代农业技术服务平台)。中化农业 MAP 平台以推动"土地适度规模化"和利用现代农业科技"把地种好"为突破口,以集成现代农业种植技术和智慧农业为手段,提供线上线下相结合、涵盖农业生产全过程的现代农业综合解决方案,全方位提升农业种植水平,逐步实现农产品生产的市场化、专业化和品质化,实现农业产业链价值提升和种植者效益提高。其中,MAP 平台的线下服务依托 MAP 技术服务中心,为规模种植者提供品种规划、测土配肥、定制植保、检测服务、农机服务、技术培训、智慧农业服务、粮食烘干仓储及销售、农业金融和农用柴油供应等在内的"7+3"服务项目。MAP 平台的线上服务借助智慧农业平台集成现代农场管理系统、技术服务中心服务系统和精准种植决策系统,依托线下的 MAP 技术服务中心和示范农场服务网络,以及技术服务、农业生产和产品海量经营数据,通过移动互联网和物联网等技术手段,全程跟踪、解决服务中心运营和规模种植者农场管理的效率问题;同时,通过持续数据积累和人工智能技术应用,使 MAP 线下线上服务相互融合、相互促进,实现农业生产从标准化到精准化再到智能化发展。中化农业 MAP 智慧农业平台如图 6.28 所示。

图 6.28 中化农业 MAP 智慧农业平台
(图片来源:中化农业官网)

案例二：摩托罗拉 IRRInet 灌溉控制系统

摩托罗拉农业灌溉控制和监测解决方案基于成熟的 IRRInet 平台。控制系统功能强大、性能可靠，可进行配置满足不同农场、种植园和农业组织的需求，可监测和控制现场无限数量的阀门。基于 IRRInet 的高效农业灌溉解决方案是独特设计和定制的，以满足其部署的每个站点的具体要求。这些方案已被全球用户高度认可，能够轻松实现集中化计算机监测和控制，应用于大规模水利控制和灌溉方案，这些方案均可以采用远程控制或自动化控制。摩托罗拉 IRRInet 灌溉控制系统属精准农业前沿技术，致力帮助全球用户提高作物产量。IRRInet 通过独特的自动化计算系统优化灌溉和施肥，可控制和监测数千个现场灌溉系统组件。出现异常漏失时，IRRInet 可自动关闭水源并向相关人员发送提示信息。连接 IRRInet 的现场组件可通过 ICC PRO 远程命令和控制中心进行自主通信。IRRInet 可通过手机专用 App 操作，集成了谷歌地图，并且拥有可视化互动式用户界面。IRRInet 灌溉控制系统的特点可以归纳为三点：①监测和控制功能，可进行针对性的配置用以满足农场、种植园和农业组织的各种需求，可监测和控制现场无限数量的阀门、水表、水泵、施肥器、传感器等。②控制稳定性强、可靠性出色、工作效率高，该套摩托罗拉控制系统是性能极佳的解决方案，基于摩托罗拉最新一代 IRRInet 平台，可实现灌溉系统高效控制。该系统性价比高，具有出色的用户友好性，操作简单方便，适用于各种规模管网系统的专业化集中化管理和控制。③量身定制的解决方案，每套系统均拥有独特的设计，采用目前最先进的技术和标准设备，并可根据特定需求进行设置。IRRInet 系统使用简单方便，拥有模块化设计，灵活性强，可根据实际工况需求进行扩展，监测和控制现场不限数量的远程终端设备(Remote Terminal Unit，RTU)。

图 6.29 摩托罗拉 IRRInet 灌溉控制系统

(图片来源：Mottech 官网)

案例三:凯斯 AFS 系统

凯斯 AFS 系统在促进农业机械化取得重大进展,该系统帮助农场主进行更多的控制标准,通过全程自动化控制,全面提升生产力、作业效率和控制精度。凯斯 AFS 系统还提供全方位的精准农业解决方案,为农场主量身定做的农田智能管理系统。凯斯 AFS 系统将录、绘图、视频和 AFS AccuGuide 系统功能全都集成在一个屏幕上,成为农场主操作环境的一部分,农场主仅使用触摸屏即可完成操作。其中,该系统可以自动测量田间作业的许多变量,例如每个地块的肥量、单位面积株数、测产系统,协助农场主了解每个地块的表现、监测田间作业完成情况、燃油消耗情况、产量监测状况等,赋能农场主从播种开始就能预测到产量。凯斯 AFS 远程信息管理系统还帮助农场主和管理者在办公室内监视和管理他们的机器。通过使用精确制导 GPS 信号和无线数据网络,计算机实时跟踪机器在农场里的作业情况,以及允许远程诊断和驾驶员的即时沟通。凯斯 AFS 远程信息管理系统所提供的数据分析有助于改善物流,减少燃料消耗,充分发挥设备性能。凯斯 AFS 系统如图 6.30 所示。

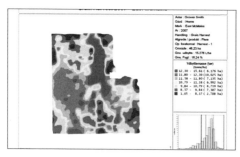

图 6.30 凯斯 AFS 系统

(图片来源:凯斯农业机械官网)

6.6.4 精准农业在果蔬供应链中应用的局限性

尽管精准农业集中了农业物联网、大数据技术、人工智能、遥感技术等前沿数据技术,并在果蔬生产管理中展现出显著的优势,其在果蔬供应链管理中仍然存在着一定的局限性。根据王儒敬(2013年)的研究,精准农业应用的局限性体现为以下四点。

(1)农业信息资源建设"碎片化"问题严重。据 2013 年数据,我国涉农网站 4 万余个,多半是各部委以及地方各省市建立的农业信息服务网站,存在着"上下内容重复,左右条块分割"的现象。信息资源由于缺少统一资源表达与操作标准,信息异质、异构、分散、重复,形成一个个"信息孤岛",很难发挥农业信息资源的集成效用。我国已建成大型涉农数据库 100 多个(2013 年数据),农业遥感数据、农业气象数据、植保与测土施肥数据、农业经济地理数据等分布在相关行业部门,各省市县开发的农业生产管理、农产品电子商务、农村电子政务与社会化管理等应用系统数以万计,由于数据标准不统一,知识表达方法不规范,这些数据与知识既无法相互兼容,也无法实现与国际大量开放的农业数据库、农业本体库、农业知识库共享以及大量智能服务系统的互操作。因此农业信息化资源建设"碎片化"问题严重制约了我国农业信息化建设向纵深发展。

(2) 农业生产决策"专业化"技术缺失。农业产业化、农业集约化和农户组织化快速发展,为我国传统农业的现代化改造奠定了根本的基础,同时也对农业生产管理量化决策提出更高的要求,尤其是不同集约化生产条件下,如何进行科学施肥、精准施药、水肥调控以及品种选择与产业结构优化布局决策,并给出专业化的决策结果需求十分迫切。决策的"专业化"也是信息服务的有效性问题。例如,由于大规模、低成本、实时土壤肥力信息获取困难,导致施肥配方难以精准,也难以规模化推广;由于病、虫、草、害形态与背景复杂,技术咨询力量不足,导致施药配方难有针对性。受成本与上述技术瓶颈的限制,滥施肥与滥施药将难以避免,这也是困扰我国彻底解决土壤污染、水面污染,从源头保障食品安全,提升我国农产品国际竞争力的根本因素所在。

(3) 农业信息服务"个性化"支持不够。考虑农业生产的复杂性与时变性,农村环境固有的地域性和脆弱的经济承载力,农民所处的文化环境和教育基础,尤其是我国广大农户作为信息时代的"弱势群体",面对农民专业合作组织、农业生产企业与种养大户千差万别的生产要求,准确地提供针对性服务有着固有的技术复杂性。我国已建立的涉农网站提供的信息服务大都是以在线、查询为主,对于品种、施肥、植保等专业知识服务的能力不足,对于农情监测与市场信息规律性分析的服务更加缺乏。面对互联网上的海量信息,哪怕是这些涉农网站上的农业服务信息,要求"三农"用户去直接交互、捕捉和筛选,不仅是不现实的,也是不可能的。因此,一方面国家与企业投入了大量资金,建立了丰富的信息服务资源;而另一方面广大农户面对这些海量信息资源只能望洋兴叹,这就是我国农村信息服务面临的"信息淹没"问题。

(4) 农业信息化发展"可持续"能力不足。科技部、工信部、农业农村部等国家相关部委开展了各种农业信息化示范工程,"信息入乡工程""电话村村通""三网融合"等系列国家重大项目,开展了计算机、网络计算机、信息电话、科技110、电子大屏等多种方式的信息服务,有力促进了我国农业信息化基础条件的发展,尤其是移动、电信、联通快速发展的移动互联技术日新月异,为我国广大"三农"用户群直接使用信息服务提供了可行的途径。尽管有多部门、各方的大量努力,但由于我国农村、农民的特殊性,许多针对农民的"高精尖"信息化工程的实施收效甚微,基层农村未从中受益,"三农"这一信息技术最庞大的用户群未真正地启动,建立增值服务的盈利模式困难,难以调动企业参与我国农业信息化建设内在积极性,目前农业信息化发展资金绝大多数靠政府购买公益服务,信息资源的获取、传输、处理、服务的市场机制尚未建立,无法形成多元投资机制,可持续发展缺乏后劲。

第7章 区块链技术在果蔬供应链中的追溯性价值

7.1 引　　言

　　本书在第 1 章中已经分析了果蔬品持续上扬的需求现状,根据 IBM Food Trust 项目数据,2017 年新鲜果蔬的需求量超过了其他食品和饮料,占所有超市销量的三分之一。与此同时,城市化的进程让越来越多的人居住在远离果蔬生产地的大城市。报告《Food Miles：Background and Marketing》的数据预测美国的果蔬品在被消费前需要经过超过 1 500 英里的运输。现实中,许多果蔬零售商必须从远离他们的供应商(包括农民、生产加工商)采购。以芒果为例,我国的芒果主要产于南方省份(例如广东、广西、海南),因此北方的果蔬零售商在进行采购决策时往往取决于供应商提供的产品质量信息,而非亲自到现场查看产品质量后做出采购决策。这种采购模式对于发展中国家(例如中国、巴西、印度)规模不大的果蔬零售商尤为常见。由于传统的果蔬供应链缺少追溯系统或则追溯系统相对过时,果蔬生产商有动机向零售商虚报产品质量以获得更高的定价和更大的订单。为了防止供应商的不道德行为,供应链管理中提出了许多应对机制,例如供应商认证与评估(vendor certification and appraisal)、基于质量检查的延迟付款(deferred payment and inspection)以及产品质量保证(product warranty)。然而,上述机制并不能在果蔬供应链中有效发挥作用,主要因为以下两方面原因:①果蔬品存在着显著的质量异质性;②在果蔬品的长途运输中,由于其易腐坏特性,产品质量将持续下降。根据统计,新鲜果蔬品一半以上的货架生命周期(shelf life)都耗费在运输过程中。显然,零售商在收到质量不符合预期的产品后,由于缺乏追溯系统,并不能查明造成质量差的原因,因为供应商可以将原因归咎为产品在运输过程中的腐坏。根据笔者对北京新发地市场的一位葡萄零售商的调研,他们往往被要求在发货前付款,在收到质量不符合预期的产品时也无法索赔。区块链技术的出现成为解决果蔬供应链中供应商不道德行为的有效方案,因为该技术可以记录供应链上的所有交易信息（包括质量信息）且信息无法被篡改。Dong et al. (2020年)的研究显示，将区块链技术应用于农产品或食品供应链后，可以清晰记录产品是如何从生产加工商运送到零售商，再到消费者。因此，若零售商觉察到任何的质量异常情况，区块链技术能够协助其快速锁定造成该情况的原因。由此可见，区块链技术能够有效防止果蔬供应链中供应商的不道德行为。

许多公司已经将区块链技术应用在其食品或果蔬供应链中，例如沃尔玛要求其绿色食品的直接供应商必须于2019年1月31日前加入其区块链食品追溯系统，同时要求这些与供应商对接农民与物流公司于2019年9月30日前加入该系统；雀巢与沃尔玛宣布了与IBM公司的区块链项目，以寻求提高供应链的可追溯性；美国加州的科技公司Ripe.io开发了区块链平台来协助供应商成员获得可靠的、透明的食品信息，包括其产品、运输以及质量信息；猪肉生产商OwlTing开发了区块链平台来实现猪肉质量相关信息（例如运输过程中温度、湿度、产品检疫）的追溯。然而，部分供应商对基于区块链技术供应链管理模式保持观望态度。一方面，基于区块链技术的追溯系统将消除了他们的不道德质量行为，同时使他们的定价决策被下游更精准的采购决策削弱；另一方面，在竞争性供应链中，该追溯系统又能够帮助高质量的供应商获得竞争优势。到目前为止，区块链技术在果蔬（或农产品）供应链中的追溯性价值并没有得到充分的理解，尤其是运营管理（OM）的相关研究成果非常有限。本章将探索性地构建OM模型来分析区块链技术如何通过追溯系统赋能果蔬供应链，主要回答三个问题：①在采取区块链技术前后，果蔬供应链中的供应商和零售商如何调整其决策？②在什么情况下果蔬供应链和零售商能从区块链技术中获益？③供应链中的竞争性如何影响区块链技术的追溯性价值？本章所提出的建模和分析方法可以为运营管理领域的学者们理解区块链技术的价值提供新的思路和参考借鉴。

7.2 非竞争性果蔬供应链

本节首先分析区块链技术在非竞争性果蔬供应链中的追溯性价值。该供应链中由一名供应商和一名零售商构成，供应商首先向零售商报产品质量和定价信息，随后零售商决定其采购批量和零售价并在市场中进行销售。本节将考虑两种果蔬供应链，一种为传统型果蔬供应链（Traditional Produce Supply Chain，TPSC），该供应链没有采用区块链技术，因此不可追溯；另一种为区块链技术赋能的果蔬供应链（Blockchain-enabled Produce Supply Chain，BPSC），该供应链可全程追溯。通过比较供应商与零售商在两种供应链中的均衡收益，本节分析了区块链技术在非竞争性果蔬供应链中的追溯性价值。

7.2.1 传统型果蔬供应链

本小节首先分析非竞争性传统型果蔬供应链（TPSC）中供应商与零售商的均衡策略，其决策顺序如图 7.1 所示。首先，供应商观察到其产品的整体质量 $\hat{a}$，其中 $0 < \hat{a} \leqslant 1$ 且 $\hat{a}=1$ 表示完美质量。上述方法在欧盟等国家中广泛采用（Aiello et al.，2015 年），且考虑到果蔬品产出质量存在较大差异，供应商往往只能估算大致的质量水平。由于果蔬品的生产地与销售地相隔很远，$\hat{a}$ 可以视为供应商的私有信息。由于 TPSC 中没有追溯系统，因此供应商有动机谎报质量 $\alpha(\hat{a} \leqslant 0 \leqslant 1)$ 以定高价 w_t。令 c 表示供应商的单位生产成本。

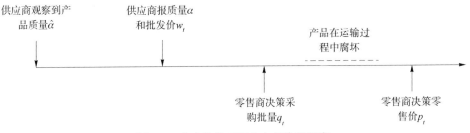

图 7.1　非竞争性 TPSC 中的决策顺序

当零售商在制定采购决策时，除供应商提供的质量与批发价信息，还得考虑产品在运输过程中不可避免的腐坏。为了刻画果蔬品的易腐性，令随机变量 δ 来刻画果蔬品在运抵目的地后的整体质量保存率。换句话说，$\delta \hat{a}$ 表示零售商收到的果蔬品的真实质量。假设 $\delta \in [0,1]$ 且 $E(\delta) = \tilde{\delta}$。此外，假设供应商与零售商之间的交易是采取"运费付至（carriage-paid-to）"模式，即批发价已经包含运输费用。因此，零售商的采购决策 q_t 由 (w_t, α, δ) 决定。当收到货并查看产品质量 $\hat{a}\xi$ 后（其中 ξ 表示随机变量 δ 的实现值），零售商决策产品的零售价 p_t 并在市场中进行销售。市场需求可以表达为以下形式

$$D(p_t,\hat{a}\xi) = d_0 \hat{a}\xi p_t^{-k}\varepsilon \tag{7.1}$$

式中，d_0 表示潜在市场规模，$k>1$ 刻画了需求的价格弹性，ε 刻画了需求不确定性。式（7.1）描绘的"乘积式需求函数"（multiplicative demand function）综合考虑了需求的质量偏好与价格弹性，被广泛地应用在 OM 的文献中，例如 MaAfee and te Velde（2008 年）、Cai et al.（2010 年）、Mankiw（2020 年）等。不失一般性，假设 $\varepsilon \in (0,+\infty)$ 并满足 $E(\varepsilon)=1$。令 $f(\cdot)$ 与 $F(\cdot)$ 分别表示 ε 的概率密度函数和累积概率分布。此外，假设 $\dfrac{xf(x)}{\overline{F}(x)}$ 是关于 x 的非减函数（其中 $\overline{F}(\cdot) := 1 - F(\cdot)$），即 ε 满足 the increasing generalized failure rate（IGFR）条件，许多分布如正态分

布、截断正态分布、指数分布等均满足 IGFR 条件(Lariviesre and Porteus, 2001年)。最后,假设未满足需求全部丢失,这是因为果蔬品的替代性很强且产品质量会在短期内显著下降。

供应商与零售商的决策过程可以刻画为三阶段的 Stackelberg 博弈,其中供应商是博弈中的 leader,零售商是博弈中的 follower。本章均采取逆序分析法,具体如下:首先,对于任意的(w_t, q_t)以及实现的质量$\hat{\alpha}\xi$,零售商决策其零售价格p_t^*;紧接着,对于任意的(w_t, α),零售商决策其最优采购批量q_t^*,并考虑到该决策对于其后零售价决策的影响;最终,供应商决策其向零售商报的产品质量与批发价格(w_t^*, α^*),并考虑上述决策对于零售商决策的影响。

接下来首先分析零售商的零售价格决策,对于给定的批发价格w_t、采购量q_t以及收到货后产品实现的质量$\hat{\alpha}\xi$,零售商的期望收益函数可以表达为

$$\pi_r^t(p_t | w_t, q_t, \hat{\alpha}\xi) = E_\varepsilon\{p_t \cdot \min[q_t, D(p_t, \hat{\alpha}\xi)]\} - w_t q_t \tag{7.2}$$

根据 Petruzzi and Dada (1999年)的方法,定义库存因子(the stocking factor)$z_t = \dfrac{q_t p_t^k}{d_0 \hat{\alpha}\xi}$,那么其批发价格等价于$p_t = \left(\dfrac{z_t d_0 \hat{\alpha}\xi}{q_t}\right)^{\frac{1}{k}}$,式(7.2)可以表达为

$$\pi_r^t(z_t | w_t, q_t, \hat{\alpha}\xi) = \left(\dfrac{z_t d_0 \hat{\alpha}\xi}{q_t}\right)^{\frac{1}{k}} \cdot \left[q_t \overline{F}(z_t) + \dfrac{q_t}{z_t} \int_0^{z_t} x f(x) \mathrm{d}x\right] - w_t q_t \tag{7.3}$$

引理 7.1 刻画了零售商的最优批发价决策。

引理 7.1 对于任意的(w_t, q_t)以及实现的$\hat{\alpha}\xi$,零售商的最优零售价决策为$p_t^* = \left(\dfrac{z^* d_0 \hat{\alpha}\xi}{q_t}\right)^{\frac{1}{k}}$,其中$0 < z^* < +\infty$由等式(7.4)唯一决定:

$$z \overline{F}(z) = (k-1) \int_0^z x f(x) \mathrm{d}x \tag{7.4}$$

引理 7.1 表明一单参数ε的分布给定,那么z^*由k唯一确定。根据 Cai et al. (2010年)的研究,z^*是关于k的非增函数,即如果消费者对于价格敏感,那么零售商会降低零售价。引理 7.1 还表明零售商的最优零售价格是关于实现的质量、市场规模的非减函数,关于持有库存量的非增函数。将最优的p_t^*带入式(7.3)可以得到

$$\pi_r^t(q_t | w_t, \alpha) = \dfrac{k\beta}{k-1} \cdot q_t^{\frac{1-1}{k}} \cdot (\alpha \widetilde{\delta})^{\frac{1}{k}} - w_t q_t \tag{7.5}$$

式中$\beta = \overline{F}(z^*) \cdot (z^* d_0)^{\frac{1}{k}}$。显然,对于任意给定的$(w_t, \alpha)$,$\pi_r^t(q_t | w_t, \alpha)$是关于$q_t$的凹函数。立即可以知道最优采购量$q_t^*$由式(7.5)唯一确定,由此得到引理 7.2。

引理 7.2 对于任意的 (w_t, α),零售商的最优采购量为 $q_t^*(w_t,\alpha)=\alpha\widetilde{\delta}\cdot\left(\dfrac{\beta}{w_t}\right)^k$。

引理 7.2 表明如果果蔬品质量能够在运输过程中得到很好的保存,那么零售商会扩大其采购量。根据 Xie et al. (2020 年)的研究,可以将 $\dfrac{\alpha}{w_t^k}$ 视为果蔬品的性价比,那么引理 7.2 表示零售商的最优采购批量是关于产品性价比的非减函数。

现在来分析供应商的最优批发价以及质量信息披露决策(亦可视为其质量报假决策)。供应商的期望收益可以表达为

$$\pi_p^t(w_t\mid\hat{\alpha})=(w_t-c)\cdot q_t^*(w_t,\alpha)=\alpha\widetilde{\delta}\cdot(w_t-c)\cdot\left(\dfrac{\beta}{w_t}\right)^k \tag{7.6}$$

引理 7.3 刻画了供应商的上述决策。

引理 7.3 对于任意的 $\hat{\alpha}$,供应商决策为 $\alpha^*=1$ 以及 $w_t^*=\dfrac{kc}{k-1}$。

由引理 7.3 可知,在不可追溯的 TPSC 中,供应商会永远声称他的产品具有完美的质量,而且他的批发价决策与产品实际质量无关。这是因为供应链可以通过声称完美产品质量来提高产品"所谓的"性价比,因此进一步提高其订单量。此外,供应商的最优批发商则由其边际生产成本唯一确定。上述管理学启示恰好印证了当前发展中国家的果蔬供应链管理现状,由于链中缺乏追溯系统,供应商常常谎报产品质量来提高其收益。

将引理 7.1~引理 7.3 归纳起来,可以得到供应商与零售商的均衡决策。

性质 7.1 令 $\theta=\widetilde{\delta}\beta^k\cdot\left(\dfrac{k-1}{kc}\right)^{k-1}$,在 TPSC 中,

(1) 供应商与零售商的均衡决策为 $p_t^*=\dfrac{kc}{(k-1)\overline{F}(z^*)}\cdot\left(\dfrac{\hat{\alpha}\xi}{\widetilde{\delta}}\right)^{\frac{1}{k}}$,$q_t^*=\dfrac{\theta\cdot(k-1)}{kc}$,$\alpha^*=1$,$w_t^*=\dfrac{kc}{k-1}$;

(2) 其均衡决策下的期望收益分别为 $\pi_r^{t*}(p_t^*,q_t^*)=\theta\cdot\left(\dfrac{k}{k-1}\cdot\hat{\alpha}^{\frac{1}{k}}-1\right)$ 和 $\pi_p^{t*}(w_t^*,\alpha^*)=\dfrac{\theta}{k}$。

由于已经证明供应商的批发价决策与产品质量无关,那么从产品性价比的角度来看,零售商的采购量关于供应商声称的产品质量正相关。性质 7.1 表明供应商的虚假产品质量信息会导致零售商采购更多的低质产品,以至于不得不以低价销售(注意到 p_t^* 是关于 $\hat{\alpha}$ 的非减函数)。在供应商的虚假产品质量信息误导下,零售商的期望收益降低、甚至蒙受损失,例如当产品的真实质量足够低时。相反,供应商的不道德行为使他可以获得稳定的收益。由此可见,性质 7.1 表明当供应商的产品真实质量非常低时,其不道德的行为会导致供应链的整体收益下降。性质

7.1 还表明,如果果蔬品质量能够在运输过程中得到很好的保存(即$\tilde{\delta}$值较大),零售商会采取"薄利多销"的销售策略,使得两者的收益均增加。

7.2.2 区块链技术赋能的果蔬供应链

本小节分析区块链技术赋能的果蔬供应链(BPSC)中供应商与零售商的均衡策略。特别地,BPSC 是区块链赋能的果蔬供应链,实现了全程可追溯。供应商与零售商的决策过程如图 7.2 所示。首先,供应商观察到了产品的整体质量$\hat{\alpha}$,其后他将在区块链平台上发布批发价与质量信息(w_b,α)。基于上述信息以及考虑到果蔬品在运输过程中的腐坏,零售商决策其采购量q_b。所有的交易信息以及在运输过程中所有影响产品质量的信息(例如温度、湿度、车辆震动情况)都将自动地传到区块链网络上,因此完全地消除了供应商谎报产品质量的可能性。换言之,区块链技术迫使供应商发布其真实的产品质量信息,即$\alpha=\hat{\alpha}$。在收到货后,零售商检查产品实现的质量并决策零售价格p_b在市场中进行销售。

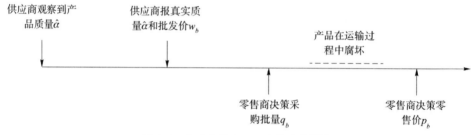

图 7.2 非竞争性 BPSC 中的决策顺序

为了聚焦区块链技术的可追溯性价值,本节分析中并不考虑区块链技术的相关成本。供应商与零售商在 BPSC 中的期望收益可以表达为

$$\pi_r^b(p_b,q_b|w_b,\hat{\alpha}\xi) = p_b \cdot E_\varepsilon\{\min[q_b,D(p_b,\hat{\alpha}\xi)]\} - w_b q_b \tag{7.7}$$

$$\pi_p^b(w_b|\hat{\alpha}) = (w_b - c) \cdot q_b \tag{7.8}$$

类似于 7.21 节中的分析方法,可以得到供应商与零售商在 BPSC 中的均衡策略以及均衡收益,归纳于性质 7.2 中。

性质 7.2 在 BPSC 中:

(1) 供应商与零售商的均衡决策分别为 $p_b^* = \dfrac{kc}{(k-1)\overline{F}(z^*)} \cdot \left(\dfrac{\xi}{\tilde{\delta}}\right)^{\frac{1}{k}}$,$q_b^* = \dfrac{\hat{\alpha}\theta \cdot (k-1)}{kc}$,$w_b^* = \dfrac{kc}{k-1}$;

(2) 其均衡决策下的期望收益分别为 $\pi_r^{b*}(p_b^*,q_b^*) = \dfrac{\hat{\alpha}\theta}{k-1}$ 与 $\pi_p^{b*}(w_b^*) = \dfrac{\hat{\alpha}\theta}{k}$。

性质 7.2 表明,在 BPSC 中高产品质量将会使零售商扩大其采购量,但是并不影响供应商与零售商的定价策略。这是因为需求函数中价格与产品质量的影响是可以拆分的。因此,零售商通过调整采购量来应对产品质量对需求的影响,而两者的定价策略仍然由边际采购(或生产)成本决策。进而,两者的期望收益函数均关于产品质量非减。此外,性质 7.1-(2) 还表明区块链技术会促使零售商在 BPSC 中比供应商获得更大的期望收益。换言之,区块链技术使零售商在供应链中具有更大的影响力。

7.2.3 区块链技术的追溯性价值分析

在前两个小节中已经得到了供应商与零售商在非竞争性 TPSC 与 BPSC 中的均衡决策与均衡收益,本小节将通过对比两者分别在两个供应链中的均衡收益来分析区块链技术在非竞争性果蔬供应链中的追溯性价值。令 $\Delta \pi_r(\hat{a}) = \pi_r^{b*}(p_b^*, q_b^*) - \pi_r^{t*}(p_t^*, q_t^*)$,分析可知 $\Delta \pi_r(\hat{a})$ 是关于 $\hat{a}$ 的非增函数且 $\Delta \pi_r(1) = 0$,表明产品的真实质量越低那么区块链技术给零售商带来的价值越大。注意到,$\pi_p^{t*}(w_t^*, a^*) - \pi_p^{b*}(w_b^*) = (1-\hat{a}) \cdot \pi_p^{b*}(w_b^*)$,表明区块链技术会降低供应商在果蔬供应链中的收益,且产品质量越低,那么供应商在 BPSC 中的收益也越低。由此可见,零售商(供应商)将会(不会)乐意在非竞争性果蔬供应链中的采取区块链技术。至此,接下来将进一步分析区块链技术能否提高供应链的整体收益。定理 7.1 刻画了供应链整体收益与产品质量之间的关系。

定理 7.1 存在 $a^\circ (0 < a^\circ < 1)$,当 $0 < \hat{a} \leqslant a^\circ$ 时,区块链技术能够提高果蔬供应链的期望收益;否则,区块链技术反而会使供应链的期望收益降低。

定理 7.1 表明区块链技术能够提高非竞争性果蔬供应链的收益取决于产品质量。具体地,当产品质量较低时,区块链技术能够提高供应链的期望收益。这是因为在不可追溯的 TPSC 中,供应商会谎报他的产品具有完美的质量,导致零售商过量采购低质量产品,最终不得不以低价进行处理。在 BPSC 中,区块链技术迫使供应商向零售商报真实的产品质量信息,零售商可以通过制定合理的采购决策与定价决策来提高收益。然而,如果产品质量本身较高,区块链技术并不能增加供应链的期望是收益,这是因为在这种情况下产品定价不会低(因为消费者是对质量敏感),供应商不道德的行为会促使零售商提高采购量。换言之,供应链可以售出更多高价的产品。因此,定理 7.1 表明当零售商销售高品质果蔬品时,非竞争性供应链不应该采用区块链技术。

7.3 竞争性果蔬供应链

前一节分析了非竞争性果蔬供应链中区块链技术的追溯性价值。现实生活中,果蔬供应链的上游和下游分别有多个供应商与零售商在其中竞争。本节将分析区块链技术在竞争性供应链中的追溯性价值。特别地,本节假设供应链上游一共有 m 个供应商,他们提供产品质量和价格均不同的果蔬品,同时下游也由多个具有不同产品性价比偏好的零售商构成。图 7.3 描绘了竞争性果蔬供应链的结构。本节假设零售量的整体规模为 1,且每个零售商的规模相对于零售商的整体规模足够小。此外,本节假设每个零售商只从一个供应商处进行采购,且各自服务相互独立的市场。类似于 7.2 节,本节首先分析供应商与零售商在 TPSC 与 BPSC 中的均衡策略与均衡收益,然后通过对比起均衡收益来分析区块链技术在竞争性果蔬供应链中的追溯性价值。

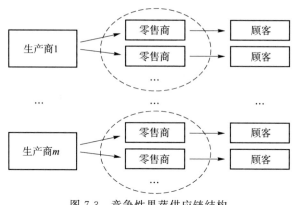

图 7.3　竞争性果蔬供应链结构

7.3.1　传统型果蔬供应链

本小节首先分析供应商与零售商在竞争性传统型果蔬供应链(TPSC)中的均衡策略,两者在供应链中的决策顺序类似于图 7.1。首先,供应商 i 观察到其产品质量 $\hat{a}_i, i=1,\cdots,m$。不失一般性,假设 $0<\hat{a}_m<\cdots<\hat{a}_1\leqslant 1$。接下来,考虑到其他供应商的最优应对策略,供应商 i 决策并向零售商报其批发价与产品质量信息$(w_i^t,$ $\alpha_i)$。由于 TPSC 是不可追溯的,供应商 i 可能会谎报产品质量,即 $\hat{a}_i \leqslant \alpha_i \leqslant 1$。然后,每个零售商了解到各个供应商的产品信息,然后决策其从哪一个供应商进行采购(例如供应商 i),以及相应的采购量 q_i^t。最后,零售商收到货后根据实现的产品质量 $\hat{a}_i \xi$,各个零售商决策其零售价格 p_i^t 并在市场中进行销售。此模型潜在地假设了所有产品在运输过程中都面临相同的腐坏情况,这是因为果蔬品产地通常在临近地区,果农和菜农会委托当地的物流服务商来提供运输服务。为便于分析,本小节假设消费者价格弹性相同。

有引理 7.1 和引理 7.2 可知,如果零售商从供应商 i 进行采购,则其均衡的零售价与采购量决策分别为 $p_i^t = \left(\dfrac{\hat{a}_i \xi}{\alpha_i \widetilde{\delta}}\right)^{\frac{1}{k}} \cdot \dfrac{w_i^t}{\bar{F}(z^*)}$ 与 $q_i^t = \alpha_i \widetilde{\delta} \cdot \left(\dfrac{\beta}{w_i^t}\right)^k$,其期望收益为

$$\pi_{ri}^{t}(q_{i}^{t} \mid w_{i}^{t}, \alpha_{i}) = \left[\frac{\widetilde{\delta}\beta^{k}}{(k-1)}\right] \cdot \left(\frac{\alpha_{i}}{w_{i}^{t\,k-1}}\right), 1, \cdots, m \tag{7.9}$$

因此，如果 $\frac{\alpha_{i}}{w_{i}^{t\,k-1}} \geqslant \frac{\alpha_{j}}{w_{j}^{t\,k-1}}$，任意 $j \neq i, i, j = 1, \cdots, m$，那么零售商会从供应商 i 进行采购。注意到 $V_{i} = \frac{\alpha_{i}}{w_{i}^{t\,k-1}}$ 刻画了供应商 i 的产品的考虑了消费者价格敏感性的（边际）性价比。根据 Xie et al.(2020 年)的研究，供应商 i 产品给消费者带来的效用可以表达为

$$U_{i} = V_{i}\zeta_{i}, \ i = 1, \cdots, m \tag{7.10}$$

式中，随机变量 $(\zeta_{1}, \cdots, \zeta_{m}) > 0$ 服从 Frechet 分布且独立同分布，刻画了零售商对于不同供应商产品性价比的偏好。引理 7.4 刻画了零售商在不同供应商之间的选择概率。

引理 7.4 如果产品性价比效用函数中的随机变量服从 Frechet 分布且为独立同分布，那么零售商选择供应商 i 的概率为

$$\chi_{i} = \frac{V_{i}}{\sum_{j=1}^{m} V_{j}} \tag{7.11}$$

引理 7.4 表明供应商 i 的市场份额由其产品的性价比决定，且呈正相关关系。即产品的性价比越高，则相应的市场份额就越大。由此可以得到供应商 i 的如下期望收益函数

$$\pi_{pi}^{t}(w_{i}^{t}, \alpha_{i} \mid \hat{\alpha}_{i}) = (w_{i}^{t} - c) \cdot \alpha_{i}\widetilde{\delta} \cdot \left(\frac{\beta}{w_{i}^{t}}\right)^{k} \cdot \chi_{i}. \ i = 1, \cdots, m \tag{7.12}$$

至此，供应商 i 必须决策其批发价格 $w_{i}^{t} \geqslant c$ 以及向零售商报的产品质量信息 $\hat{\alpha}_{i} \leqslant \alpha_{i} \leqslant 1$。性质 7.3 表明，尽管在果蔬供应链中考虑了供应商之间的竞争关系，由于缺少追溯系统，所有的供应商都会谎报他们的产品具有完美的质量。

性质 7.3 在竞争性 TPSC 中，对于任意给定的 $(\hat{\alpha}_{1}, \cdots, \hat{\alpha}_{m})$，所有的供应商都会谎报产品具有完美质量，即 $\alpha_{i}^{*} = 1, \forall i = 1, \cdots, m$，他们的均衡批发价决策为 $w_{i}^{t*} = \frac{(2k-1)m - (k-1)}{(2m-1)(k-1)} \cdot c$。

性质 7.3 表明由于缺乏追溯系统，供应商会通过谎报产品质量来提高其产品的性价比，进而提高市场份额。在此情况下，所有的供应商都会采取谎报完美产品质量来使其市场份额极大化。此外，在此产品质量谎报策略下，每个供应商的批发价策略都由其边际生产成本决定。性质 7.3 说明了在不可追溯的竞争性果蔬供应链中，低品质（高品质）供应商将会从谎报质量中获益（受损），因为本属于高品质供应商的市场份额被低品质供应商蚕食。分析性质 7.3 还可知 w_{i}^{t*} 是关于 m 的非增函数，即供应商的激烈竞争会迫使他们降低批发价。在接下来的分析中，为简化，用 w^{t*} 来代替表达 $w_{i}^{t*}, i = 1, \cdots, m$。

7.3.2 区块链技术赋能的果蔬供应链

本小节分析供应商与零售商在区块链技术赋能的果蔬供应链(BPSC)中的均衡策略,其决策顺序与竞争性 TPSC 类似,只是区块链技术会迫使供应商向零售商报真实的产品信息,即 $a_i = \hat{a}_i, i = 1, \cdots, m$。根据性质 7.2 可知,如果零售商向供应商 i 采购,其均衡零售价决策与采购决策分别为 $p_i^b = \dfrac{w_i^b}{\bar{F}(z^*)} \cdot \left(\dfrac{\xi}{\tilde{\delta}}\right)^{\frac{1}{k}}$ 与 $q_i^b = \hat{a}_i \tilde{\delta} \cdot \left(\dfrac{\beta}{w_i^b}\right)^k$,其期望收益函数可以表达为

$$\pi_{ri}^b(q_i^b \mid w_i^b, \hat{a}_i) = \left[\dfrac{\tilde{\delta}\beta^k}{(k-1)}\right] \cdot \left(\dfrac{\hat{a}_i}{w_i^{b\,k-1}}\right), i = 1, \cdots, m \tag{7.13}$$

此外,根据引理 7.4,零售商选择供应商 i 的概率为 $\chi'_i = \dfrac{V'_i}{\sum\limits_{j=1}^{m} V'_j}, i = 1, \cdots, m$。其中 $V'_i = \dfrac{\hat{a}_i}{w_i^{b\,k-1}}$。那么供应商 i 的期望收益函数可以表达为

$$\pi_{pi}^b(w_i^b \mid \hat{a}_i) = (w_i^b - c) \cdot \hat{a}_i \tilde{\delta} \cdot \left(\dfrac{\beta}{w_i^b}\right)^k \cdot \chi'_i, i = 1, \cdots, m \tag{7.14}$$

供应商 i 必须决策其批发价 $w_i^b \geqslant c$ 以获取最大期望收益。

性质 7.4 在竞争性 BPSC,对于任意给定的 $(\hat{a}_1, \cdots, \hat{a}_m)$,

(1) 供应商的均衡批发价策略 $(w_1^{b*}, \cdots, w_m^{b*})$ 由以下等式唯一确定

$$\begin{cases} \dfrac{kc - (k-1)w_1^b}{(k-1)(w_1^b - c)} = \dfrac{\sum\limits_{j=2}^{m} \hat{a}_j w_j^{b\,1-k}}{\sum\limits_{j=1}^{m} \hat{a}_j w_j^{b\,1-k}} & (7.15) \\ \cdots \\ \dfrac{kc - (k-1)w_n^b}{(k-1)(w_n^b - c)} = \dfrac{\sum\limits_{j=1, j \neq n}^{m} \hat{a}_j w_j^{b\,1-k}}{\sum\limits_{j=1}^{m} \hat{a}_j w_j^{b\,1-k}} & (7.16) \\ \cdots \\ \dfrac{kc - (k-1)w_m^b}{(k-1)(w_m^b - c)} = \dfrac{\sum\limits_{j=1}^{m-1} \hat{a}_j w_j^{b\,1-k}}{\sum\limits_{j=1}^{m} \hat{a}_j w_j^{b\,1-k}} & (7.17) \end{cases}$$

(2) $\dfrac{k-1/2}{k-1}c < w_m^{b*} < \cdots < w_1^{b*} < \dfrac{k}{k-1}c, \hat{a}_m w_m^{b*\,1-k} < \cdots < \hat{a}_1 w_1^{b*\,1-k} < w^{t*\,1-k}$;

(3) 存在 $0 < n^* < m$ 满足 $w_m^{b*} < \cdots < w_{n^*}^{b*} < w^{t*} \leqslant w_{n^*-1}^{b*} < \cdots < w_1^{b*}$。

性质 7.4-(2) 表明区块链技术使得高品质供应商能够定更高的均衡批发价格，同时还可以保证其产品具有更高的性价比。其中，引入区块链技术后，n^* 作为临界点将供应商分为了两类，即供应商 1 至 n^*-1 为高品质供应商，供应商 n^* 至 m 为低品质供应商。引入区块链技术后，追溯系统迫使低品质供应商的批发价定价低于 TPSC 中的定价；相反，高品质供应商可以享受比原来在 TPSC 更高的批发价。上述管理学启示表明区块链技术引入竞争性果蔬供应链后可以促使供给侧更公平的竞争关系，同时协助零售商识别出各自认为性价比最高的供应商。

7.3.3 区块链技术的追溯性价值分析

基于 7.3.1 节与 7.3.2 节中的分析，可以将供应商与零售商在竞争性果蔬供应链的均衡决策与均衡收益归纳与表 7.1。接下来将分析区块链技术在竞争性果蔬供应链中的追溯性价值。

表 7.1 供应商与零售商在竞争性果蔬供应链中的均衡策略与均衡收益

		TPSC	BPSC
供应商 i 的零售商	零售价	$\left(\dfrac{\hat{a}_i \xi}{\tilde{\delta}}\right)^{\frac{1}{k}} \cdot \dfrac{w^{t*}}{\bar{F}(z^*)}$	$\left(\dfrac{\xi}{\tilde{\delta}}\right)^{\frac{1}{k}} \cdot \dfrac{w_i^{b*}}{\bar{F}(z^*)}$
	采购量	$\tilde{\delta} \cdot \left(\dfrac{\beta}{w^{t*}}\right)^k$	$\hat{a}_i \tilde{\delta} \cdot \left(\dfrac{\beta}{w_i^{b*}}\right)^k$
	期望收益	$\dfrac{\tilde{\delta} \beta^k}{(k-1) w^{t*\,k-1}}$	$\dfrac{\hat{a}_i \tilde{\delta} \beta^k}{(k-1) w_i^{b*\,k-1}}$
供应商 i	报的质量	1	$\hat{a}_i$
	批发价	$w^{t*} = \dfrac{(2k-1)m - (k-1)}{(2m-1)(k-1)} \cdot c$	w_i^{b*}
	期望收益	$\dfrac{(m-1)}{m[(2k-1)m-(k-1)]} \cdot \dfrac{\tilde{\delta} \beta^k}{w^{t*\,k-1}}$	$\left[2(k-1) - (2k-1)\dfrac{c}{w_i^{b*}}\right] \cdot \dfrac{\hat{a}_i \tilde{\delta} \beta^k}{(k-1) w_i^{b*\,k-1}}$

其中，w_i^{b*} 由式(7.15)~式(7.17)获得。

供应商 i 在 BPSC 中的"均衡盈利能力"可以表达如下：

$$\mathrm{SM}_b(\hat{\alpha}_i, w_i^{b*}) = \frac{\hat{\alpha}_i}{w_i^{b*k-1}} \cdot \left(1 - \frac{c}{w_i^{b*}}\right) \tag{7.18}$$

式中 $\frac{\hat{\alpha}_i}{w_i^{b*k-1}}$ 决定了供应商 i 的市场份额，$\frac{1-c}{w_i^{b*}}$ 刻画了其产品的净利润。分析可知，供应商 i 的均衡盈利能力与其产品质量呈正相关关系，即 $\mathrm{SM}_b(\hat{\alpha}_i, w_i^{b*}) > \mathrm{SM}_b(\hat{\alpha}_{i+1}, w_{i+1}^{b*})$，任意 $i = 1, 2, \cdots, m-1$。直观上，由于区块链技术能够消除供应商的不道德质量谎报行为并帮助零售商识别最具性价比的供应商，该技术的引入会使零售商获益。然而，定理 7.2 表明，零售商在竞争性果蔬供应链中并不能从区块链技术中获益。此外，定理 7.2 还刻画了在什么情形下所有的供应商、部分供应商以及没有供应商能够从区块链技术中获益。

定理 7.2 在竞争性果蔬供应链中，对于任意给定的 $(\hat{\alpha}_1, \cdots, \hat{\alpha}_m)$，零售商不能从区块链技术中获益。对于供应商而言：

(1) 当 $\mathrm{SM}_b(\hat{\alpha}_m, w_m^{b*}) \geqslant \mathrm{SM}_t$ 时，所有供应商能从区块链技术中获益；

(2) 当 $\mathrm{SM}_b(\hat{\alpha}_1, w_1^{b*}) < \mathrm{SM}_t$ 时，没有供应商能从区块链技术中获益；

(3) 否则，存在 $1 < \tilde{n} < m$ 满足 $\mathrm{SM}_b(\hat{\alpha}_{\tilde{n}}, w_{\tilde{n}}^{b*}) < \mathrm{SM}_t \leqslant \mathrm{SM}_b(\hat{\alpha}_{\tilde{n}-1}, w_{\tilde{n}-1}^{b*})$，仅有供应商 1 至 $\tilde{n}-1$ 能够从区块链技术中获益，其中 $\mathrm{SM}_t = \frac{c(m-1)}{2m(2m-1)(k-1)} \cdot w^{t*-k}$。

注意到 SM_t 刻画了供应商在 TPSC 中的"均衡盈利能力"。定理 7.2 表明一个供应商是否能从区块链技术中获益取决于该技术是否能够提高其在供应链中的均衡盈利能力。接下来将分析为何零售商在竞争性果蔬供应链中不能从区块链技术中获益。考虑以下两种情况：①如果零售商从高品质供应商处采购，其会大幅度降低其采购量因为采购成本（即供应商批发价）显著提高。然而，考虑到消费者是价格敏感的，零售商只能有限地提高零售价格。因此，高品质供应商的零售商的收益会因为更低的销售利润和采购量而降低。②如果零售商从低品质供应商处采购，尽管采购成本降低了，其仍然会降低采购量或者小幅地增加采购量并降低零售价，因为消费者是对质量敏感的。因此，低品质供应商的零售商的收益亦会因为更低的销售利润或采购量而降低。

图 7.4 刻画了上述管理学启示。通过观察图 7.4，还可以得到以下两个管理学启示：①如果供应商所提供产品的质量差异性越大，那么区块链技术会令高品质（低品质）供应商获益（受损）越大。这是因为前者（后者）可以定更高（更低）的批发价并占据更大（更小）的市场份额。②低品质零售商相较于高品质零售商从区块链技术中受损更大。这是因为区块链技术会促使低品质零售商更激进地降低其采购量，最后收益由于无货可售而降低。

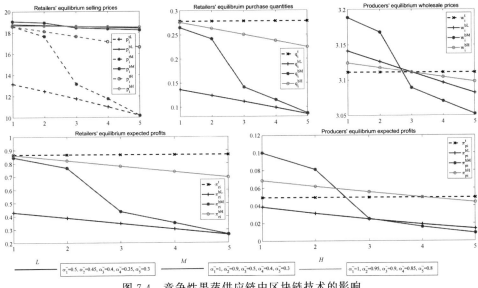

图 7.4 竞争性果蔬供应链中区块链技术的影响

(取值: $m=5, d_0=100, k=2, c=2, \tilde{\delta}=0.9, \varepsilon \sim N(1,0.1)$)

推论 1 给出了高品质供应商能够从区块链技术中获益的一个特殊情况。

推论 1 对于 $i=1,\cdots,n^*-1$,其中 n^* 由性质 7.4 所定义,如果 $\hat{a}_i > \dfrac{m-1}{m(2m-1)}$,那么供应商 1 至 i 能在竞争性果蔬供应链中从区块链技术中获。

分析可知 $\dfrac{m-1}{m(2m-1)}$ 是关于 m 的非增函数,因此推论 7.1 表明供应链中的竞争越激烈会使更多的高品质供应商从区块链技术中获益。这是因为随着竞争的加剧,低品质供应商的批发价与市场份额会被进一步压缩。

总结上述分析可知,区块链技术能使竞争性果蔬供应链中大部分高品质供应商获益,特别是供应链中的竞争很激烈的情况下。接下来分析区块技术在竞争性果蔬供应链中的追溯性价值。定理 7.3 表明该价值取决于供应商总的"均衡盈利能力"。

定理 7.3 (1)当下面的条件满足时,区块链技术能够提高竞争性果蔬供应链的期望收益:

$$\sum_{i=1}^{m} \mathrm{SM}_b(\hat{a}_i, w_i^{b*}) \geqslant \varphi \cdot (m \cdot \mathrm{SM}_t) \tag{7.19}$$

式中, $\varphi = \dfrac{2m^2 - 2(k-1)}{(2k-1)(m-1)}$。

(2) $\sum_{i=1}^{m} \mathrm{SM}_b(\hat{a}_i, w_i^{b*}) > m^2 \cdot \left(2 - \frac{2k-1}{k-1} \cdot \frac{c}{w_m^{b*}}\right) \cdot \hat{a}_m w_m^{b*1-k}$，且 $\varphi \cdot (m \cdot \mathrm{SM}_t) < \frac{m^2-(k-1)}{m-(k-1)} \cdot w^{t*1-k}$。

注意到对于任意的 $m \geqslant 2$ 有 $\varphi > 7$，$m \cdot \mathrm{SM}_t$ 刻画了供应商在 TPSC 中的总的均衡盈利能力。定理 7.3-(1) 表明区块链技术能够提高供应链的期望收益取决于其是否能显著提高供应商的总的均衡盈利能力。因为 $\hat{a}_m w_m^{b*1-k} < w^{t*1-k}$，且 $\hat{a}_i w_i^{b*1-k}$ 与 w_i^{b*} 均关于产品质量非减，同时 m^2 比 $\frac{m^2-(k-1)}{m-(k-1)}$ 更快地随 m 增加定理 7.3-(2)，表明不等式(7.19)将在以下两种中成立：①当供应链竞争不激烈且供应商们销售低品质产品，如图 7.5 所示；②当供应链非常竞争激烈。否则，区块链技术不能提高竞争性果蔬供应链的期望收益。

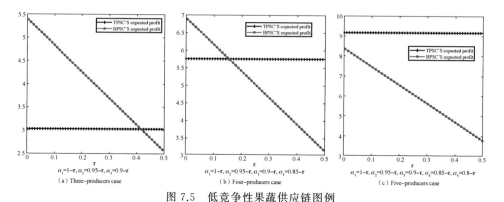

图 7.5　低竞争性果蔬供应链图例

(取值：$d_0=100, k=2, c=1, \tilde{\delta}=0.9, \varepsilon \sim N(1,0.1)$)

7.4　基于区块链技术的果蔬供应链协调

尽管在前面两节中已经证明了在一定条件下区块链技术能够为果蔬供应链创造价值，但是在供应链中采用该技术并不能达成一致意见，因为仅有零售商(供应商)能够在非竞争性(竞争性)果蔬供应链中获益。本节将设计激励机制来协调 BPSC 使得供应商与零售商均能从区块链技术中获益。特别地，本节将协调后的基于区块链技术的果蔬供应链简写为 CBPSC (Coordinated BPSC)。在本节接下的分析中，将分别研究竞争性与非竞争性果蔬供应链中的协调机制。

7.4.1 非竞争性果蔬供应链协调

在协调后的分散决策供应链中,各个决策主体将采取集中决策供应链中相同的决策方案。本小节将首先分析集中决策下的非竞争性果蔬供应链。在集中决策的供应链中,对于任意给定的$(w^C,\hat{a})$,零售商的零售价与采购策略(p^C,q^C)是为了使供应链的收益最大化,即

$$\pi^C(p^C,q^C|w^C,\hat{a}\xi)=p^C\cdot E_\varepsilon[\min(q^C,D(p^C,\hat{a}\xi))]-cq^C \quad (7.20)$$

显然,在供应链收益函数中,批发价项w^C被抵消了。对比可知,式(7.20)与式(7.2)有相同的结构,仅仅是将w_t替换成了c。类似于前面两节的分析方法,易得零售商在集中决策供应链中的最优策略。

引理 7.5 在集中决策系统中,零售商的最优零售价与采购量分别为$p^{C*}=\dfrac{c}{\overline{F}(z^*)}\cdot\left(\dfrac{\xi}{\widetilde{\delta}}\right)^{\frac{1}{k}}$与$q^{C*}=\hat{a}\widetilde{\delta}\cdot\left(\dfrac{\beta}{c}\right)^k$,供应链的期望收益为$\pi^{C*}(p^{C*},q^{C*})=\dfrac{\hat{a}\widetilde{\delta}\beta^k}{(k-1)c^{k-1}}$。

由引理 7.5 与性质 7.2 可知,相较于离散决策的 BPSC,零售商在集中决策系统中的采购量增加了但是零售价降低了。这是因为分散觉得系统中的"双边际效应"被消除了。因此,有效的激励机制应该促使零售商的采购量从q^{b*}提高到q^{C*},同时还要补偿其销售利润的损失。基于 Cai et al.(2010 年)的研究方法,本节提出了由两个契约构成的激励方案:(1)利润共享契约,$w=\gamma(p-c)+c$,其中$\gamma\in(0,1)$表示供应商享有的销售净利润比例;(2)补偿契约,$s=\gamma p$,对零售商未售完的产品按照每单位s的价格进行补偿。接下来的性质表明该激励机制能够协调分散决策下的 BPSC。

性质 7.5 对于任意给定的$\gamma\in(0,1)$,上述提出的激励机制能够在非竞争性 BPSC 中协调零售商与供应商,即零售商会将其采购量提高到q^{C*},并将其零售价定为p^{C*}。

在协调后的 BPSC 中,零售商与供应商的期望收益可以表达为

$$\pi_p^I(p^*,q^*|w^*,\hat{a}\xi,\gamma)=(1-\gamma)\cdot\pi^{C*}(p^{C*},q^{C*}) \quad (7.21)$$

$$\pi_p^I(w^*|\hat{a}\xi,\gamma)=\gamma\cdot\pi^{C*}(p^{C*},q^{C*}) \quad (7.22)$$

定理 7.4 刻画了在什么情况下 CBPSC 的收益高于 TPSC,以及供应商与零售商均能从区块链技术中心获益。

定理 7.4 (1)存在$\hat{a}(0<a°<\hat{a}<1)$,当$0<\hat{a}\leqslant\hat{a}$时,CBPSC 的期望收益高于 TPSC。

(2)在条件(1)的情况下,供应商与零售商均能从区块链获益的条件是

$$\dfrac{1}{\hat{a}}\cdot\left(\dfrac{k-1}{k}\right)^k\leqslant\gamma\leqslant 1-\left(\dfrac{k-1}{k}\right)^{k-1}\cdot\left(\dfrac{k}{\hat{a}^{\frac{1}{k}}}-\dfrac{k-1}{\hat{a}}\right) \quad (7.23)$$

定理 7.4-(1)表明,在协调 BPSC 后,只有当果蔬品的质量足够低时,区块链技术能够提高供应链的期望收益,原因与定理 7.1 类似,即该技术帮助零售商有效减小过量购入低品质产品并最后低价处理的风险;然而,当果蔬品质量较高时,区块链技术会使利润丰厚的产品订单减少,从而减少供应链的收益下降。定理 7.4-(1)还表明本节所提出的激励机制能够拓展区块链技术在果蔬供应链中的应用价值,即 $\alpha° < \hat{\alpha}$,这是因为"双边际效应"被消除了。由此可见,如果供应商销售的是高品质果蔬品,区块链技术并不应该在果蔬供应链中被采用。分析不等式(7.23)两侧的值可知,均是关于 $\hat{\alpha}$ 的非增函数,因此定理 7.4-(2)表明供应商销售的果蔬品的质量越高,其所能分得的供应链利润的比例反而会下降。这是因为在协调后的 CBPSC 中,零售商由于能够获取到真实的产品质量信息,在供应链中具有更大的影响力。这恰恰反映了食品供应链中往往下游零售商在供应链中更强势的现实情况(Dong et al.,2020 年)。此外,根据 Cai et al.(2010 年)的研究,现实情况中 γ 的确定取决于供应商与零售商的相对议价能力。

7.4.2 竞争性果蔬供应链协调

本小节将分析竞争性果蔬供应链中的协调问题。前述分析中假设了每个零售商只能从 1 个供应商处采购,因此上一小节中提出了激励机制仍然能够协调某个供应商及其零售商。根据引理 7.5,如果 1 个零售商从供应商 i 采购并就 γ_i 达成一致,其期望收益可以表达为

$$\pi_{ri}^{I*}(p_i^*, q_i^*) = (1-\gamma_i) \cdot \pi_i^{C*}(p_i^{C*}, q_i^{C*}) = (1-\gamma_i) \cdot \frac{\hat{\alpha}_i \tilde{\delta} \beta^k}{(k-1)c^{k-1}}$$

(7.24)

因此,每位供应商必须决策其 γ_i,而零售商的决策简化为选择最大的 $(1-\gamma_i) \cdot \hat{\alpha}_i, i=1,\cdots,m$。可见,在协调的竞争性果蔬供应链中,除了产品的质量信息,每个供应商还需要在区块链平台上传其 γ_i。基于上述分析,定理 7.5 刻画了供应商在 CBPSC 中的均衡 γ_i 策略,同时刻画了在什么情况下 CBPSC 可以创造比 TPSC 更高的收益。

定理 7.5 (1)当均衡 γ_i^* 满足式(7.25)的条件时,供应商 1 至 $\hat{n}$ 将会从区块链技术中获益,

$$\hat{\alpha}_{\hat{n}+1} - \eta_1 \leqslant V^* = (1-\gamma_1^*) \cdot \hat{\alpha}_1 = \cdots = (1-\gamma_{\hat{n}}^*) \cdot \hat{\alpha}_{\hat{n}} \leqslant \hat{\alpha}_{\hat{n}} - \eta_2 \quad (7.25)$$

式中,$\eta_1 = \left(\frac{c}{w^t}\right)^{k-1}, \eta_2 = \frac{m-1}{m(2m-1)} \cdot \left(\frac{c}{w^t}\right)^k, 1 \leqslant \hat{n} \leqslant m-1$ 是满足下式的最小整数

$$\hat{a}_1 > \frac{2\hat{n}+1}{\hat{n}+1} \cdot (\hat{a}_{\hat{n}+1} - \eta_2) \tag{7.26}$$

在此情况下,零售商将在上述供应商中进行均匀选择。

(2)当式(7.27)满足时,CBPSC 的期望收益将超过 TPSC,

$$V^* \geqslant c^{k-1}(2k-1) \cdot \varphi \cdot (m \cdot SM_t) \tag{7.27}$$

定理 7.5-(1)表明只有高品质供应商能够在 CBPSC 中存活下来(即具备竞争力),这是因为高品质产品可以在市场中产生更大收益,正如 $\pi_i^{C*}(p_i^{C*}, q_i^{C*})$ 是关于 $\hat{a}_i$ 的非减函数。因此,如果高品质供应商愿意分享供应链中一定比例的利润,那么所有的零售商都愿意从这些高品质供应商进行采购。定理 7.5-(1)同样表明在均衡条件下,存活下来的高品质供应商的产品对于零售商来说具有相同的价值,即 V^*,因此零售商会从这些供应商中进行均匀地选择。这是因为高品质供应商的均衡 γ_i 策略是由更大的市场份额(更小的 γ_i 值)以及更高比例的供应链利润(更大的 γ_i 值)的平衡点决定的,该平衡点在 V^* 处达到。此外,通过分析还可知在存活下来的供应商中,更高品质的供应商可以获得更大的期望收益,因为 $\gamma_1^* > \cdots > \gamma_{\hat{n}}^*$。

定理 7.5-(2)表明当存活再来的高品质供应商的产品价值 V^* 足够大时,CBPSC 的期望收益将超过 TPSB。通过简单的分析可知式(7.27)的右侧值随着 m 快速增加,同时从式(7.25)中可知,V^* 只能取有限值。此外,仅当存活下来的高品质供应商所售产品的质量足够高时,V^* 可以取较大值。由此可见,当供应链的竞争性较低同时存在供应商销售高质量产品时,CBPSC 将产生比 TPSC 更大的期望收益。

将前述分析结合起来,可以得到以下关于是否在竞争性果蔬供应链中使用采用区块链技术的管理学启示:①当供应链竞争性较低且链上有供应商销售高质量产品时,区块链技术应该被引入竞争性果蔬供应链中。且引入该技术后,高品质供应商以及零售商均能从区块链技术中获益。②当供应链的竞争性较高或供应商销售的产品质量降低时,区块链技术不应该被引入竞争性果蔬供应链中。

推论 7.2 表明,如果供应商 1 所售产品质量远远高于其他供应商的产品时,他将在 CBPSC 中获得垄断地位。

推论 7.2 当 $\hat{a}_1 > \frac{3}{2} \cdot (\hat{a}_2 - \eta_2)$ 时,供应商 1 的均衡 γ_1^* 策略将满足以下关系:

$$\frac{1}{\hat{a}_1} \cdot \frac{m-1}{m(2m-1)} \cdot \left(\frac{c}{w^{t*}}\right)^k \leqslant \gamma_1^* \leqslant 1 - \frac{1}{\hat{a}_1} \cdot \left(\frac{c}{w^{t*}}\right)^{k-1} \tag{7.28}$$

此时,它将在 CBPSC 中获得垄断地位。

7.5 本章小结

本章采用博弈论模型分析了区块链技术在果蔬供应链中的追溯性价值。本章首先分析了非竞争果蔬供应链,由1个供应商与1个零售商构成;同时考虑了两种情境,即传统的不可追溯的果蔬供应链(TPSC)以及基于区块链技术的可以追溯的果蔬供应链(BPSC)。通过分析发现,在非竞争性果蔬供应链中,区块链技术仅能使零售商获益,此外当供应商产品质量较低时该技术可以提高供应链的收益。紧接着本章分析了竞争性供应链,有多个供应商与零售商构成。其中,供应商的产品质量与批发价不同,零售商的性价比偏好不同,且同样考查了TPSC与BPSC两种情形。通过分析发现,在竞争性果蔬供应链中,零售商不能从区块链技术中获益,而高品质供应商能在大多数情况下从该技术中获益。此外,当供应链竞争程度较低且供应商销售高品质产品时,或当供应链竞争程度较高时,区块链技术能够提高果蔬供应链的收益。由于在两种情境下供应商与零售商均不能同时从区块链技术中获益,本章设计了激励机制来协调BPSC,并得到了以下管理学启示:①在非竞争性供应链中,当供应商销售低品质产品时,区块链技术应该在链中被采用,且供应链与零售商均能在协调的供应链中从该技术中获益。②在竞争性供应链中,当区块链竞争性较低且有供应商销售高品质产品时,区块链技术应该在链中被采用,且高品质供应商与零售商能从该技术中获益。

参 考 文 献

[1] 保罗·齐普金,马常松.库存管理基础.中国财政经济出版社,2013.
[2] 陈志刚,贾涛,陶厚永.基于贝叶斯预测更新的报童模型.统计与决策,2017(24):39-43.
[3] 董泽清,刘克.马氏决策浅说.沈阳:辽宁教育出版社,1986.
[4] 但斌,陈军.基于价值损耗的生鲜农产品供应链协调.中国管理科学,2008,16(5):42-49.
[5] 但斌,贺庆仁,李宇雨.易逝品多销售阶段预防性横向调拨与订货决策模型.管理工程学报,2017,31(1):133-141.
[6] 但斌,王磊,李宇雨.考虑消费者效用与保鲜的生鲜农产品 EOQ 模型.中国管理科学,2011,19(1),100-108.
[7] 段永瑞,李贵萍,霍佳震.有限时域内部分缺货的变质品生产-定价策略研究.中国管理科学,2014.22(1):94-103.
[8] 段永瑞,徐建.考虑异质型策略消费者的零售商库存分配与退款保证策略.中国管理科学,2017,25(8):103-113.
[9] 高红梅.物联网在农产品供应链管理中的应用.商业时代.2010,22:40-41.
[10] 韩恬.区块链在生鲜农产品供应链中的应用研究.经济与社会发展研究,2020,5:108.
[11] 胡友.水果价格形成、波动及调控政策研究.华中农业大学,2014.
[12] 黄红星,郑业鲁,刘晓珂,李静红.农产品质量安全追溯应用展望与对策.科技管理研究,2017,37(1):215-220.
[13] 黄全高.物联网技术下我国农产品质量溯源可视化体系构建.农业经济,2016,7:41-43.
[14] 李豪,高祥,杨茜.需求不确定下考虑顾客策略行为的易逝品定价策略.工业工程,2019,22(2):10-18.
[15] 金磊,陈伯成,肖勇波.双渠道下库存与定价策略的研究.中国管理科学,2013,21(3):104-112.

[16] 李建伟.物联网背景下农产品供应链的优化.河南农业科学,2011,40(8):10-12.

[17] 李力.多种易逝品的库存控制模型及动态定价.系统工程学报,2015(3):3-10.

[18] 励莉,顾建平.大数据背景下农产品双渠道供应链协同创新分析.商业经济研究,2019,22:138-141.

[19] 李宇雨,但斌.基于客户分类管理的销售及库存策略研究.现代管理科学,2011(9):96-97,103.

[20] 刘如意,李金保,李旭东.区块链在农产品流通中的应用模式与实施.中国流通经济,2020,34(3):43-54.

[21] 刘阳阳.大数据驱动生鲜农产品供应链模式创新与运作优化.商业经济研究,2020,16:150-152.

[22] 马莉.互联网大数据时代农产品流通途径改善研究——以秦皇岛为例.农业经济,2015,3:122-124.

[23] 马雪丽,王淑云,金辉,等.考虑保鲜努力与数量/质量弹性的农产品三级供应链协调优化.中国管理科学,2018,26(2):175-185.

[24] 毛照昉,刘弯弯,李辉.季节性易逝品预售与回购联合决策研究.管理科学学报,2016,19(2):74-84.

[25] 牟博佼,肖勇波,陈剑.基于MNL选择模型的替代产品定价和库存决策研究.中国管理科学,2010,18(3):25-32.

[26] 彭志强,熊中楷,李根道.考虑顾客策略行为的易逝品定价与再制造柔性补货机制研究.中国管理科学,2010,18(2):32-41.

[27] 钱鸿志,王义君.物联网技术与应用研究.电子学报,2012,40(5):1023-1029.

[28] 钱建平,吴文斌,杨鹏.新一代信息技术对农产品追溯系统智能化影响的综述.农业工程学报,2020,36(5):182-191.

[29] 尚杰,吉雪强.区块链应用下生态农产品供应链优化.华南农业大学学报(社会科学版),2020,19(4):67-75.

[30] 沈贵银,王伟明,郑微微.区块链技术在蔬菜供应链中的应用与前景.农业科技展望,2019,15(1):76-79.

[31] 史亮,张复宏,刘文军.基于区块链的果蔬农产品追溯体系研究.农村经济与科技,2019,30(15):166-168.

[32] 孙玉玲,石岿然,张琳.库存能力约束下损失规避型零售商的鲜活农产品订货决策.系统工程理论与实践,2013,33(12):3020-3027.

[33] 唐振宇,罗新星,陈晓红,等.基于期权的易逝品订购预售联合策略研究.中国管理科学,2020,28(1),57-67.

[34] 王淑云,姜樱梅,王宪杰.农产品冷链三级库存一体化策略研究.中国管理科学,2016,24(2):108-114.

[35] 王磊,但斌.考虑消费者效用的生鲜农产品供应链保鲜激励机制研究.管理工程学报,2015,1:200-206.

[36] 王磊,但斌.考虑零售商保鲜和消费者效用的生鲜农产品供应链协调.运筹与管理,2015,22(5):48-55.

[37] 王圣东.单供货商多销售商联合生产库存模型.系统工程学报,2006,21(1):92-96.

[38] 汪小京,刘志学,郑长征.多类顾客环境下报童模型中库存分配策略研究.中国管理科学,2010,18(4):65-72.

[39] 吴忠和,陈宏,赵千,等.时间约束下鲜活农产品供应链应急协调契约.系统管理学报,2014,1:52-59,64.

[40] 夏海洋,黄培清.随机需求下提前期可控的生产-库存联合优化模型.控制与决策,2008,23(6):631-636.

[41] 肖勇波,龚媛媛.多市场环境下新鲜产品库存管理策略研究.系统工程理论与实践,2014,34(10):2504-2514.

[42] 徐贤浩,陈雯,彭红霞.基于策略消费者行为和市场细分的联合定价库存策略.中国管理科学,2012,20(6):78-86.

[43] 颜波,石平,丁德龙.物联网环境下的农产品供应链风险评估与控制.管理工程学报,2014,28(3):196-202,173.

[44] 颜波,王欣妮.基于物联网的农产品质量安全监管体系研究.中国科技论坛,2016,8:122-129.

[45] 于丽娜,张国锋,贾敬敦,等.基于区块链技术的现代农产品供应链.农业机械学报,2017,48(S1):387-393.

[46] 袁勇,王飞跃.区块链技术发展现状与展望.自动化学报,2016,42(4):481-494.

[47] 张金隆,王林,陈涛,等.连续生产模式下的不常用备件联合采购优化分析.中国管理科学,2004,12(5):58-62.

[48] 郑雪静,熊航.区块链如何促进数据要素的价值实现:以食品供应链为例.农业大数据学报,2020,2(3):13-20.

[49] 周彦.基于区块链的农产品供应链模式研究.科技与创新,2020,24:26-28.

[50] 周振红,陈昀.基于混合型消费者的最佳库存策略.系统管理学报,2014,23(3):339-344.

[51] Adelman D,Mersereau AJ. Dynamic capacity allocation to consumers who remember past service. Management Science,2013,59(3):592-612.

[52] Aiello G, Enea M, Muriana C. The expected value of the traceability information. European Journal of Operational Research,2015,244(1):176-186.

[53] Akçay Y, Natarajan HP, Xu SH. Joint dynamic pricing of multiple perishable products under consumer choice. Management Science,2010,56(8):1345-1361.

[54] Akkaya D,Bimpikis K,Lee H.Government interventions to promote agricultural innovation. Manufacturing & Service Operations Management,in press,2020.

[55] Allen SJ, Schuster EW Controlling the risk for an agricultural harvest. Manufacturing & Service Operations Management,2004,6(3):225-236.

[56] Aviv Y,Pazgal A.Optimal pricing of seasonal products in the presence of forward-looking consumers. Manufacturing & Service Operations Management,2008,10(3):339-359.

[57] Babich V, Hilary G. OM Forum-Distributed ledgers and operations: What operations management researchers should know about BT. Manufacturing & Service Operations Management,2020,22(2):223-240.

[58] Babich, V, Tang CS. Managing opportunistic supplier product adulteration: Deferred payments, inspection, and combined mechanisms. Manufacturing & Service Operations Management,2012,14(2):301-314.

[59] Bakker M,Riezebos J, Teunter RH .Review of inventory systems with deterioration since 2001. European Journal of Operational Research,2012,221(2):275-284.

[60] Balachander S,Gal-Or E,Geylani T,Kim AJ. Provision of optional versus standard product features in competition. Journal of Marketing,2017,81(3):80-95.

[61] Baron O, Hu M, Najafi-Asadolahi S,Qian Q.Newsvendor selling to loss-averse consumers with stochastic reference points. Manufacturing & Service Operations Management,2015,17(4):456-469.

[62] Bassok Y, Anupindi R, Akella R. Single-period multi product inventory models with substituion. Operations Research,1999,47(4):632-642.

[63] Berling P, Martínez-de-Albéniz V. Optimal inventory policies when purchase price and demand are stochastic. Operations Research, 2011, 59 (1): 109-124.

[64] Bernales P J, Guan Y, Natarajan H P, et al. Less is more: Harnessing product substitution information to rationalize SKUs at Intcomex. Interfaces, 2017, 47(3): 230-243.

[65] Bertini M, Wathieu L, Iyengar S S. The discriminating consumer: Product proliferation and willingness to pay for quality. Journal of Marketing Research, 2012, 49(1): 39-49.

[66] Bertsimas D, de Boer S. Simulation-based booking limits for airline revenue management. Operations Research, 2005, 53(1): 90-106.

[67] Bitran G, Dasu S. Ordering policies in an enviornment of stochastic yields and substitutable demands. Operations Research, 1992, 40(5): 999-1017.

[68] Bitran G, Gilbert S. Co-production processes with random yields in the semiconductor industry. Operations Research, 1994, 42(3): 476-491.

[69] Bitran G, Leong T. Deterministic approximations to coproduction problems with service constraints and random yields. Management Science, 1992, 38(5): 724-742.

[70] Boyabatli O. Supply management in multiproduct firms with fixed proportions technology. Management Science, 2015, 61(12): 3013-3031.

[71] Boyabatli O, Nguyen Q, Wang T. Capacity management in agricultural commodity processing and application in the palm industry. Manufacturing & Service Operations Management, article in advance, 2017.

[72] Cachon G P, Terwiesch C, Xu Y. Retail assortment planning in the presence of consumer search. Manufacturing & Service Operations Management, 2005, 7 (4): 330-346.

[73] Cai X, Chen J, Xiao Y, et al. Optimization and coordination of fresh product supply chains with freshness-keeping effort. Production and Operations Management, 2010, 19(3): 261-278.

[74] Campo K, Gijsbrechts E, Nisol P. Towards understanding consumer response to stock-outs. Journal of Retailing, 2000, 76(2): 219-242.

[75] Campo K, Gijsbrechts E, Nisol P. The impact of retailer stockouts on whether, how much, and what to buy. International Journal of Research in Marketing, 2003, 20(3): 273-286.

[76] Chaneton J M, Vulcano G. Computing bid prices for revenue management under consumer choice behavior. Manufacturing & Service Operations Management, 2011, 13(4): 452-470.

[77] Chen F. Information sharing and supply chain coordination. Handbooks in Operation and Managements Science, 2003, 11: 341-421.

[78] Chen L, Lee H L. Sourcing under supplier responsibility risk: The effects of certification, audit, and contingency payment. Management Science, 2017, 63(9): 2795-2812.

[79] Chen X, Li L, Zhou M. Manufacturer's pricing strategy for supply chain with warranty period-dependent demand. Omega, 2012, 40(6): 807-816.

[80] Chen X, Simchi-Levi D. Coordinating inventory control and pricing strategies with random demand and fixed ordering cost: The finite horizon case. Operations Research, 2004, 52(6): 887-896.

[81] Chen X, Simchi-Levi D. Pricing and inventory management. In Özalp Özer and Robert Phillips eds. The Oxford Handbook of Pricing Management, Oxford University Press, 2012, 784-824.

[82] Chen Y J, Tomlin B, Wang Y. Coproduct technologies: Product line design and process innovation. Management Science, 2013, 59(12): 2772-2789.

[83] Chen Y J, Tomlin B, Wang Y. Dual product technologies: Implications for process development and adoption. Manufacturing & Service Operations Management, 2017, 59(12): 2772-2789.

[84] Chew E P, Lee C, Liu R. Joint inventory allocation and pricing decisions for perishable products. International Journal of Production Economics, 2009, 120(1): 139-150.

[85] Chiang W K. Product availability in competitive and cooperative dual-channel distribution with stock-out based substitution. European Journal of Operational Research, 2010, 200(1): 111-126.

[86] Chod J, Trichakis N, Tsoukalas G, et al. On the financing benefits of supply chain transparency and blockchain adoption. Management Science, 2020, 66(10): 4378-4396.

[87] Choi T M. Pre-season stocking and pricing decisions for fashion retailers with multiple information updating. International journal of production economics, 2007, 106(1): 146-170.

[88] Cui Y, Hu M, Liu J. Values of traceability in supply chains. Working paper, 2020.

[89] Chung H, Lee E. Store brand quality and retailer's product line design. Journal of Retailing, 2017, 93(4): 527-540.

[90] Dai H, Ge L, Zhou W. A design method for supply chain traceability systems with aligned interests. International Journal of Production Economics, 2015, 170: 14-24.

[91] Delen D, Hardgrave B C, Sharda R. RFID for better supply-chain management through enhanced information visibility. Production and operations management, 2007, 16(5): 613-624.

[92] Desai P S. Quality segmentation in spatial markets: When does cannibalization affect product line design? Marketing Science, 2001, 20(3): 265-283.

[93] Deshpande V, Cohen M A, Donohue K. A threshold inventory rationing policy for service-differentiated demand classes. Management Science, 2003, 49(6): 683-703.

[94] Devalkar S K, Seshadri S, Ghosh C, et al. Data science applications in Indian agriculture. Production and Operations Management, 2018, 27(9): 1701-1708.

[95] Dixit A K, Pindyck R S. Investment under uncertainty, Princeton university press, 1994.

[96] Dong L, Jiang P, Xu F. Blockchain adoption for traceability in food supply chain networks. Working paper, 2020.

[97] Dong L, Kouvelis P, Wu X. The value of operational flexibility in the presence of input and output price uncertainties with oil refining applications. Management Science, 2014, 60(12): 2908-2926.

[98] Dutta P, Chakraborty D. Incorporating one-way substitution policy into the newsboy problem with imprecise customer demand. European Journal of Operational Research, 2010, 200(1): 99-110.

[99] Dye C Y. The effect of preservation technology investment on a non-instantaneous deteriorating inventory model. Omega, 2013, 41(5): 872-880.

[100] Dye C Y, Yang C T. Optimal dynamic pricing and preservation technology investment for deteriorating products with reference price effects. Omega, 2016, 62: 52-67.

[101] Eisenstein D D. Recovering cyclic schedules using dynamic produce-up-to policies. Operations Research, 2005, 53(4): 675-688.

[102] Eppen G D, Iyer A V. Backup agreements in fashion buying-the value of upstream flexibility. Management Science, 1997, 43(11): 1469-1484.

[103] Ernst R, Kouvelis P. The effect of selling packaged goods on inventory decisions. Management Science, 1999, 45(8): 1142-1155.

[104] Federgruen A, Heching A. Combined pricing and inventory control under uncertainty. Operations Research, 1999, 47(3), 454-475.

[105] Fackler P L, Livingston M J. Optimal storage by crop producers. American Journal of Agricultural Economics, 2002, 84(3): 645-659.

[106] Feng Y, Xiao B. A dynamic airline seat inventory control model and its optimal policy. Operations Research, 2001, 49(6): 938-949.

[107] Ferguson M, Guide V D, Koca E, et al. The value of quality grading in remanufacturing. Production and Operations Management, 2009, 18(3): 300-314.

[108] Ferguson M E, Koenigsberg O. How should a firm manage deteriorating inventory? Production and Operations Management, 2007, 16(3): 306-321.

[109] Fibich G, Gavious A, Lowengart O. Explicit solutions of optimization models and differential games with nonsmooth (asymmetric) reference-price effects. Operations Research, 2003, 51(5): 721-734.

[110] Gallego G. When is a base stock policy optimal in recovering disrupted cyclic schedules? Naval Research Logistics, 1994, 41(3): 317-333.

[111] Gallego G, Phillips R, Özge Şahin. Strategic management of distressed inventory. Production and Operations Management, 2008, 17(4): 402-415.

[112] Gallego G, Wang R. Multiproduct price optimization and competition under the nested logit model with product-differentiated price sensitivities. Operations Research, 2014, 62(2): 450-461.

[113] Gan J, Tsoukalas G, Netessine S. Initial coin offerings, speculation, and asset tokenization. Management Science, in press, 2020.

[114] Gerchak Y, Tripathy A, Wang K. Co-production models with random functionality yields. IIE Transactions, 1996, 28(5): 391-403.

[115] Gilland W G, Heese H S. Sequence matters: Shelf-space allocation under dynamic customer-driven substitution. Production and Operations Management, 2013, 22(4): 875-887.

[116] Glen J J. Mathematical models in farm planning: A survey. Operations Research, 1987, 35(5): 641-666.

[117] Guan X, Liu B, Chen Y J, WangH. Inducing supply chain transparency through supplier encroachment. Production and Operations Management, 2020, 29(3): 725-749.

[118] Guo R, Lee H L, Swinney R. Responsible sourcing in supply chains. Management Science, 2016, 62(9): 2722-2744.

[119] Grauberger W, Kimms A. Revenue management under horizontal and vertical competition within airline alliances. Omega, 2016, 59 (2): 228-237.

[120] Guo L, Zhang J. Consumer deliberation and product line design. Marketing Science, 2012, 31(6): 995-1007.

[121] Hardgrave B C, Aloysius J A, Goyal S. RFID-enabled visibility and retail inventory record inaccuracy: Experiments in the field. Production and Operations Management, 2013, 22(4): 843-856.

[122] Hastig G, Sodhi MS. Blockchain for supply chain traceability: business requirements and critical success factors. Production and Operations Management, 2020, 29(4): 935-954.

[123] He Y, Zhang J. Random yield risk sharing in a two-level supply chain. International Journal of Production Economics, 2008, 112(2): 769-781.

[124] Honhon D, Gaur V, Seshadri S. Assortment planning and inventory decisions under stockout-based substitution. Operations Research, 2010, 58(5): 1364-1379.

[125] Honhon D, Pan X A. Improving profits by bundling vertically differentiated products. Production and Operations Management, 2017, 26(8): 1481-1497.

[126] Honhon D, Seshadri S. Fixed vs. random proportions demand models for the assortment planning problem under stockout-cased substitution. Manufacturing & Service Operations Management, 2013, 15(3): 378-386.

[127] Hsu V N. Dynamic economic lot size model with perishable inventory. Management Science, 2000, 46(8): 1159-1169.

[128] Hsu A, Bassok Y. Random yield and random demand in a production system with downward substitution. Operations Research, 1999, 47(2): 277-290.

[129] Huang D, Zhou H, Zhao Q. A competitive multiple-product newsboy problem with partial product substitution. Omega, 2011, 39(3): 302-312.

[130] Huh W T, Lall U. Optimal crop choice, irrigation allocation, and the impact of contract farming. Production and Operations Management, 2013, 22(5): 1126-1143.

[131] Hwang I, Radhakrishnan S, Su L. Vendor certification and appraisal: Implications for supplier quality. Management science, 2006, 52 (10): 1472-1482.

[132] Iyengar S S, Lepper M R. When choice is demotivating: Can one desire too much of a good thing? Journal of Personality and Social Psychology, 2000, 79(6): 995-1006.

[133] Jing B. Behavior-based pricing, production efficiency, and quality differentiation. Management Science, 2017, 63(7): 2365-2376.

[134] Jones P C, Kegler G, Lowe TJ, Traub RD. Managing the seed-corn supply chain at Syngenta. Interfaces, 2003, 33(1): 80-90.

[135] Jones P C, Lowe T J, Traub RD. Matching supply and demand: The value of a second chance in producing seed corn. Review of Agricultural Economics, 2002, 24(1): 222-238.

[136] Jones P C, Lowe T J, Traub RD, Kegler G. Matching supply and demand: The value of a second chance in producing hybrid seed corn. Manufacturing & Service Operations Management, 2001, 3(2): 122-137.

[137] Joshi Y V, Reibstein D J, Zhang Z J. Turf wars: Product line strategies in competitive markets. Marketing Science, 2015, 35(1): 128-141.

[138] Kasmire R F. Fresh produce and perishability. RBCS Handbook, 1999.

[139] Karaesmen I, van Ryzin G. Overbooking with substitutable inventory classes. Operations Research, 2004, 52(1): 83-104.

[140] Karakul M. Joint pricing and procurement of fashion products in the existence of clearance markets. International Journal of Production Economics, 2008 114(2): 487-506.

[141] Kazaz B. Production planning under yield and demand uncertainty with yield-dependent cost and price. Manufacturing & Service Operations Management, 2004 6(3): 209-224.

[142] Ketzenberg M, Bloemhof J, Gaukler G. Managing perishables with time and temperature history. Production and Operations Management, 2015, 24(1): 54-70.

[143] Kok A, Fisher M. Demand estimation and assortment optimization under substitution: Methodology and application. Operations Research, 2007, 55(6): 1001-1021.

[144] Kok A, Fisher M, Vaidyanathan R. Assortment Planning: Review of Literature and Industry Practice, Springer, New York, 2015.

[145] Kouki C, Babai M Z, Jemai Z, Minner S. A coordinated multi-item inventory system for perishables with random lifetime. International Journal of Production Economics, 2016, 181: 226-237.

[146] Kunnumkal S, Topaloglu H. A new dynamic programming decomposition method for the network revenue management problem with consumer choice behavior. Production and Operations Management,2010,19(5): 575-590.

[147] Lariviere M, Porteus E. Selling to the newsvendor: An analysis of price-only contracts. Manufacturing & Service Operations Management,2001, 3(4): 293-305.

[148] Lee J, Lee HS, Shin H, Krishnan V. Alleviating drug shortages: The role of mandated reporting induced operational transparency. Management Science, in press,2021.

[149] Levi R, Singhvi S, Zheng Y. Economically motivated adulteration in farming supply chains. Management Science,2020,66(1):209-226.

[150] Li S, Zhang J, Tang W. Joint dynamic pricing and inventory control policy for a stochastic inventory system with perishable products. International Journal of Production Research,2015,53(10): 2937-2950.

[151] Littlewood K. Forecasting and control of passenger bookings, AGIFORS 12th Annual Symposium Proceedings. October, Nathanya, Israel,1972, 193-204.

[152] Liu H, Zhang J, Zhou C, Cheng TCE, et al. Optimal purchase and selling strategy for producer of produce: sorted or unsorted selling?. International Journal of Production Research,2019,57(19): 6031-6047.

[153] Liu H, Zhang J, Zhou C, Ru Y. Optimal purchase and inventory retrieval policies for perishable seasonal agricultural products. Omega,2018,79: 133-145.

[154] Lowe T J, Preckel P V. Decision technologies for agribusiness problems: A brief review of selected literature and a call for research. Manufacturing & Service Operations Management,2004,6(3): 201-208.

[155] Mahajan S, van Ryzin G. Stocking retail assortments under dynamic consumer substitution. Operations Research,2001,49(3): 334-351.

[156] Mankiw N G. Principles of economics. Cengage Learning,2020.

[157] Mantrala M K, Rao S. A decision-support system that helps retailers decide order quantities and markdowns for fashion goods. Interfaces,31 (3_supplement),2001:S146-S165.

[158] McAfee R P, te Velde V. Dynamic pricing with constant demand elasticity. Production and operations Management,2008,17(4): 432-438.

[159] Moorthy K. Market segmentation, self-selection, and product line design. Marketing Science,1984,3(4): 288-307.

[160] Mu L,Dawande M,Geng X,et al.Milking the quality test: Improving the milk supply chain under competing collection intermediaries. Management Science, 2016,62(5): 1259-1277.

[161] Mu L, Dawande M, Mookerjee V. Improving the milk supply chain in developing countries: analysis, insights, and recommendations. Production and Operations Management,2014,23(7): 1098-1112.

[162] Nagarajan M, Rajagopalan S. Inventory models for substitutable products: optimal policies and heuristics. Management Science,2008,54 (8): 1453-1466.

[163] Nahmias S.Perishable inventory theory: A review. Operations Research, 1982,30(4): 680-708.

[164] Netessine S,Taylor T A. Product line design and production technology. Marketing Science,2007,26(1): 101-117.

[165] Ng T, Fowler J, Mok I. Robust demand service achievement for the co-production newsvendor. IIE Transactions,2012,44(5): 327-341.

[166] Olsen T L,Tomlin B.Industry 4.0: opportunities and challenges for operations management. Manufacturing & Service Operations Management,2020,22(1): 113-122.

[167] Pan X A, Honhon D. Assortment planning for vertically differentiated products. Production and Operations Management,2012,21(2): 253-275.

[168] Pasternack B, Drezner Z. Optimal inventory policies for substitutable commodities with stochastic demand. Naval Research Logistics,1991,38 (2): 221-240.

[169] Plà-Aragonés L M . Handbook of operations research in agriculture and the agri-food industry,Springer,New York,2016.

[170] Qi L, Chu L Y,ChenR R.Quality provision with heterogeneous consumer reservation utilities. Production and Operations Management, 2016, 25 (5): 883-901.

[171] Rao U,Swaminathan J,Zhang J .Multi-product inventory planning with downward substitution, stochastic demand and setup costs. IIE Transactions,2004,36(1): 59-71.

[172] Rehber E. Vertical integration in agriculture and contract farming. Technical Report 46, Food Marketing Policy Center, University of Connecticut,Storrs,CT,1998.

[173] Roy A, Gilbert S M, Lai G. The implications of visibility on the use of strategic inventory in a supply chain. Management Science, 2019, 65(4): 1752-1767.

[174] Runsten D, Key N. Contract farming in developing countries: Theoretical aspects and analysis of some Mexican cases. Technical report, United Nations Economic Commission for Latin America and the Caribbean, Santiago, Chile, 1996.

[175] Ryzin G, Mahajan S. On the relationship between inventory costs and variety benefits in retail assortments. Management Science, 1999, 45(11): 1496-1509.

[176] Sauré D, Zeevi A. Optimal dynamic assortment planning with demand learning. Manufacturing & Service Operations Management, 2013, 15(3): 387-404.

[177] Shi J, Katehakis M N, Melamed B. Martingale methods for pricing inventory penalties under continuous replenishment and compound renewal demands. Annals of Operations Research, 2013, 208(1): 593-612.

[178] Shin H, Park S, Lee E, et al. A classification of the literature on the planning of substitutable products. European Journal of Operational Research, 2015, 246(3): 686-699.

[179] Shumsky R A, Zhang F. Dynamic capacity management with substitution. Operations Research, 2009 57(3): 671-684.

[180] Shunko M, Yunes T, Fenu G, Scheller-Wolf A, Tardif V, Tayur S. Product portfolio restructuring: methodology and application at caterpillar. Production and Operations Management, 2018, 27(1): 100-120.

[181] Smith S A, Agrawal N. Management of multi-Item retail inventory systems with demand substitution. Operations Research, 2000, 48(1): 50-64.

[182] Sodhi M S, Tang C S. Research opportunities in supply chain transparency. Production and Operations Management, 2019, 28(12): 2946-2959.

[183] Srinivasan R, Swink M. An investigation of visibility and flexibility as complements to supply chain analytics: An organizational information processing theory perspective. Production and Operations Management, 2018, 27(10): 1849-1867.

[184] Stavrulaki E. Inventory decisions for substitutable products with stock-dependent demand. International Journal of Production Economics, 2011, 129(1): 65-78.

[185] Sunar N, Plambeck E. Allocating emissions among co-products: Implications for procurement and climate policy. Manufacturing & Service Operations Management, 2016, 18(3): 414-428.

[186] Talluri K T, Van Ryzin G J. The Theory and Practice of Revenue Management, Springer, New York, 2005.

[187] Tang C S, Yin R. The implications of costs, capacity, and competition on product line selection. European Journal of Operational Research, 2010, 200(2): 439-450.

[188] Teunter R H, Haneveld W K K. Dynamic inventory rationing strategies for inventory systems with two demand classes, Poisson demand and backordering. European Journal of Operational Research, 2008, 190(1): 156-178.

[189] Thomadsen R. Seeking an expanding competitor: How product line expansion can increase all firms' profits. Journal of Marketing Research, 2012, 49(3): 349-360.

[190] Tomlin B, Wang Y. Pricing and operational recourse in coproduction systems. Management Science, 2008, 54(3): 522-537.

[191] Topkis D M. Supermodularity and complementarity, Princeton university press, 2011.

[192] Transchel S, Bansal S, Deb M. Managing production of high-tech products with high production quality variability. International Journal of Production Research, 2016, 54(6): 1689-1707.

[193] Tsoukalas G, Falk B H. Token-weighted crowdsourcing. Management Science, 2020, 66(9): 3843-3859.

[194] Veinott Jr AF. Optimal policy in a dynamic, single product, nonstationary inventory model with several demand classes. Operations Research, 1965, 13(5): 761-778.

[195] Wang R, Sahin O. The impact of consumer search cost on assortment planning and pricing. Management Science, 2017, 64(8): 3649-3666.

[196] Wang X, Li D. A dynamic product quality evaluation based pricing model for perishable food supply chains. Omega, 2012, 40(6): 906-917.

[197] Wang Z, Zheng Z, Jiang W, Tang S. Blockchain-enabled data sharing in supply chains: Model, operationalization and tutorial. Production and Operations Management, in press, 2021.

[198] Warning M, Key N. The social performance and distributional consequences of contract farming: An equilibrium analysis of the Arachide de Bouche Program in Senegal. World Development, 2002, 30(2): 255-263.

[199] Xie Y, Xie L, Lu M, et al. Performance-price-ratio utility: Market equilibrium analysis and empirical calibration studies. Production and Operations Management, in press, 2020.

[200] Xu H, Yao D D, Zheng S. Optimal control of replenishment and substitute in an inventory system with nonstationary batch demand. Production and Operations Management, 2011, 20(5): 727-736.

[201] Yano C A, Gilbert SM. Coordinated pricing and production/procurement decisions: A review, in Amiya K. Chakravarty, Jehoshua Eliashberg, eds. Managing Business Interfaces, Springer, New York, 2005, 65-103.

[202] Yao S, Zhu K. Combating product label misconduct: The role of traceability and market inspection. European Journal of Operational Research, 2020, 282(2): 559-568.

[203] Yayla-Kullu H M, Parlaktürk A K, Swaminathan J M. Segmentation opportunities for a social planner: Impact of limited resources. Decision Sciences, 2011, 42(1): 275-296.

[204] Yayla-Kullu H M, Parlaktürk A K, Swaminathan JM. Multi-product quality competition: Impact of resource constraints. Production and Operations Management, 2013, 22(3): 603-614.

[205] Yu M C, Goh M. A multi-objective approach to supply chain visibility and risk. European Journal of Operational Research, 2014, 233(1): 125-130.

[206] Yu Y, Shou B, Ni Y, Chen L. Optimal production, pricing, and substitution policies in continuous review production-inventory systems. European Journal of Operational Research, 2017, 260(2): 631-649.

[207] Zhao L, Tian P, Li X. Dynamic pricing in the presence of consumer inertia. Omega, 2012, 40(2): 137-148.

[208] Zhou Z Z, Zhu K X. The effects of information transparency on suppliers, manufacturers, and consumers in online markets. Marketing Science, 2010, 29(6): 1125-1137.

[209] Zipkin P. Foundations of Inventory Management, McGraw-Hill, New York, 2000.

附 录 A

数 学 证 明

引理 3.1

证明:对任意给定的 y_1、y_2 和 $0 \leqslant \alpha \leqslant 1$,令 $y = \alpha y_1 + (1-\alpha) y_2$,则一定存在 $x_1 \leqslant y_1, x_2 \leqslant y_2$ 满足 $g(y_i) = f(x_i, y_i), i = 1, 2$。根据定义可得

$$\begin{aligned} g(y) &= g(\alpha y_1 + (1-\alpha) y_2) \\ &= \sup_{x \leqslant \alpha y_1 + (1-\alpha) y_2} f(x, \alpha y_1 + (1-\alpha) y_2) \\ &\geqslant f(\alpha x_1 + (1-\alpha) x_2, \alpha y_1 + (1-\alpha) y_2) \\ &\geqslant \alpha f(x_1, y_1) + (1-\alpha) f(x_2, y_2) \\ &= \alpha g(y_1) + (1-\alpha) g(y_2) \end{aligned}$$

证毕。

定理 3.1

证明:本定理采用推导的方式证明。显然,$V_T(I_T) = E\{p_T[I_T \wedge D(p_T, r_T)]\}$ 是关于 I_T 的凹函数。现证明 $V_{T-1}(I_{T-1})$ 是关于 I_{T-1} 的凹函数。根据定义有

$$R_{T-1}(I_{T-1}, z_{T-1}) = E\{p_{T-1}[(I_{T-1} - z_{T-1}) \wedge D(p_{T-1}, r_{T-1})]\} - h\theta \cdot z_{T-1} + E[V_T(\theta z_{T-1}) |_{p_{T-1}}]$$

式中,$(I_{T-1} - z_{T-1}) \wedge D(p_{T-1}, r_{T-1})$ 是关于 $(I_{T-1} - z_{T-1})$ 的凹函数,$(I_{T-1} - z_{T-1})$ 是关于 I_{T-1} 与 z_{T-1} 的线性函数。因此,$R_{T-1}(I_{T-1}, z_{T-1})$ 中的第一项是关于 I_{T-1} 与 z_{T-1} 的联合凹函数。$R_{T-1}(I_{T-1}, z_{T-1})$ 中的第二项是关于 z_{T-1} 的线性函数,$E[V_T(\theta z_{T-1}) |_{p_{T-1}}]$ 是关于 z_{T-1} 的凹函数。综上可得,$R_{T-1}(I_{T-1}, z_{T-1})$ 是关于 I_{T-1} 与 z_{T-1} 的联合凹函数。

利用引理 3.1,可知 $V_{T-1}(I_{T-1}) = \sup_{0 \leqslant z_{T-1} \leqslant I_{T-1}} R_{T-1}(I_{T-1}, z_{T-1})$ 是关于 I_{T-1} 的凹函数。令 $z_{T-1}^0(I_{T-1})$ 表示在给定 I_{T-1} 时使 $R_{T-1}(I_{T-1}, z_{T-1})$ 取得最

大值的 z_{T-1}，即 $z_{T-1}^0(I_{T-1})=\text{argmax}R_{T-1}(I_{T-1},z_{T-1})$。利用凹函数的性质可知，当 $z_{T-1} \leqslant z_{T-1}^0(I_{T-1})$ 时，$R_{T-1}(I_{T-1},z_{T-1})$ 是关于 z_{T-1} 的单调递增函数；当 $z_{T-1} > z_{T-1}^0(I_{T-1})$ 时，$R_{T-1}(I_{T-1},z_{T-1})$ 是关于 z_{T-1} 的单调递减函数。所以最优库存分配策略即为 sell-down-to 策略：即若 $I_{T-1} \leqslant z_{T-1}^0(I_{T-1})$，$z_{T-1}^*(I_{T-1})=I_{T-1}$；若 $I_{T-1} > z_{T-1}^0(I_{T-1})$，$z_{T-1}^*(I_{T-1})=z_{T-1}^0(I_{T-1})$。综上分析，定理 3.1 中结论对 $t=T-1$ 成立。

现假设定理 3.1 中结论对 $t+1(1 \leqslant t < T-1)$ 周期成立，根据定义有

$$R_t(I_t,z_t)=E\{p_t[(I_t-z_t)\wedge D(p_t,r_t)]\}-h\theta \cdot z_t+E[V_{t+1}(\theta z_t)|_{p_t}]$$

同上分析，首先可以证明 $R_t(I_t,z_t)$ 是关于 I_t 与 z_t 的凹函数，进而证得 $V_t(I_t)$ 是关于 I_t 的凹函数，且 sell-down-to 策略是最优库存分配策略。

证毕。

定理 3.2

证明：易得 $E\{p_t[(I_t-z_t)\wedge D(p_t,r_t)]\}$ 是关于 I_t 与 z_t 的超模函数 (supermodualr function)，而 $R_t(I_t,z_t)$ 中的第二项与第三项是关于 z_t 的函数，因此 $R_t(I_t,z_t)$ 是关于 I_t 与 z_t 的超模函数。根据 Topkis(1998 年)中的定理 2.8.1，可得 $z_t^0(I_t)$ 是关于 I_t 的非减函数。

证毕。

定理 3.5

证明：本定理采用推导的方式证明。根据定义有

$$V_t(I_t)=p_T\left\{\int_{\underline{\epsilon}}^{I_T-d(p_T,r_T)}[d(p_T,r_T)+u]f(u)\text{d}u+\int_{I_T-d(p_T,r_T)}^{\bar{\epsilon}}I_Tf(u)\text{d}u\right\}$$

式中，$d(p_T,r_T)=a-bp_T-\lambda(p_T-r_T)$。因为 $r_{t+1}=\alpha r_t+(1-\alpha)p_t=\alpha^{t-1}r_1+(1-\alpha)\sum_{i=1}^{t-1}\alpha^{t-1-i}p_i$，可得 $\dfrac{\partial V_t(I_t)}{\partial r_1}=\lambda p_T \cdot \alpha^{T-1}\int_{I_T-d(p_T,r_T)}^{\bar{\epsilon}}f(u)\text{d}u > 0$，即 $V_t(I_t)$ 是关于 r_1 的单调递增函数。

现假设 $V_{t+1}(I_{t+1})$ 是关于 r_1 的单调递增函数，可以得到 $\dfrac{\partial R_t(I_t,z_t)}{\partial r_1}=\lambda \alpha^{t-1} \cdot p_t+\dfrac{\partial E[V_{t+1}(\theta z_t)|_{p_t}]}{\partial r_1} > 0$，因此 $R_t(I_t,z_t)$ 是关于 r_1 的单调递增函数。由于期望运算和求最大值运算并不改变 $R_t(I_t,z_t)$ 关于 r_1 的单调性，即得到 $V_t(I_t)$ 是关于 r_1 的单调递增函数。

证毕。

引理 4.1

证明:本证明类似对引理 3.1 的证明,对于任意给定的 (x_1,y_1) 和 (x_2,y_2),存在 $z_1 \geqslant 0$ 和 $z_2 \geqslant 0$ 满足 $g(x_1,y_1)=f(x_1,y_1,z_1)$,$g(x_2,y_2)=f(x_2,y_2,z_2)$。令 $\lambda \in [0,1]$,可得

$$\begin{aligned}g(\lambda x_1+(1-\lambda)x_2,\lambda y_1+(1-\lambda)y_2) &= \sup_{z \geqslant 0} f(\lambda x_1+(1-\lambda)x_2,\lambda y_1+(1-\lambda)y_2,z) \\ &\geqslant f(\lambda x_1+(1-\lambda)x_2,\lambda y_1+(1-\lambda)y_2, \\ & \quad \lambda z_1+(1-\lambda)z_2) \\ &\geqslant \lambda f(x_1,y_1,z_1)+(1-\lambda)f(x_2,y_2,z_2) \\ &= \lambda g(x_1,y_1)+(1-\lambda)g(x_2,y_2)\end{aligned}$$

式中,$f(x_1,y_1,z_1)$ 凹函数的性质保证了第二个等式成立。因此引理 4.1 成立。

证毕。

引理 4.2

证明:根据 Topkis(1998 年)可知,$f(x,y,z)$ 是关于 (x,y,z) 的子模函数等价于 $f(x,y,z)$ 是关于 (x,y,z) 中任意两个参数的子模函数,由此证得引理 4.2。

证毕。

定理 4.1

证明:(1)令 $R_t(z_t^i)=(r_i+p_i)z_t^i-(r_i+h_i+p_i) \cdot \int_0^{z_t^i} F_i(y)\mathrm{d}y - p_i \bar{D}_t^i$,可得

$$R_t(x_t^1,x_t^2,q_t)=\sum_{i=1}^2 R_t(x_t^i+\theta_i q_t)-cq_t$$

易证明 $R_t(z_t^i)$ 是关于 z_t^i 的凹函数,其中 $z_t^i=x_t^i+\theta_i q_t$,进而可得 $R_t(x_t^i+\theta_i q_t)$ 是关于 (x_t^i,q_t) 的联合凹函数,$R_t(x_t^1,x_t^2,q_t)$ 是关于 (x_t^1,x_t^2,q_t) 的联合凹函数。

现在开始利用数学归纳法证明 $V_t(x_t^1,x_t^2)$ 是关于 (x_t^1,x_t^2) 的联合凹函数。显然可得,$V_{T+1}(x_{T+1}^1,x_{T+1}^2)=\sum_{i=1}^2 s_i x_{T+1}^i$ 是关于 (x_{T+1}^1,x_{T+1}^2) 的联合凹函数。现假设对于 $t=1,2,\cdots,T-1$,$V_{t+1}(x_{t+1}^1,x_{t+1}^2)$ 是关于 (x_{t+1}^1,x_{t+1}^2) 的联合凹函数。因为 $x_{t+1}^i=x_t^i+\theta_i q_t-D_t^i$,所以 $V_{t+1}(x_{t+1}^1,x_{t+1}^2)$ 是关于 (x_t^1,x_t^2,q_t) 的联合凹函数。因为已证得 $R_t(x_t^1,x_t^2,q_t)$ 是关于 (x_t^1,x_t^2,q_t) 的联合凹函数,可得 $\Pi_t(x_t^1,x_t^2,q_t)$ 是关于 (x_t^1,x_t^2,q_t) 的联合凹函数。再由引理 4.1 可知,$V_t(x_t^1,x_t^2)$ 是关于 (x_t^1,x_t^2) 的联合凹函数。

综上分析,对于所有的 $t=1,2,\cdots,T$,$V_t(x_t^1,x_t^2)$ 是关于 (x_t^1,x_t^2) 的联合凹函数。

(2)现在证明 $V_t(x_t^1, x_t^2)$ 是关于 (x_t^1, x_t^2) 的子模函数,同样采用数学归纳法。显然可得 $V_{T+1}(x_{T+1}^1, x_{T+1}^2) = \sum_{i=1}^{2} s_i x_{T+1}^i$ 是关于 (x_{T+1}^1, x_{T+1}^2) 的子模函数,现假设对于 $t=1,2,\cdots,T-1$,$V_{t+1}(x_{t+1}^1, x_{t+1}^2)$ 是关于 (x_{t+1}^1, x_{t+1}^2) 的子模函数。通过计算可知

$$\Pi_t(x_t^1+1, x_t^2, q_t+1) - \Pi_t(x_t^1+1, x_t^2, q_t)$$
$$= \sum_{i=1}^{2} \theta_i(r_i + p_i) - c - (r_1 + h_1 + p_1) \int_{z_t^1+1}^{z_t^1+1+\theta_1} F_1(y) \mathrm{d}y - (r_2 + h_2 + p_2)$$
$$\int_{z_t^2}^{z_t^2+\theta_2} F_2(y) \mathrm{d}y + \alpha[V_{t+1}(x_{t+1}^1+1+\theta_1, x_{t+1}^2+\theta_2) - V_{t+1}(x_{t+1}^1+1, x_{t+1}^2)]$$

$$\Pi_t(x_t^1, x_t^2, q_t+1) - \Pi_t(x_t^1, x_t^2, q_t)$$
$$= \sum_{i=1}^{2} \theta_i(r_i + p_i) - c - (r_1 + h_1 + p_1) \int_{z_t^1}^{z_t^1+\theta_1} F_1(y) \mathrm{d}y - (r_2 + h_2 + p_2)$$
$$\int_{z_t^2}^{z_t^2+\theta_2} F_2(y) \mathrm{d}y + \alpha[V_{t+1}(x_{t+1}^1+\theta_1, x_{t+1}^2+\theta_2) - V_{t+1}(x_{t+1}^1, x_{t+1}^2)]$$

式中,$z_t^i = x_t^i + \theta_i q_t$,$x_{t+1}^i = x_t^i + \theta_i q_t - D_t^i$,$i=1,2$。

因为 $V_{t+1}(x_{t+1}^1, x_{t+1}^2)$ 是关于 (x_{t+1}^1, x_{t+1}^2) 的子模函数,以下等式成立
$$V_{t+1}(x_{t+1}^1+1+\theta_1, x_{t+1}^2+\theta_2) - V_{t+1}(x_{t+1}^1+1, x_{t+1}^2)$$
$$\leqslant V_{t+1}(x_{t+1}^1+\theta_1, x_{t+1}^2+\theta_2) - V_{t+1}(x_{t+1}^1, x_{t+1}^2)$$

进而可得
$$\Pi_t(x_t^1+1, x_t^2, q_t+1) - \Pi_t(x_t^1+1, x_t^2, q_t) \leqslant \Pi_t(x_t^1, x_t^2, q_t+1) - \Pi_t(x_t^1, x_t^2, q_t)$$

即 $\Pi_t(x_t^1, x_t^2, q_t)$ 是关于 (x_t^1, q_t) 的子模函数。类似的,可以证得
$$\Pi_t(x_t^1+1, x_t^2+1, q_t) - \Pi_t(x_t^1+1, x_t^2, q_t) \leqslant \Pi_t(x_t^1, x_t^2+1, q_t) - \Pi_t(x_t^1, x_t^2, q_t)$$

即 $\Pi_t(x_t^1, x_t^2, q_t)$ 是关于 (x_t^1, x_t^2) 的子模函数。最终得到 $\Pi_t(x_t^1, x_t^2, q_t)$ 是关于 (x_t^1, x_t^2),(x_t^1, q_t) 和 (x_t^2, q_t) 的子模函数。由引理 4.2 可知,$\Pi_t(x_t^1, x_t^2, q_t)$ 在凸集 $\{(x_t^1, x_t^2, q_t): q_t \geqslant 0\}$ 上是关于 (x_t^1, x_t^2, q_t) 的子模函数。再由 Topkis(1998 年)中定理 2.7.6:子模性质在最大化计算下仍然成立。最终可得,$V_t(x_t^1, x_t^2) = \sup_{q_t \geqslant 0} \Pi_t(x_t^1, x_t^2, q_t)$ 是关于 (x_t^1, x_t^2) 的子模函数。

证毕。

性质 4.1

证明:由定理 4.1 的证明中可知,$\Pi_t(x_t^1, x_t^2, q_t)$ 在凸集 $\{(x_t^1, x_t^2, q_t): q_t \geqslant 0\}$ 上是关于 (x_t^1, x_t^2, q_t) 的子模函数。由 Topkis(1998 年)中定理 2.8.2 知 $q_t^*(x_t^1, x_t^2) = \mathrm{argmax}_{q_t \geqslant 0} \Pi_t(x_t^1, x_t^2, q_t)$ 是关于 x_t^1 和 x_t^2 的非增函数。

证毕。

定理 4.2

证明：由定理 4.1 可知，$V_{t+1}(x^1_{t+1},x^2_{t+1})$ 是关于 (x^1_{t+1},x^2_{t+1}) 的联合凹函数。因为 $x^1_{t+1}=z^1_t-D^i_t$，$z^2_t=x^2_t+\dfrac{\theta_2(z^1_t-x^1_t)}{\theta_1}$，立即可得 $V_{t+1}(x^1_{t+1},x^2_{t+1})$ 是关于 (x^1_t,x^2_t,z^1_t) 的联合凹函数。此外，已经在定理 4.1 中证得 $R_t(x^1_t,x^2_t,q_t)$ 是关于 (x^1_t,x^2_t,q_t) 的联合凹函数，其中 $q_t=\dfrac{z^1_t-x^1_t}{\theta_1}$。因此，$R_t(x^1_t,x^2_t,z^1_t)$ 是关于 (x^1_t,x^2_t,z^1_t) 的联合凹函数，最终证得 $\Pi_t(x^1_t,x^2_t,z^1_t)=R_t(x^1_t,x^2_t,z^1_t)+\alpha V_{t+1}(x^1_{t+1},x^2_{t+1})$ 是关于 (x^1_t,x^2_t,z^1_t) 的联合凹函数。

证毕。

性质 4.2

证明：对于 $t=T$，

$$\Pi_T(x^1_T,x^2_T,z^1_T)=\sum_{i=1}^{2}\left[(r_i+p_i)z^i_T-(r_i+h_i+p_i)\int_0^{z^1_T}F_i(y)\mathrm{d}y-p_i\overline{D}^i_T\right]-$$
$$c\cdot\dfrac{z^1_T-x^1_T}{\theta_1}+\alpha\cdot E[V_{T+1}(x^1_{T+1},x^2_{T+1})]$$

式中，$z^2_T=x^2_T+\dfrac{\theta_2(z^1_T-x^1_T)}{\theta_1}$。对于任意足够小的 $\sigma>0$，存在 $M_i<+\infty$ 使得 $F_i(M_i)=1-\sigma$，可得

$$\lim_{z^1_T\to+\infty}-(r^i_T+h_i+p_i)\int_0^{z^i_T}F_i(y)\mathrm{d}y$$
$$=-(r^i_T+h_i+p_i)\int_0^{M_i}F_i(y)\mathrm{d}y-\lim_{z^1_T\to+\infty}(r^i_T+h_i+p_i)\int_{M_i}^{z^i_T}F_i(y)\mathrm{d}y$$
$$\leqslant-(r^i_T+h_i+p_i)\int_0^{M_i}F_i(y)\mathrm{d}y-(r^i_T+h_i+p_i)(1-\sigma)\cdot\lim_{z^1_T\to+\infty}(z^i_T-M_i)$$

因此

$$\lim_{z^1_T\to+\infty}\Pi_T(x^1_T,x^2_T,z^1_T)$$
$$\leqslant\lim_{z^1_T\to+\infty}\left\{\sum_{i=1}^{2}[\sigma(r^i_T+h_i+p_i)-h_i+\alpha s_i]\cdot z^i_T-\dfrac{cz^1_T}{\theta_1}\right\}+\dfrac{cx^1_T}{\theta_1}+$$
$$\sum_{i=1}^{2}\left\{-(r^i_T+h_i+p_i)\left[\int_0^{M_i}F_i(y)\mathrm{d}y+(1-\sigma)M_i\right]-(p_i+\alpha s_i)\overline{D}^i_T\right\}$$

注意到

$$\lim_{z^1_T\to+\infty}\left\{\sum_{i=1}^{2}[\sigma(r^i_T+h_i+p_i)-h_i+\alpha s_i]\cdot z^i_T-\dfrac{cz^1_T}{\theta_1}\right\}$$

$$= \lim_{z_T^1 \to +\infty} z_T^1 \cdot \frac{-\sum_{i=1}^{2}[(c+\theta_i h_i - \alpha\theta_i s_i) - \sigma(r_T^i + h_i + p_i)]}{\theta_1} +$$

$$\frac{[\sigma(r_T^2 + h_2 + p_2) - h_2 + \alpha s_2] \cdot (\theta_1 x_T^2 - \theta_2 x_T^1)}{\theta_1}$$

$$= -\infty$$

式中,$c > \sum_{i=1}^{2} \theta_i s_i$ 且 σ 值足够小,意味着 $\lim_{z_T^1 \to +\infty} \Pi_T(x_T^1, x_T^2, z_T^1) = -\infty$。类似可得

$$\lim_{z_T^1 \to -\infty} \Pi_T(x_T^1, x_T^2, z_T^1)$$

$$= \lim_{z_T^1 \to -\infty} \sum_{i=1}^{2} \left[(r_T^i + p_i) z_T^i - p_i \overline{D}_T^i - c \cdot \frac{z_T^1 - x_T^1}{\theta_1} + \alpha s_i \cdot (z_T^i - \overline{D}_T^i) \right]$$

$$= -\sum_{i=1}^{2}(p_i + \alpha s_i) \overline{D}_T^i + \frac{cx_T^1}{\theta_1} + \lim_{z_T^1 \to -\infty} \left[\sum_{i=1}^{2} (r_T^i + p_i + \alpha s_i) z_T^i - \frac{cz_T^1}{\theta_1} \right]$$

$$= -\sum_{i=1}^{2}(p_i + s_i) \overline{D}_T^i + \frac{(r_T^2 + p_2 + \alpha s_2)(\theta_1 x_T^2 - \theta_2 x_T^1) + cx_T^1}{\theta_1} + \lim_{z_T^1 \to -\infty} z_T^1 \cdot$$

$$\frac{\sum_{i=1}^{2} \theta_i (r_T^i + p_i + \alpha s_i) - c}{\theta_1}$$

$$= -\infty$$

式中,$\sum_{i=1}^{2} \theta_i (r_t^i + p_i + \alpha s_i) > \sum_{i=1}^{2} \theta_i (r_t^i + p_i - h_i) > c$。因此,对于任意给定的 $(x_T^1, x_T^2), z_T^{1*}$ 是有限值,且当 $x_T^1, x_T^2 \to \infty$(or $-\infty$)时,$V_T(x_T^1, x_T^2) \to -\infty$。

现假设对于任意给定的 $(x_t^1, x_t^2), z_t^{1*}$ 取有限值($t=2, \cdots, T$),且当 $x_t^1, x_t^2 \to \infty$(or $-\infty$)时 $V_t(x_t^1, x_t^2) \to -\infty$。注意到

$$\Pi_{t-1}(x_{t-1}^1, x_{t-1}^2, z_{t-1}^1) = \sum_{i=1}^{2} \left[(r_{t-1}^i + p_i) z_{t-1}^i - (r_{t-1}^i + h_i + p_i) \int_0^{z_{t-1}^i} F_i(y) dy - p_i \overline{D}_{t-1}^i \right] -$$

$$c \cdot \frac{z_{t-1}^1 - x_{t-1}^1}{\theta_1} + \alpha \cdot E[V_t(x_t^1, x_t^2)]$$

类似上述分析,可得

$$\lim_{z_{t-1}^1 \to +\infty} \Pi_{t-1}(x_{t-1}^1, x_{t-1}^2, z_{t-1}^1)$$

$$\leq \lim_{z_{t-1}^1 \to +\infty} \left\{ \sum_{i=1}^{2} [\sigma(r_{t-1}^i + h_i + p_i) - h_i] z_{t-1}^i - \frac{cz_{t-1}^1}{\theta_1} \right\} + \lim_{z_{t-1}^1 \to +\infty} \alpha \cdot E[V_t(x_t^1, x_t^2)] + \frac{cx_{t-1}^1}{\theta_1} +$$

$$\sum_{i=1}^{2}\left\{-(r_{t-1}^i+h_i+p_i)\left[\int_0^{M_i}F_i(y)\mathrm{d}y+(1-\sigma)M_i\right]-p_i\overline{D}_t^i\right\}$$
$$=-\infty$$

式中，$\sigma(r_i+h_i+p_i)-h_i<0$，$\lim\limits_{z_{t-1}^1\to+\infty}\alpha\cdot E[V_t(x_t^1,x_t^2)]=-\infty$。还可得到

$$\lim_{z_{t-1}^1\to-\infty}\Pi_{t-1}(x_{t-1}^1,x_{t-1}^2,z_{t-1}^1)$$
$$=-\sum_{i=1}^{2}p_i\overline{D}_{t-1}^i+\frac{cx_{t-1}^1}{\theta_1}+\lim_{z_{t-1}^1\to-\infty}\sum_{i=1}^{2}\left[(r_{t-1}^i+p_i)z_{t-1}^1-\frac{cz_{t-1}^1}{\theta_1}\right]+\alpha\cdot\lim_{z_{t-1}^1\to-\infty}E[V_t(x_t^1,x_t^2)]$$
$$=-\sum_{i=1}^{2}p_i\overline{D}_{t-1}^i+\frac{cx_{t-1}^1}{\theta_1}+(r_{t-1}^2+p_2)\cdot\frac{\theta_1 x_{t-1}^2-\theta_2 x_{t-1}^1}{\theta_1}+\lim_{z_{t-1}^1\to-\infty}z_{t-1}^1\cdot\frac{\sum_{i=1}^{2}\theta_i(r_{t-1}^i+p_i)-c}{\theta_1}+\alpha\cdot\lim_{z_{t-1}^1\to-\infty}E[V_t(x_t^1,x_t^2)]$$
$$=-\infty$$

因此，z_{t-1}^{1*} 也是有限值，且当 $x_{t-1}^1,x_{t-1}^2\to\infty(\text{or}-\infty)$ 时，$V_{t-1}(x_{t-1}^1,x_{t-1}^2)\to-\infty$。

综上所述，证得性质 4.2。

证毕。

证明定理 4.3 前，定义函数 $\Delta\Pi_t(x_t^1,x_t^2,z_t^1)=\Pi_t(x_t^1,x_t^2,z_t^1+\theta_1)-\Pi_t(x_t^1,x_t^2,z_t^1)$，刻画了：当生产加工商期初库存为 (x_t^1,x_t^2) 时，再多生产加工 1 单位原材料所带来的边际期望收益，可得

$$\Delta\Pi_t(x_t^1,x_t^2,z_t^1)=\sum_{i=1}^{2}\left[\theta_i(r_i+p_i)-(r_i+h_i+p_i)\int_{z_t^i}^{z_t^i+\theta_i}F_i(y)\mathrm{d}y\right]-c+\alpha\cdot E[V_{t+1}(x_{t+1}^1+\theta_1,x_{t+1}^2+\theta_2)-V_{t+1}(x_{t+1}^1,x_{t+1}^2)]$$

(A-1)

首先介绍以下引理。

引理 4.3 对于所有的 (x_t^1,x_t^2)，$t=1,2,\cdots,T$：

(1) 若 $z_t^{1*}=x_t^1$，则 $V_t(x_t^1+\theta_1,x_t^2+\theta_2)-V_t(x_t^1,x_t^2)<c$；

(2) 若 $z_t^{1*}>x_t^1$，则 $V_t(x_t^1+\theta_1,x_t^2+\theta_2)-V_t(x_t^1,x_t^2)=c$。

证明：令 $z_t^{1*'}$ 表示期初库存为 $(x_t^1+\theta_1,x_t^2+\theta_2)$ 时的最优策略，则一定有 $z_t^{1*'}\geqslant z_t^{1*}$，且仅当 $z_t^{1*}>x_t^1$ 时取得等号。现在考虑以下两种情况：

(1) 若 $z_t^{1*}=x_t^1$，则有 $z_t^{1*'}=x_t^1+\theta_1>x_t^1=z_t^{1*}$，可得

$$V_t(x_t^1+\theta_1, x_t^2+\theta_2)-V_t(x_t^1, x_t^2)$$
$$=\Pi_t(x_t^1+\theta_1, x_t^2+\theta_2, z_t^{1*'}=x_t^1+\theta_1)-\Pi_t(x_t^1, x_t^2, z_t^{1*}=x_t^1)<$$
$$\Pi_t(x_t^1+\theta_1, x_t^2+\theta_2, z_t^{1*'}=x_t^1+\theta_1)-\Pi_t(x_t^1, x_t^2, z_t^{1*}=x_t^1+\theta_1)$$
$$=c$$

(2) 若 $z_t^{1*}>x_t^1$,则有 $z_t^{1*'}=z_t^{1*}$,可得
$$V_t(x_t^1+\theta_1, x_t^2+\theta_2)-V_t(x_t^1, x_t^2)=\Pi_t(x_{t+1}^1+\theta_1, x_{t+1}^2+\theta_2, z_t^{1*})-\Pi_t(x_t^1, x_t^2, z_t^{1*})=c$$
综上所述,证得此引理。

证毕。

定理 4.3

证明:由定理 4.2 可知 $\Pi_t(x_t^1, x_t^2, z_t^1)$ 是关于 (x_t^1, x_t^2, z_t^1) 的联合凹函数,$\Delta\Pi_t(x_t^1, x_t^2, z_t^1)$ 是关于 z_t^1 的非增函数。若 $z_t^1 \to -\infty$,则有 $z_t^2=\left(x_t^2+\dfrac{\theta_2(z_t^1-x_t^1)}{\theta_1}\right)\to -\infty$;因此,若 $z_t^1\to -\infty$,则 $x_{t+1}^i(=z_t^i-D_t^i)\to -\infty, i=1,2$。进而可得

$$\max\Delta\Pi_t(x_t^1, x_t^2, z_t^1)=\lim_{z_t^1\to -\infty}\Delta\Pi_t(x_t^1, x_t^2, z_t^1)=\sum_{i=1}^2\theta_i(r_t^i+p_i)-c+\alpha c>0$$

式中,由引理 4.3 可知 $\lim\limits_{z_t^1\to -\infty}[V_{t+1}(x_{t+1}^1+\theta_1, x_{t+1}^2+\theta_2)-V_{t+1}(x_{t+1}^1, x_{t+1}^2)]=c$。同样地,

$$\min\Delta\Pi_t(x_t^1, x_t^2, z_t^1)=\lim_{z_t^1\to +\infty}\Delta\Pi_t(x_t^1, x_t^2, z_t^1)$$
$$=-\sum_{i=1}^2\theta_i h_i-c+\alpha\cdot\lim_{z_t^1\to +\infty}[V_{t+1}(x_{t+1}^1+\theta_1, x_{t+1}^2+\theta_2)-V_{t+1}(x_{t+1}^1, x_{t+1}^2)]$$
$$<-\sum_{i=1}^2\theta_i h_i-c(1-\alpha)<0$$

式中,由引理 4.3 可知 $\lim\limits_{z_t^1\to +\infty}[V_{t+1}(x_{t+1}^1+\theta_1, x_{t+1}^2+\theta_2)-V_{t+1}(x_{t+1}^1, x_{t+1}^2)]<c$。

由上述分析可知,存在唯一有限的 z_t^1 值使得 $\Delta\Pi_t(x_t^1, x_t^2, z_t^1)=0$。令 $z_t^{1\circ}(x_t^1, x_t^2)=\arg\max_{z_t^1}\Pi_t(x_t^1, x_t^2, z_t^1)$,则有:当 $z_t^{1\circ}(x_t^1, x_t^2)\leqslant x_t^1$ 时,对于所有的 $z_t^1\geqslant x_t^1$,因此 $z_t^{1*}=x_t^1$;否则,当 $z_t^1\leqslant z_t^{1\circ}(x_t^1, x_t^2)(z_t^1>z_t^{1\circ}(x_t^1, x_t^2))$,有 $\Delta\Pi_t(x_t^1, x_t^2, z_t^1)\geqslant 0$ ($\Delta\Pi_t(x_t^1, x_t^2, z_t^1)<0$),因此 $z_t^{1*}=z_t^{1\circ}(x_t^1, x_t^2)$。

综上所述,得到
$$z_t^{1*}=\begin{cases}x_t^1, & z_t^{1\circ}(x_t^1, x_t^2)\leqslant x_t^1\\ z_t^{1\circ}(x_t^1, x_t^2), & \text{其他}\end{cases}$$

即:如果产品 1 的期初库存 x_t^1 低于 z_t^{1*},那么生产加工商需要采购与加工原材料使产品 1 的库存水平达到 z_t^{1*};否则,生产加工商无须进行生产加工。由此可见,生产加工商的最优生产加工策略是"生产上限策略"。

证毕。

性质 4.3

证明：定义函数 $\varphi_{t+1}(x^1_{t+1}, x^2_{t+1}) = V_{t+1}(x^1_{t+1} + \theta_1, x^2_{t+1} + \theta_2) - V_t(x^1_{t+1}, x^2_{t+1})$，刻画了在本周期多采购与加工 1 单位原材料对下一周期期望边际收益的影响。由引理 4.3 可知，对于 $t = 1, 2, \cdots, T-1$，$\varphi_{t+1}(x^1_{t+1}, x^2_{t+1}) \leqslant c$。如果第 $t+1$ 周期的期初状态是 (x^1_{t+1}, x^2_{t+1})，且假设在最优策略下该周期不采购和加工任何原材料，则有

$$\varphi_{t+1}(x^1_{t+1}, x^2_{t+1})$$
$$= \Pi_{t+1}(x^1_{t+1} + \theta_1, x^2_{t+1} + \theta_2, z_{t+1} = x^1_{t+1} + \theta_1) - \Pi_{t+1}(x^1_{t+1}, x^2_{t+1}, z_{t+1} = x^1_{t+1})$$
$$= \sum_{i=1}^{2} \left[\theta_i (r^i_{t+1} + p_i) - (r^i_{t+1} + h_i + p_i) \int_{z^i_t - \overline{D}^i_t}^{z^i_t - \overline{D}^i_t + \theta_i} F_i(y) \mathrm{d}y \right] + \alpha \cdot \varphi_{t+2}(x^1_{t+2}, x^2_{t+2})$$

式中，$x^i_{t+2} = z^i_t - \sum_{l=t}^{t+1} \overline{D}^i_l$。类似的，假设生产加工商在最优策略下，首个原材料采购订单发生在第 U 周期，$t+1 \leqslant U \leqslant T$，可得

$$\varphi_{U-1}(x^1_{U-1}, x^2_{U-1})$$
$$= \Pi_{U-1}(x^1_{U-1} + \theta_1, x^2_{U-1} + \theta_2, z^1_{U-1} = x^1_{U-1} + \theta_1) - \Pi_{U-1}(x^1_{U-1}, x^2_{U-1}, z^1_{U-1} = x^1_{U-1})$$
$$= \sum_{i=1}^{2} \left[\theta_i (r^i_{U-1} + p_i) - (r^i_{U-1} + h_i + p_i) \int_{z^i_t - \sum_{k=t-1}^{U-2} \overline{D}^i_k}^{z^i_t - \sum_{k=t-1}^{U-2} \overline{D}^i_k + \theta_i} F_i(y) \mathrm{d}y \right] + \alpha \cdot c$$

式中，$x^1_U = z^i_t - \sum_{k=t}^{U-1} D^i_k$，$\overline{D}^i_{t-1} = 0$，$\varphi_U(x^1_U, x^2_U) = c$。因为 $z^{1^\circ}_t(x^1_t, x^2_t)$ 由等式 (A-1) 唯一确定，且与 z^{1*}_t 具有相同的性质，可得

$$\sum_{i=1}^{2} \sum_{l=t}^{U-1} \alpha^{l-t} \left[\theta_i (r^i_l + p_i) - (r^i_l + h_i + p_i) \int_{z^{i^\circ}_t - \sum_{k=t-1}^{l-1} \overline{D}^i_k}^{z^{i^\circ}_t - \sum_{k=t-1}^{l-1} \overline{D}^i_k + \theta_i} F_i(y) \mathrm{d}y \right] = (1 - \alpha^{U-t}) c$$

(A-2)

现定义 $A_i = (r_i + h_i + p_i) \left[F_i \left(z^{i^\circ}_t - \sum_{k=t-1}^{l-1} \overline{D}^i_k + \theta_i \right) - F_i \left(z^{i^\circ}_t - \sum_{k=t-1}^{l-1} \overline{D}^i_k \right) \right]$，$i = 1, 2$。其中 $z^{2^\circ}_t = x^2_t + \dfrac{\theta_2 (z^{1^\circ}_t - x^1_t)}{\theta_1}$。对等式 (A-2) 两边分别关于 $z^{1^\circ}_t$ 对 x^1_t、x^2_t、r_i、p_i 以及 h_i 求导，可得

$$\frac{\partial z_t^{1°}}{\partial x_t^1} = \frac{\sum_{l=t}^{U-1}(\alpha^{l-t} \cdot \theta_2 A_l^2)}{\sum_{l=t}^{U-1}[\alpha^{l-t} \cdot (\theta_1 A_l^1 + \theta_2 A_l^2)]} > 0$$

$$\frac{\partial z_t^{1°}}{\partial x_t^2} = -\frac{\sum_{l=t}^{U-1}(\alpha^{l-t} \cdot \theta_1 A_l^2)}{\sum_{l=t}^{U-1}[\alpha^{l-t} \cdot (\theta_1 A_l^1 + \theta_2 A_l^2)]} < 0$$

$$\theta_i - \int_{z_t^{i°}}^{z_t^{i°}+\theta_i} F_i(y)\mathrm{d}y = \frac{\partial z_t^{1°}}{\partial r_t^i} \cdot \sum_{i=1}^{2}\sum_{l=t}^{U-1}\left(\alpha^{l-t} \cdot \frac{\theta_i A_l^i}{\theta_1}\right)$$

$$\sum_{l=t}^{U-1}\left[\alpha^{l-t} \cdot \left(\theta_i - \int_{z_t^{i°}-\sum_{k=t-1}^{l-1}\overline{D}_k^i}^{z_t^{i°}-\sum_{k=t-1}^{l-1}\overline{D}_k^i+\theta_i} F_i(y)\mathrm{d}y\right)\right] = \frac{\partial z_t^{1°}}{\partial p_i} \cdot \sum_{i=1}^{2}\sum_{l=t}^{U-1}\left(\alpha^{l-t} \cdot \frac{\theta_i A_l^i}{\theta_1}\right)$$

$$-\sum_{l=t}^{U-1}\left(\alpha^{l-t} \cdot \int_{z_t^{i°}-\sum_{k=t-1}^{l-1}\overline{D}_k^i}^{z_t^{i°}-\sum_{k=t-1}^{l-1}\overline{D}_k^i+\theta_i} F_i(y)\mathrm{d}y\right) = \frac{\partial z_t^{1°}}{\partial h_i} \cdot \sum_{i=1}^{2}\sum_{l=t}^{U-1}\left(\alpha^{l-t} \cdot \frac{\theta_i A_l^i}{\theta_1}\right)$$

注意到,$\theta_i - \int_{z_t^{i°}-\sum_{k=t-1}^{l-1}\overline{D}_k^i}^{z_t^{i°}-\sum_{k=t-1}^{l-1}\overline{D}_k^i+\theta_i} F_i(y)\mathrm{d}y \geqslant 0$,进而可得 $\frac{\partial z_t^{i*}}{\partial r_i} \geqslant 0$, $\frac{\partial z_t^{i*}}{\partial p_i} \geqslant 0$, $\frac{\partial z_t^{i*}}{\partial h_i} \leqslant 0$。

证毕。

推论 4.1

证明:由引理 4.3 可知

$$\Delta \Pi_t(x_t^1, x_t^2, z_t^1) \leqslant \sum_{i=1}^{2}\left[\theta_i(r_i + p_i) - (r_i + h_i + p_i)\int_{z_t^i}^{z_t^i+\theta_i} F_i(y)\mathrm{d}y\right] - (1-\alpha)c$$

$$\leqslant \sum_{i=1}^{2}\left[\theta_i(r_i + p_i) - (r_i + h_i + p_i)\int_{x_t^i}^{x_t^i+\theta_i} F_i(y)\mathrm{d}y\right] - (1-\alpha)c$$

式中,第二个等式成立是因为 $z_t^i \geqslant x_t^i$,由此可得

如果 $\sum_{i=1}^{2}\left[\theta_i(r_i + p_i) - (r_i + h_i + p_i)\int_{x_t^i}^{x_t^i+\theta_i} F_i(y)\mathrm{d}y\right] \leqslant (1-\alpha)c$,那么对于所有的 $z_t^i \geqslant x_t^i$ 均有 $\Delta \Pi_t(x_t^1, x_t^2, z_t^1) \leqslant 0$,即 $z_t^{1*} = x_t^1$。

证毕。

定理 4.4

定理 4.4 证明过程与定理 4.1 证明过程相似,此处略去。

定理 4.5

定理 4.5 证明过程与定理 4.3 类似。首先定义函数

$$\Delta \Pi_t^L(x_t^1, x_t^2, z_t^1) = \Pi_t^L(x_t^1, x_t^2, z_t^1 + \theta_1) - \Pi_t^L(x_t^1, x_t^2, z_t^1)$$

$$= \alpha^L \cdot \left\{ \sum_{i=1}^{2} \{\theta_i [(1-\alpha)r_i + p_i] - [(1-\alpha)r_i + h_i + p_i] \right.$$

$$\left. \int_{z_t^i}^{z_t^i + \theta_i} K_i(y) \mathrm{d}y \} - c \right\} + \alpha \cdot E[V_{t+1}^L(x_{t+1}^1 + \theta_1, x_{t+1}^2 + \theta_2) -$$

$$V_{t+1}^L(x_{t+1}^1, x_{t+1}^2)] \tag{A-3}$$

类似于引理 4.3,可以证明 $V_{t+1}^L(x_{t+1}^1 + \theta_1, x_{t+1}^2 + \theta_2) - V_{t+1}^L(x_{t+1}^1, x_{t+1}^2) \leqslant \alpha^L c$。然后可以得到 $\lim_{z_t^1 \to -\infty} \Delta \Pi_t^L(x_t^1, x_t^2, z_t^1) > 0$ 和 $\lim_{z_t^1 \to +\infty} \Delta \Pi_t^L(x_t^1, x_t^2, z_t^1) < 0$,意味着存在唯一有限的 $z_t^{1L°}(x_t^1, x_t^2) = \arg\max_{z_t^1} \Pi_t^L(x_t^1, x_t^2, z_t^1)$,因为由凹性可知 $\Delta \Pi_t^L(x_t^1, x_t^2, z_t^1)$ 是关于 z_t^1 的非增函数。因为 $z_t^{1L*} \geqslant x_t^1$,可得:若 $z_t^{1L°}(x_t^1, x_t^2) > x_t^1$,则 $z_t^{1L*} = z_t^{1L°}(x_t^1, x_t^2)$;若 $z_t^{1L°}(x_t^1, x_t^2) \leqslant x_t^1$,则 $z_t^{1L*} = x_t^1$。

证毕。

性质 4.4

证明:性质 4.4 的证明过程类似与性质 4.3。定义函数

$$\varphi_{t+1}^L(x_{t+1}^1, x_{t+1}^2) = V_{t+1}^L(x_{t+1}^1 + \theta_1, x_{t+1}^2 + \theta_2) - V_{t+1}^L(x_{t+1}^1, x_{t+1}^2)$$

刻画了在当前周期多采购与加工 1 单位原材料对下一周期期望边际收益的影响。对于所有的 $t=1,2,\cdots,T-1$,均有 $\varphi_{t+1}^L(x_{t+1}^1, x_{t+1}^2) \leqslant \alpha^L \cdot c$,且等式仅在 $z_t^{1L*} > x_t^1$ 成立。若第 $t+1$ 周期的期初状态为 (x_{t+1}^1, x_{t+1}^2),且在最优策略下生产加工商的首个原材料采购订单发生在第 U 周期,$t+1 \leqslant U \leqslant T$,则有 $\varphi_U^L(x_U^1, x_U^2) = \alpha^L \cdot c$。$z_t^{1L°}(x_t^1, x_t^2)$ 由等式(A-3)唯一确定,且与 z_t^{1L*} 具有相同性质。进而可以得到

$$\sum_{i=1}^{2} \sum_{l=t}^{U-1} \alpha^{L+l-t} \left\{ [\theta_i(1-\alpha)r_{L+l}^i + p_i] - [(1-\alpha)r_{L+l}^i + h_i + p_i] \right.$$

$$\left. \int_{z_t^{iL°} - \sum_{m=t-1}^{l-1} \overline{D}_m^i}^{z_t^{iL°} - \sum_{m=t-1}^{l-1} \overline{D}_m^i + \theta_i} K_i(y) \mathrm{d}y \right\} = (\alpha^L - \alpha^{L+U-t})c \tag{A-4}$$

式中,$\overline{D}_{t-1}^i = 0$。对等式(A-4)两边关于 $z_t^{L°}$ 对各参数求导即可得到结果。

证毕。

推论 4.2

推论 4.2 证明过程与推论 4.1 证明过程相似,此处略去。

定理 4.6

证明:本证明借鉴了 Nagarajan 和 Rajagopalan(2008 年)定理 3.3 中的证明方法。

首先定义函数

$$T(z_1,x_1,x_2,V)=R(x_1,x_2,z_1)+\alpha \cdot V\left(z_1-\overline{D}_1,x_2+\frac{\theta_2(z_1-x_1)}{\theta_1}-\overline{D}_2\right)$$

则有,$V(x_1,x_2)=\sup\limits_{z_1 \geqslant x_1} T(z_1,x_1,x_2,V)$。令 $V_m(x_1,x_2)$ 为连续有界函数,其中 m 为充分大值。在有限周期模型中,有

$$V_n(x_n^1,x_n^2)=\sup\limits_{z_n^1 \geqslant x_n^1}[R_n(x_n^1,x_n^2,z_n^1)+\alpha \cdot V_{n+1}(x_{n+1}^1,x_{n+1}^2)]$$
$$=\sup\limits_{z_n^1 \geqslant x_n^1} T(z_n^1,x_n^1,x_n^2,V_{n+1})$$

式中,$n=1,2,\cdots,m-1$。定理 4.3 已经证明最优策略为"生产上限策略",即

$$z_n^{1*}(x_n^1,x_n^2)=\begin{cases} x_n^1, & z_n^{1\circ}(x_n^1,x_n^2) \leqslant x_n^1 \\ z_n^{1\circ}(x_n^1,x_n^2), & 其他 \end{cases}$$

对于任意的 $(x_n^1,x_n^2)=(a,b)$,可以得到:$V_n(a,b) \geqslant V_{n+1}(a,b)$

$$V_n(a,b)=T(z_n^{1*}(a,b),a,b,V_{n+1}) \geqslant T(z_{n+1}^{1*}(a,b),a,b,V_{n+1})$$
$$V_{n+1}(a,b)=T(z_{n+1}^{1*}(a,b),a,b,V_{n+2}) \geqslant T(z_n^{1*}(a,b),a,b,V_{n+2})$$
$$|V_n(a,b)-V_{n+1}(a,b)| \leqslant |T(z_n^{1*}(a,b),a,b,V_{n+1})-T(z_n^{1*}(a,b),a,b,V_{n+2})|$$
$$=\alpha|V_{n+1}(x_{n+1}^1,x_{n+1}^2)-V_{n+2}(x_{n+2}^1,x_{n+2}^2)|$$

注意到,上式中 (x_{n+1}^1,x_{n+1}^2) 和 (x_{n+2}^1,x_{n+2}^2) 的分布是完全相同的,这是因为在上述两个周期中期初状态均为 (a,b),且决策是一致的,即 $z_n^{1*}(a,b)$。由此可以推导得到 $|V_n(a,b)-V_{n+1}(a,b)| \leqslant \alpha^{m-n} \cdot V_m(x_1,x_2)$,立即得到 $\lim\limits_{m \to \infty} V_m(a,b)=V(a,b)$,即 $V(a,b)$ 是连续有界函数。由此可得"生产上限策略"在无限周期模型中仍然最优。

证毕。

定理 4.7

证明:本证明可通过推导得到。$R_t(I_t,x_t^1,x_t^2,w_t)$ 可以改写为

$$R_t(I_t,x_t^i,x_t^2,w_t)=\sum_{i=1}^{2}\left[(r_t^i+p_i)\mu_t^i-(r_t^i+h_i+p_i)\int_0^{\mu_t^i}F_i(y)\mathrm{d}y+\right]-h_r(I_t-w_t)$$

式中,$\mu_t^i=x_t^i+\theta_i w_t$。易得,$(r_t^i+p_i)\mu_t^i-(r_t^i+h_i+p_i)\int_0^{\mu_t^i}F_i(y)\mathrm{d}y$ 是关于 μ_t^i

的凹函数,进而是关于(x_t^i, w_t)的联合凹函数。因此,$R_t(I_t, x_t^1, x_t^2, w_t)$中的第一部分是关于$(x_t^1, x_t^2, w_t)$的联合凹函数。此外,$I_t - w_t$是线性函数,因此$R_t(I_t, x_t^1, x_t^2, w_t)$是关于$(I_t, x_t^1, x_t^2, w_t)$的联合凹函数。

易验证$V_{N+1}(I_{N+1}, x_{N+1}^1, x_{N+1}^2)$是关于$(I_{N+1}, x_{N+1}^1, x_{N+1}^2)$的联合凹函数。现假设对于$t=1, 2, \cdots, N-1, V_{t+1}(I_{t+1}, x_{t+1}^1, x_{t+1}^2)$是关于$(I_{t+1}, x_{t+1}^1, x_{t+1}^2)$的联合凹函数。因为$I_{t+1} = I_t - w_t, x_{t+1}^i = x_t^i + \theta_i w_t - D_t^i$,立即可得$V_{t+1}(I_{t+1}, x_{t+1}^1, x_{t+1}^2)$是关于$(I_t, x_t^1, x_t^2, w_t)$的联合凹函数。进而得到$\Pi_t(I_t, x_t^1, x_t^2, w_t)$是关于$(I_t, x_t^1, x_t^2, w_t)$的联合凹函数。由引理4.1可知,$V_t(I_t, x_t^1, x_t^2)$是关于$(I_t, x_t^1, x_t^2)$的联合凹函数。综上分析,对于所有的$t=1, 2, \cdots, T, V_t(I_t, x_t^1, x_t^2)$是关于$(I_t, x_t^1, x_t^2)$的联合凹函数。

证毕。

定理 4.8

证明:由定理4.7可知,$V_{t+1}(I_{t+1}, x_{t+1}^1, x_{t+1}^2)$是关于$(I_{t+1}, x_{t+1}^1, x_{t+1}^2)$的联合凹函数,其中,$I_{t+1} = O_t, x_{t+1}^i = x_t^i + \theta_i(I_t - O_t) - D_t^i$,因此$V_{t+1}(I_{t+1}, x_{t+1}^1, x_{t+1}^2)$是关于$(I_t, x_t^1, x_t^2, O_t)$的联合凹函数。此外,易证$R_t(I_t, x_t^1, x_t^2, O_t)$是关于$(I_t, x_t^1, x_t^2, O_t)$的联合凹函数,立即可得$\Pi_t(I_t, x_t^1, x_t^2, O_t)$是关于$(I_t, x_t^1, x_t^2, O_t)$的联合凹函数。

证毕。

在证明定理4.9前,首先定义函数

$$\Delta\Pi_t(I_t, x_t^1, x_t^2, O_t)$$
$$= \Pi_t(I_t, x_t^1, x_t^2, O_t) - \Pi_t(I_t, x_t^1, x_t^2, O_t - 1)$$
$$= \sum_{i=1}^2 \left[(r_t^i + h_i + p_i)\int_{\mu_t^i}^{\mu_t^i + \theta_i} G_i(y)\mathrm{d}y - \theta_i(r_t^i + p_i)\right] - h_r + \alpha \cdot E[V_{t+1}(O_t, x_{t+1}^1, x_{t+1}^2) - V_{t+1}(O_t - 1, x_{t+1}^1 + \theta_1, x_{t+1}^2 + \theta_2)]$$
(A-5)

式中,$\mu_t^i = x_t^i + \theta_i(I_t - O_t) - d_t^i(r_t^i), x_{t+1}^i = \mu_t^i - D_t^i$,刻画了为未来周期多预留1单位原材料的期望边际收益。类似于引理4.3,可以得到以下引理。

引理 4.4 对于所有的$(I_t, x_t^1, x_t^2), t=1, \cdots, T$,

(1) 若$O_t^* = I_t$,则有$V_t(I_t, x_t^1, x_t^2) - V_t(I_t - 1, x_t^1 + \theta_1, x_t^2 + \theta_2) > 0$;

(2) 若$O_t^* < I_t, V_t(I_t, x_t^1, x_t^2) - V_t(I_t - 1, x_t^1 + \theta_1, x_t^2 + \theta_2) = 0$。

证明:令$\bar{O}_t^*$表示期初状态为$(I_t - 1, x_t^1 + \theta_1, x_t^2 + \theta_2)$时的最优策略,则有$O_t^* \geqslant \bar{O}_t^*$,且等式仅在$O_t^* < I_t$时成立。现考虑以下两种情况:

(1) 若 $O_t^* = I_t$,则 $O_t^{*'} = I_t - 1$,可得

$V_t(I_t, x_t^1, x_t^2) - V_t(I_t - 1, x_t^1 + \theta_1, x_t^2 + \theta_2)$
$= \Pi_t(I_t, x_t^1, x_t^2, O_t = I_t) - \Pi_t(I_t - 1, x_t^1 + \theta_1, x_t^2 + \theta_2, O_t = I_t - 1)$
$> \Pi_t(I_t, x_t^1, x_t^2, O_t = I_t - 1) - \Pi_t(I_t - 1, x_t^1 + \theta_1, x_t^2 + \theta_2, O_t = I_t - 1)$
$= 0$

(2) 若 $O_t^* < I_t$,则 $O_t^* = O_t^{*'}$,可得

$V_t(I_t, x_t^1, x_t^2) - V_t(I_t - 1, x_t^1 + \theta_1, x_t^2 + \theta_2)$
$= \Pi_t(I_t, x_t^1, x_t^2, O_t = O_t^\circ) - \Pi_t(I_t - 1, x_t^1 + \theta_1, x_t^2 + \theta_2, O_t = O_t^\circ)$
$= 0$

证毕。

定理 4.9

证明:$\Pi_t(I_t, x_t^1, x_t^2, O_t)$ 是关于 (I_t, x_t^1, x_t^2, O_t) 的联合凹函数,$\Delta \Pi_t(I_t, x_t^1, x_t^2, O_t)$ 关于 O_t 非增,

$\max \Delta \Pi_t(I_t, x_t^1, x_t^2, O_t) = \lim_{O_t \to -\infty} \Delta \Pi_t(I_t, x_t^1, x_t^2, O_t)$

$= \sum_{i=1}^{2} h_i - h_r + \alpha \cdot \lim_{O_t \to -\infty} [V_{t+1}(O_t, x_{t+1}^1, x_{t+1}^2) - V_{t+1}(O_t - 1, x_{t+1}^1 + \theta_1, x_{t+1}^2 + \theta_2)]$

$> \sum_{i=1}^{2} h_i - h_r > 0$

式中,由引理 4.4 可得 $\lim_{O_t \to -\infty} [V_{t+1}(O_t, x_{t+1}^1, x_{t+1}^2) - V_{t+1}(O_t - 1, x_{t+1}^1 + \theta_1, x_{t+1}^2 + \theta_2)] > 0$。类似地,

$\min \Delta \Pi_t(I_t, x_t^1, x_t^2, O_t) = \lim_{O_t \to +\infty} \Delta \Pi_t(I_t, x_t^1, x_t^2, O_t)$

$= -\sum_{i=1}^{2} \theta_i (r_t^i + p_i) - h_r + \alpha \lim_{O_t \to +\infty} [V_{t+1}(O_t, x_{t+1}^1, x_{t+1}^2) - V_{t+1}(O_t - 1, x_{t+1}^1 + \theta_1, x_{t+1}^2 + \theta_2)]$

$= -\sum_{i=1}^{2} \theta_i (r_t^i + p_i) - h_r < 0$

式中,由引理 4.4 可得 $\lim_{O_t \to +\infty} [V_{t+1}(O_t, x_{t+1}^1, x_{t+1}^2) - V_{t+1}(O_t - 1, x_{t+1}^1 + \theta_1, x_{t+1}^2 + \theta_2)] = 0$。

因此,存在唯一的有限值 $O_t^\circ(I_t, x_t^1, x_t^2) = \arg\max_{O_t} \Pi_t(I_t, x_t^1, x_t^2, O_t)$ 满足 $\Delta \Pi_t(I_t, x_t^1, x_t^2, O_t) = 0$。若 $O_t^\circ(I_t, x_t^1, x_t^2) \leq 0 (O_t^\circ(I_t, x_t^1, x_t^2) \geq I_t)$,则对于所有的 $0 \leq O_t \leq I_t$,有 $\Delta \Pi_t(I_t, x_t^1, x_t^2, O_t) \leq 0 (\Delta \Pi_t(I_t, x_t^1, x_t^2, O_t) \geq 0)$,所以 $O_t^* = 0$ $(O_t^* = I_t)$;否则,存在唯一的 $0 < O_t^\circ(I_t, x_t^1, x_t^2) < I_t$,当 $0 \leq O_t \leq O_t^\circ(I_t, x_t^1,$

$x_t^2)(O_t^\circ(I_t, x_t^1, x_t^2) < O_t \leqslant I_t)$ 时,有 $\Delta\Pi_t(I_t, x_t^1, x_t^2, O_t) \geqslant 0$ ($\Delta\Pi_t(I_t, x_t^1, x_t^2, O_t) < 0$),所以 $O_t^* = O_t^\circ(I_t, x_t^1, x_t^2)$。综上可得

$$O_t^* = \begin{cases} 0, & O_t^\circ(I_t, x_t^1, x_t^2) \leqslant 0 \\ I_t, & O_t^\circ(I_t, x_t^1, x_t^2) \geqslant I_t \\ O_t^\circ(I_t, x_t^1, x_t^2), & \text{其他} \end{cases}$$

意味着:存在着唯一的"生产下限库存线" O_t^*,若该周期的原材料期初库存量 I_t 高于 O_t^*,那么生产加工商需要加工原材料使其库存水平将至 O_t^*;否则,无须加工原材料。因此,生产加工商的最优生产加工策略是"生产下限策略"。

证毕。

性质 4.5

证明:性质 4.5 证明思路与性质 4.3 以及性质 4.4 类似。

首先定义函数 $\xi_{t+1}(O_t, x_{t+1}^1, x_{t+1}^2) = V_{t+1}(O_t, x_{t+1}^1, x_{t+1}^2) - V_{t+1}(O_t - 1, x_{t+1}^1 + \theta_1, x_{t+1}^2 + \theta_2)$。假设第 $t+1$ 周期期初状态为 $(O_t, x_{t+1}^1, x_{t+1}^2)$ 时,生产加工商在最优策略下的首个原材料订单发生在第 U 周期,$t+1 \leqslant U \leqslant T$,由引理 4.4 可知 $\xi_U(O_{U-1}, x_U^1, x_U^2) = 0$。则可以得到

$$\xi_{U-1}(O_{U-2}, x_{U-1}^1, x_{U-1}^2) = \sum_{i=1}^{2}\left[(r_{U-1}^i + h_i + p_i) \int_{\mu_t^i - \sum_{k=t+1}^{U-2}\overline{D}_k}^{\mu_t^i - \sum_{k=t+1}^{U-2}\overline{D}_k + \theta_i} F_i(y)dy - \theta_i(r_{U-1}^i + p_i) \right] - h_r$$

式中,$\mu_t^i = x_t^i + \theta_i(I_t - O_t)$。$O_t^\circ(I_t, x_t^1, x_t^2)$ 由等式(A-5)唯一确定,且与 O_t^* 具有相同的性质。因此 $O_t^\circ(I_t, x_t^1, x_t^2)$ 由式(A-6)唯一确定

$$\sum_{i=1}^{2}\sum_{l=t}^{U-1}\alpha^{l-t}\left[(r_l^i + h_i + p_i)\int_{x_t^i+\theta_i(I_t-O_t^\circ)-\sum_{k=t-1}^{l-1}\overline{D}_k}^{x_t^i+\theta_i(I_t-O_t^\circ)-\sum_{k=t-1}^{l-1}\overline{D}_k+\theta_i} F_i(y)dy - \theta_i(r_l^i + p_i) - h_r \right] = 0$$

(A-6)

式中,$\overline{D}_{t-1}^i = 0$。定义

$$B_l^i = (r_l^i + h_i + p_i) \cdot \left[F_i\left(x_t^i + \theta_i(I_t - O_t^\circ) - \sum_{k=t-1}^{l-1}\overline{D}_k^i + \theta_i\right) - F_i\left(x_t^i + \theta_i(I_t - O_t^\circ) - \sum_{k=t-1}^{l-1}\overline{D}_k^i\right) \right]$$

分别对等式(A-6)两边关于 $O_t^\circ(I_t, x_t^1, x_t^2)$ 对各参数求导,可得

$$\left(1 - \frac{\partial O_t^\circ}{\partial I_t}\right) \cdot \sum_{i=1}^{2}\sum_{l=t}^{U-1}(\alpha^{l-t} \cdot \theta_i B_l^i) = 0$$

$$B_l^i \cdot \sum_{l=t}^{U-1} \alpha^{l-t} = \frac{\partial O_t^\circ}{\partial x_t^i} \cdot \theta_i \cdot \sum_{i=1}^{2} \sum_{l=t}^{U-1} (\alpha^{l-t} \cdot B_l^i)$$

$$-\frac{\partial O_t^\circ}{\partial r_t^i} \cdot \sum_{i=1}^{2} \sum_{l=t}^{U-1} (\alpha^{l-t} \cdot \theta_i B_l^i) = \theta_i - \int_{x_t^i + \theta_i (I_t - O_t^\circ)}^{x_t^i + \theta_i (I_t - O_t^\circ) + \theta_i} F_i(y) \mathrm{d}y$$

$$-\frac{\partial O_t^\circ}{\partial h_r} \cdot \sum_{i=1}^{2} \sum_{l=t}^{U-1} (\alpha^{l-t} \cdot \theta_i B_l^i) = \sum_{l=t}^{U-1} \alpha^{l-t}$$

$$\frac{\partial O_t^\circ}{\partial p_i} \cdot \sum_{i=1}^{2} \sum_{l=t}^{U-1} (\alpha^{l-t} \cdot \theta_i B_l^i) = \sum_{l=t}^{U-1} \left[\alpha^{l-t} \cdot \left(\theta_i - \int_{x_t^i + \theta_i (I_t - O_t^\circ) - \sum_{k=t-1}^{l-1} \overline{D}_k^i}^{x_t^i + \theta_i (I_t - O_t^\circ) - \sum_{k=t}^{l-1} \overline{D}_k^i + \theta_i} F_i(y) \mathrm{d}y \right) \right]$$

式中,$\theta_i - \int_{x_t^i + \theta_i (I_t - O_t^\circ) - \sum_{k=t}^{l} \overline{D}_k^i}^{x_t^i + \theta_i (I_t - O_t^\circ) - \sum_{k=t}^{l} \overline{D}_k^i + \theta_i} F_i(y) \mathrm{d}y \geqslant 0$。

综上分析,即可得到结论。

证毕。

推论 4.3

推论 4.3 证明过程与推论 4.1 证明过程相似,此处略去。

性质 5.1

证明:令 $\Pi_s^1(Q_s)$ 关于 γ 求一阶导可得

$$\frac{\partial \Pi_s^1(Q_s)}{\partial \gamma} = \alpha Q_s \left[-(r_l + h + \pi) \int_{\underline{\varepsilon}}^{\frac{d_h}{\alpha Q_s}} \varepsilon f(\varepsilon) \mathrm{d}\varepsilon + (r_h + h + \pi) \int_{\frac{Q_s - d_l}{\alpha Q_s}}^{\bar{\varepsilon}} \varepsilon f(\varepsilon) \mathrm{d}\varepsilon \right] +$$

$$(r_l + h + \pi) d_h F\left(\frac{d_h}{\alpha Q_s}\right) - (r_h + h + \pi)(Q_s - d_l) \overline{F}\left(\frac{Q_s - d_l}{\alpha Q_s}\right)$$

$$\geqslant -\alpha Q_s (r_l + h + \pi) \cdot \frac{d_h}{\alpha Q_s} \cdot F\left(\frac{d_h}{\alpha Q_s}\right) + \alpha Q_s (r_h + h + \pi) \cdot \frac{Q_s - d_l}{\alpha Q_s} \cdot$$

$$F\left(\frac{Q_s - d_l}{\alpha Q_s}\right) + (r_l + h + \pi) d_h F\left(\frac{d_h}{\alpha Q_s}\right) - (r_h + h + \pi)(Q_s - d_l)$$

$$\overline{F}\left(\frac{Q_s - d_l}{\alpha Q_s}\right)$$

$$= 0$$

式中,不等式成立是因为 $\int_{\underline{\varepsilon}}^{\frac{d_h}{\alpha Q_s}} \varepsilon f(\varepsilon) \mathrm{d}\varepsilon \leqslant \frac{d_h}{\alpha Q_s} \cdot F\left(\frac{d_h}{\alpha Q_s}\right)$ 和 $\int_{\frac{Q_s - d_l}{\alpha Q_s}}^{\bar{\varepsilon}} \varepsilon f(\varepsilon) \mathrm{d}\varepsilon \geqslant$ $\frac{Q_s - d_l}{\alpha Q_s} \cdot \overline{F}\left(\frac{Q_s - d_l}{\alpha Q_s}\right)$。令 $\Pi_s^2(Q)$ 关于 γ 求一阶偏导可得

$$\frac{\partial \Pi_s^2(Q_s)}{\partial \gamma} = \alpha Q_s \left[-(r_l + h + \pi) \int_{\underline{\varepsilon}}^{\varepsilon_l} \varepsilon f(\varepsilon) d\varepsilon + (r_h + h + \pi) \int_{\varepsilon_h}^{\overline{\varepsilon}} \varepsilon f(\varepsilon) d\varepsilon \right] +$$

$$(r_l + h + \pi) d_h F(\varepsilon_l) + (r_h + h + \pi)(Q_s - d_l) \overline{F}(\varepsilon_h)$$

通过类似的分析可得 $\dfrac{\partial \Pi_s^2(Q_s)}{\partial \gamma} \geqslant 0$。因为 $\Pi_s(Q_s)$ 连续可微,所以 $\Pi_s(Q_s)$ 是关于 γ 的非减函数。

证毕。

定理 5.1

证明:分别 $\Pi_s^1(Q)$ 和 $\Pi_s^2(Q)$ 对 α 求二阶偏导可得

$$\frac{\partial^2 \Pi_s^1(Q)}{\partial \alpha^2} = Q\left[M_h \cdot \frac{d_h}{\alpha Q} f\left(\frac{d_h}{\alpha Q}\right)\left(-\frac{d_h}{\alpha^2 Q}\right) + M_l \cdot \frac{Q - d_l}{\alpha Q} f\left(\frac{Q - d_l}{\alpha Q}\right)\left(-\frac{Q - d_l}{\alpha^2 Q}\right) \right] < 0$$

$$\frac{\partial^2 \Pi_s^2(Q)}{\partial \alpha^2} = -\frac{(1 - \gamma)Q}{\alpha} \left[(r_l + h + \pi)\varepsilon_l^2 f(\varepsilon_l) + (r_h + h + \pi)\varepsilon_h^2 f(\varepsilon_h) \right] < 0$$

因为 $\Pi_g(Q)$ 在区间 $\left(0, \dfrac{1}{\underline{\varepsilon}}\right)$ 上关于 α 连续可微,则得到 $\Pi_g(Q)$ 是关于 α 的凹函数。

证毕。

性质 5.2

证明:令 $\Pi_s^1(Q)$ 和 $\Pi_s^2(Q)$ 分别关于 Δq 求一阶偏导可得

$$\frac{\partial \Pi_s^1(Q)}{\partial \Delta q} = \frac{-(r_h - r_l)g(\theta^*)}{\Delta q^2} \left\{ -\left[M_h \cdot \frac{d_h}{\alpha Q} f\left(\frac{d_h}{\alpha Q}\right) + M_l \cdot \frac{Q - d_l}{\alpha Q} f\left(\frac{Q - d_l}{\alpha Q}\right) \right] + \right.$$

$$M_h F\left(\frac{d_h}{\alpha Q}\right) + \frac{M_h d_h}{\alpha Q} \cdot f\left(\frac{d_h}{\alpha Q}\right) + M_l \cdot F\left(\frac{Q - d_l}{\alpha Q}\right) + \frac{M_l(Q - d_l)}{\alpha Q} \cdot f\left(\frac{Q - d_l}{\alpha Q}\right) -$$

$$(r_h + h) + \left[\gamma(r_h + h) - (1 - \gamma)\pi \right] \bigg\}$$

$$= -\frac{(r_h - r_l)g(\theta^*)}{\Delta q^2} \cdot \left[M_l F\left(\frac{Q - d_l}{\alpha Q}\right) - M_h \overline{F}\left(\frac{d_h}{\alpha Q}\right) \right], \frac{\partial \Pi_s^2(Q)}{\partial \Delta q}$$

$$= \frac{-(r_h - r_l)g(\theta^*)}{\Delta q^2} \cdot \left\{ -\left[M_h \cdot \varepsilon_l f(\varepsilon_l) + (r_h - r_l)(\varepsilon_h f(\varepsilon_h) - \varepsilon_l f(\varepsilon_l)) + M_l \cdot \right. \right.$$

$$\varepsilon_h f(\varepsilon_h) \bigg] + (1 - \gamma)(r_l + h + \pi) \cdot F(\varepsilon_l) - \frac{(r_l + h + \pi)(d_l + \gamma d_h - Q)}{\alpha Q} \cdot f(\varepsilon_l) +$$

$$(1 - \gamma)(r_h + h + \pi) \cdot F(\varepsilon_h) + \frac{(r_h + h + \pi)(\gamma d_l + d_h - \gamma Q)}{\alpha Q} \cdot f(\varepsilon_h) - (r_h + h) +$$

$$\left[\gamma(r_h + h) - (1 - \gamma)\pi \right] \bigg\}$$

$$= -\frac{(1-\gamma)(r_h - r_l)g(\theta^*)}{\Delta q^2} \cdot [(r_l + h + \pi)F(\varepsilon_l) - (r_h + h + \pi)\overline{F}(\varepsilon_h)]$$

综上分析,即可得到结论。

证毕。

定理 5.2

证明:本证明思路借鉴了 Nagarajan 和 Rajagopalan(2008 年)的方法。对于给定的不确定参数 ε,令 Q_h 和 Q_l 分别表示完成产品分级加工后所得到的高、低品质产品数量;令 d_h 和 d_l 分别表示高、低品质两种产品的实际需求量;令 d_i^j 表示产品 i 的需求由产品 j $(i,j=h,l)$ 满足;令 d_i^o 表示需求转移发生前,产品 i $(i=h,l)$ 尚未得到满足的需求;令 Q_i^e 和 Q_i^s 分别表示产品 i $(i=h,l)$ 在满足转移需求后的剩余库存和缺货量;令 $R(Q,\theta,\varepsilon)$ 表示不考虑采购和分级加工成本时,零售商采取分级销售策略所获得的期望收益,则有

$$\Pi_s(Q) = -cQ - (b_0 + b_1 Q) + \iint_{\theta,\varepsilon} R(Q,\theta,\varepsilon) \mathrm{d}G(\theta) \mathrm{d}F(\varepsilon)$$

式中,$R(Q,\theta,\varepsilon) = R(Q_{\alpha\varepsilon},\theta,\varepsilon)$,$Q_{\alpha\varepsilon} = (\alpha\varepsilon Q,(1-\alpha\varepsilon)Q)$,且满足

$$R(Q,\theta,\varepsilon) = \max_X \bm{P}^T \bm{X}$$
$$\text{s.t.} \bm{AX} \leqslant \bm{Q}$$
$$\bm{X} \geqslant 0$$

式中,$\bm{Q} = (Q_h, Q_l)^T$,$\bm{P} = (r_l, r_l, r_h, r_h, -h, -h, -\pi, -\pi)^T$,$\bm{X} = (d_h^l, d_l^l, d_h^h, d_l^h, Q_h^e, Q_l^e, Q_h^s, Q_l^s)^T$,$\bm{A} = \begin{pmatrix} 0 & 0 & 1 & \dfrac{1}{\gamma} & 1 & 0 & 0 & -1 \\ \dfrac{1}{\gamma} & 1 & 0 & 0 & 0 & 1 & -1 & 0 \end{pmatrix}$。现证明

$R(Q,\theta,\varepsilon)$ 是关于 $\bm{Q} = (Q_h, Q_l)^T$ 的凹函数。对于给定的 $\bm{Q}_1$ 和 $\bm{Q}_2$,令 $\bm{a}$ 和 $\bm{b}$ 分别表示 $\bm{Q}_1$ 和 $\bm{Q}_2$ 的最优解,即 $R(\bm{Q}_1,\theta,\varepsilon) = \bm{P}^T\bm{a}$,$R(\bm{Q}_2,\theta,\varepsilon) = \bm{P}^T\bm{b}$。可得,对于所有的 $\lambda \in [0,1]$ 有 $\bm{A}(\lambda\bm{a} + (1-\lambda)\bm{b}) \leqslant \lambda\bm{Q}_1 + (1-\lambda)\bm{Q}_2$,进一步可得

$$R(\lambda\bm{Q}_1 + (1-\lambda)\bm{Q}_2, \theta, \varepsilon) \geqslant \bm{P}^T[\lambda\bm{a} + (1-\lambda)\bm{b}]$$
$$= \lambda\bm{P}^T\bm{a} + (1-\lambda)\bm{P}^T\bm{b}$$
$$= \lambda R(\bm{Q}_1,\theta,\varepsilon) + (1-\lambda)R(\bm{Q}_2,\theta,\varepsilon)$$

因此,$R(Q,\theta,\varepsilon)$ 是关于 $\bm{Q}$ 的凹函数,即关于 Q_h 和 Q_l 的联合凹函数。因为 $Q_h = \alpha\varepsilon \cdot Q$,$Q_l = (1-\alpha\varepsilon) \cdot Q$,立即可得 $\Pi_s(Q)$ 是关于 Q 的凹函数。

证毕。

定理 5.3

证明：根据假设有 $\alpha\underline{\varepsilon}<1$，因此 $\int_{\frac{1}{\alpha}}^{\bar{\varepsilon}}\varepsilon f(\varepsilon)\mathrm{d}\varepsilon=0$，$F\left(\dfrac{1}{\alpha}\right)=1$，可得

$$\lim_{Q\to+\infty}\frac{\mathrm{d}\Pi_s^1(Q)}{\mathrm{d}Q}=-\alpha M_l\int_{\frac{1}{\alpha}}^{\bar{\varepsilon}}\varepsilon f(\varepsilon)\mathrm{d}\varepsilon-M_lF\left(\frac{1}{\alpha}\right)+M_l-h-c-b_1$$
$$=-h-c-b_1<0$$

由假设可知 $M_h>M_l$，$M_l-h-c-b_1=r_l+\pi-c-b_1-\gamma(r_h+h+\pi)$，可得 $\lim_{Q\to 0^+}\dfrac{\mathrm{d}\Pi_s^2(Q)}{\mathrm{d}Q}=\alpha(M_h-M_l)+M_l-h-c-b_1>0$。类似的，可以证得 $\lim_{Q\to+\infty}\dfrac{\mathrm{d}\Pi_s^2(Q)}{\mathrm{d}Q}<0$ 和 $\lim_{Q\to 0^+}\dfrac{\mathrm{d}\Pi_s^2(Q)}{\mathrm{d}Q}>0$。$\Pi_s^1(Q)$ 和 $\Pi_s^2(Q)$ 关于 Q 的凹性保证 $\dfrac{\mathrm{d}\Pi_s^1(Q)}{\mathrm{d}Q}$ 和 $\dfrac{\mathrm{d}\Pi_s^2(Q)}{\mathrm{d}Q}$ 是关于 Q 的单调递减函数，意味着存在着 ϑ_1、ϑ_2 分别满足 $\dfrac{\mathrm{d}\Pi_s^1(Q)}{\mathrm{d}Q}\bigg|_{Q=\vartheta_1}=0$ 和 $\dfrac{\mathrm{d}\Pi_s^2(Q)}{\mathrm{d}Q}\bigg|_{Q=\vartheta_2}=0$。此外，$\Pi_g(Q)$ 关于 Q 的凹性保证有且只有 $\vartheta_2\in(0,1)$ 或 $\vartheta_1\in[1,+\infty)$ 中的一个成立。若 $\dfrac{\mathrm{d}\Pi_s^1(Q)}{\mathrm{d}Q}\bigg|_{Q=1}\geqslant 0$，等价于 $L_s\geqslant h+c+b_1$，其中 $L_s=(M_hd_h-M_ld_l)F\left(\dfrac{d_h}{\alpha}\right)-\alpha(M_l+M_h)\int_{\underline{\varepsilon}}^{\frac{d_h}{\alpha}}F(\varepsilon)\mathrm{d}\varepsilon+(1-\alpha)M_l$，那么在区间 $[0,1]$ 上有 $\dfrac{\mathrm{d}\Pi_s^2(Q)}{\mathrm{d}Q}>0$，此时 $\vartheta_1\in[1,+\infty)$ 存在；若 $\dfrac{\mathrm{d}\Pi_s^1(Q)}{\mathrm{d}Q}\bigg|_{Q=1}<0$，那么在区间 $[1,+\infty]$ 上 $\dfrac{\mathrm{d}\Pi_s^2(Q)}{\mathrm{d}Q}\bigg|_{Q=1}=\dfrac{\mathrm{d}\Pi_s^1(Q)}{\mathrm{d}Q}\bigg|_{Q=1}<0$，$\dfrac{\mathrm{d}\Pi_s^2(Q)}{\mathrm{d}Q}<0$，此时 $\vartheta_2\in(0,1)$ 存在。

证毕。

性质 5.3

证明：因为 $\vartheta_1\geqslant 1$ 且满足 $\dfrac{\mathrm{d}\Pi_s^1(Q)}{\mathrm{d}Q}=0$，可得 $\dfrac{d_h}{\alpha\vartheta_1}\leqslant\dfrac{\vartheta_1-d_l}{\alpha\vartheta_1}$ 和下式

$$\alpha\left[M_h\int_{\underline{\varepsilon}}^{\frac{d_h}{\alpha\vartheta_1}}\varepsilon f(\varepsilon)\mathrm{d}\varepsilon-M_l\int_{\frac{\vartheta_1-d_l}{\alpha\vartheta_1}}^{\bar{\varepsilon}}\varepsilon f(\varepsilon)\mathrm{d}\varepsilon\right]-M_lF\left(\frac{\vartheta_1-d_l}{\alpha\vartheta_1}\right)+M_l-(h+c+b_1)=0$$

令 $\nu=\dfrac{d_h}{\alpha\vartheta_1}$，则有

$$\alpha\left[M_h\int_{\underline{\varepsilon}}^{\nu}\varepsilon f(\varepsilon)\mathrm{d}\varepsilon-M_l\int_{\nu}^{\bar{\varepsilon}}\varepsilon f(\varepsilon)\mathrm{d}\varepsilon\right]-M_lF\left(\frac{\vartheta_1-d_l}{\alpha\vartheta_1}\right)+M_l-(h+c+b_1)\leqslant 0$$

注意到，$\int_{\underline{\varepsilon}}^{\nu}F(\varepsilon)\mathrm{d}\varepsilon\leqslant F(\nu)\cdot(\nu-\underline{\varepsilon})$，$\int_{\nu}^{\bar{\varepsilon}}F(\varepsilon)\mathrm{d}\varepsilon\geqslant F(\nu)\cdot(\bar{\varepsilon}-\nu)$，可得

$$M_h \int_{\underline{\varepsilon}}^{\nu} \varepsilon f(\varepsilon) \mathrm{d}\varepsilon - M_l \int_{\nu}^{\bar{\varepsilon}} \varepsilon f(\varepsilon) \mathrm{d}\varepsilon = M_h \left[\nu F(\nu) - \int_{\underline{\varepsilon}}^{\nu} F(\varepsilon) \mathrm{d}\varepsilon \right] -$$

$$M_l \left[\bar{\varepsilon} - \vartheta F(\nu) - \int_{\nu}^{\bar{\varepsilon}} F(\varepsilon) \mathrm{d}\varepsilon \right]$$

$$\geqslant \underline{\varepsilon} M_h F(\nu) - \bar{\varepsilon} M_l + \bar{\varepsilon} M_l F(\nu)$$

因此有

$$0 \geqslant \alpha [\underline{\varepsilon} M_h F(\nu) - \bar{\varepsilon} M_l + \bar{\varepsilon} M_l F(\nu)] + \left[M_l - M_l \overline{F}\left(\frac{\vartheta_1 - d_l}{\alpha \vartheta_1}\right) \right] - (h + c + b_1)$$

$$\geqslant \alpha [\underline{\varepsilon} M_h F(\nu) - \bar{\varepsilon} M_l + \bar{\varepsilon} M_l F(\nu)] - (h + c + b_1)$$

式中，第二个不等式成立是因为 $M_l - M_l \overline{F}\left(\dfrac{\vartheta_1 - d_l}{\alpha \vartheta_1}\right) \geqslant 0$。所以 $F(\nu) \leqslant \dfrac{\alpha \bar{\varepsilon} M_l + h + c + b}{\alpha(\underline{\varepsilon} M_h + \bar{\varepsilon} M_l)}$，即 $\vartheta_1 \geqslant \dfrac{1 - G(\theta^*)}{\alpha U}$，其中 $U = F^{-1}\left(\dfrac{\alpha \bar{\varepsilon} M_l + h + c + b_1}{\alpha(\underline{\varepsilon} M_h + \bar{\varepsilon} M_l)}\right)$。因为 $\vartheta_2 < 1$ 且满足 $\dfrac{\partial \Pi_s^2(Q)}{\partial Q} = 0$，可得

$$\alpha \left[M_h \int_{\underline{\varepsilon}}^{\varepsilon_l^*} \varepsilon f(\varepsilon) \mathrm{d}\varepsilon + (r_h - r_l) \int_{\varepsilon_l^*}^{\varepsilon_h^*} \varepsilon f(\varepsilon) \mathrm{d}\varepsilon - M_l \int_{\varepsilon_h^*}^{\bar{\varepsilon}} \varepsilon f(\varepsilon) \mathrm{d}\varepsilon \right] - (r_l + h + \pi) F(\varepsilon_l^*) + \gamma (r_h + h + \pi) F(\varepsilon_h^*) + M_l - (h + c + b_1) = 0$$

式中，$\varepsilon_l^* = \dfrac{\vartheta_2 - d_l - \gamma d_h}{(1 - \gamma) \alpha \vartheta_2}$，$\varepsilon_h^* = \dfrac{d_h + \gamma(d_l - \vartheta_2)}{(1 - \gamma) \alpha \vartheta_2}$。注意到，$\varepsilon_l^* \leqslant \varepsilon_h^*$，则有

$$\alpha \left[M_h \int_{\underline{\varepsilon}}^{\varepsilon_l^*} \varepsilon f(\varepsilon) \mathrm{d}\varepsilon - M_l \int_{\varepsilon_h^*}^{\bar{\varepsilon}} \varepsilon f(\varepsilon) \mathrm{d}\varepsilon \right] - [(r_l + h + \pi) - \gamma(r_h + h + \pi)] F(\varepsilon_l^*) + M_l - (h + c + b_1) \leqslant 0$$

因为 $\int_{\underline{\varepsilon}}^{\varepsilon_l^*} F(\varepsilon) \mathrm{d}\varepsilon \leqslant F(\varepsilon_l^*) \cdot (\varepsilon_l^* - \underline{\varepsilon})$，$\int_{\varepsilon_h^*}^{\bar{\varepsilon}} F(\varepsilon) \mathrm{d}\varepsilon \geqslant F(\varepsilon_h^*) \cdot (\bar{\varepsilon} - \varepsilon_h^*)$，可得

$$M_h \int_{\underline{\varepsilon}}^{\varepsilon_l^*} \varepsilon f(\varepsilon) \mathrm{d}\varepsilon - M_l \int_{\varepsilon_h^*}^{\bar{\varepsilon}} \varepsilon f(\varepsilon) \mathrm{d}\varepsilon$$

$$= M_h \left[\varepsilon_l^* F(\varepsilon_l^*) - \int_{\underline{\varepsilon}}^{\varepsilon_l^*} F(\varepsilon) \mathrm{d}\varepsilon \right] - M_l \left[\bar{\varepsilon} - \varepsilon_h^* F(\varepsilon_h^*) - \int_{\varepsilon_h^*}^{\bar{\varepsilon}} F(\varepsilon) \mathrm{d}\varepsilon \right]$$

$$\geqslant \underline{\varepsilon} M_h F(\varepsilon_l^*) - \bar{\varepsilon} M_l + \bar{\varepsilon} M_l F(\varepsilon_h^*)$$

因此有

$$0 \geqslant \alpha [\underline{\varepsilon} M_h F(\varepsilon_l^*) - \bar{\varepsilon} M_l + \bar{\varepsilon} M_l F(\varepsilon_h^*)] - [(r_l + h + \pi) - \gamma(r_h + h + \pi)] F(\varepsilon_l^*) + M_l - (h + c + b_1)$$

$$\geqslant \alpha [\underline{\varepsilon} M_h F(\varepsilon_l^*) - \bar{\varepsilon} M_l + \bar{\varepsilon} M_l F(\varepsilon_h^*)] - (h + c + b_1)$$

$$\geqslant \alpha F(\varepsilon_l^*) [\underline{\varepsilon} M_h + \bar{\varepsilon} M_l] - \alpha \bar{\varepsilon} M_l - (h + c + b_1)$$

其中，第二个不等式成立是因为 $M_l \overline{F}(\varepsilon_l^*) \geqslant 0$，最后一个不等式成立是因为 $F(\varepsilon_h^*) \geqslant$

$F(\varepsilon_l^*)$。由此可得,$F(\varepsilon_l^*) \leqslant \dfrac{\alpha \bar{\varepsilon} M_l + h + c + b_1}{\alpha(\underline{\varepsilon} M_h + \bar{\varepsilon} M_l)}$,即 $\vartheta_2 \leqslant \dfrac{\gamma + (1-\gamma)G(\theta^*)}{1-\alpha(1-\gamma)U}$。因为 $\vartheta_1 \geqslant 1, \vartheta_2 < 1$,得到 $0 < U \leqslant \dfrac{1-G(\theta^*)}{\alpha}$。

证毕。

定理 5.4

证明:(1)如果 $L_s \geqslant h+c+b_1$,则 $Q_s^* = \vartheta_1$,由式(5.3)中的一阶条件可得

$$\Pi_s(Q_s^* = \vartheta_1) = M_l d_l \cdot F\left(\dfrac{\vartheta_1 - d_l}{\alpha \vartheta_1}\right) - M_h d_h \cdot F\left(\dfrac{d_h}{\alpha \vartheta_1}\right) + \Omega - b_0$$

式中,$\Omega = (r_h + h)(d_h + \gamma d_l) - (1-\gamma) d_l \cdot \pi$。定义以下函数

$$\xi_1(x) = M_l d_l \cdot F\left(\dfrac{x - d_l}{\alpha x}\right) - M_h d_h \cdot F\left(\dfrac{d_h}{\alpha x}\right) + \Omega - b_0$$

易证明 $\xi_1(x)$ 是关于 x 的非减函数,因此有 $\xi_1(x=1) = (M_l d_l - M_h d_h) F\left(\dfrac{d_h}{\alpha}\right) + \Omega - b_0$,$\lim\limits_{x \to +\infty} \xi_1(x) = M_l d_l \cdot F\left(\dfrac{1}{\alpha}\right) + \Omega - b_0 = M_l d_l + \Omega - b_0$。现考虑以下3种情况:

① 若 $(M_l d_l - M_h d_h) F\left(\dfrac{d_h}{\alpha}\right) + \Omega > r_0 - c + b_0$,则 $\Pi_s(Q_s^* = \vartheta_1) = \xi_1(x = \vartheta_1) \geqslant \xi_1(x=1) > r_0 - c$,因此 SS 策略最优且 $Q^* = \vartheta_1$;

② 若 $M_l d_l + \Omega \leqslant r_0 - c + b_0$,则 $\Pi_s(Q_s^* = \vartheta_1) = \xi_1(x = \vartheta_1) \leqslant \max \xi_1(x) \leqslant r_0 - c$,因此 US 策略最优且 $Q^* = 1$;

③ 若 $(M_l d_l - M_h d_h) F\left(\dfrac{d_h}{\alpha}\right) + \Omega \leqslant r_0 - c + b_0 < M_l d_l + \Omega$,存在 $\sigma_1 \in [1, +\infty)$ 满足 $\xi_1(x = \sigma_1) = r_0 - c$。如果 $\vartheta_1 > \sigma_1$,有 $\Pi_s(Q_s^* = \vartheta_1) = \xi_1(x = \vartheta_1) > \xi_1(x = \sigma_1) = r_0 - c$,因此 SS 策略最优且 $Q^* = \vartheta_1$;否则 US 策略最优且 $Q^* = 1$。

(2)如果 $L_s < h + c + b_1$,则 $Q_s^* = \vartheta_2$。由式(4.4)中的一阶条件可得

$$\Pi_s(Q_s^* = \vartheta_2) = (r_l + h + \pi)(d_l + \gamma d_h) F(\varepsilon_l^*) - (r_h + h + \pi)(d_h + \gamma d_l) F(\varepsilon_h^*) + \Omega - b_0$$

式中,$\varepsilon_l^* = \dfrac{\vartheta_2 - d_l - \gamma d_h}{(1-\gamma)\alpha \vartheta_2}$,$\varepsilon_h^* = \dfrac{d_h + \gamma(d_l - \vartheta_2)}{(1-\gamma)\alpha \vartheta_2}$。定义以下函数

$$\xi_2(x) = (r_l + h + \pi)(d_l + \gamma d_h) F\left(\dfrac{x - d_l - \gamma d_h}{(1-\gamma)\alpha x}\right) - (r_h + h + \pi)(d_h + \gamma d_l) F\left(\dfrac{d_h + \gamma(d_l - x)}{(1-\gamma)\alpha x}\right) + \Omega - b_0$$

易证明$\xi_2(x)$是关于x的非减函数,因此有$\lim_{x\to 0^+}\xi_2(x)=-\pi-b_0$,$\lim_{x\to 1^-}\xi_2(x)=(M_l d_l-M_h d_h)F\left(\dfrac{d_h}{\alpha}\right)+\Omega-b_0$。现考虑以下两种情况:

① 若$(M_l d_l-M_h d_h)F\left(\dfrac{d_h}{\alpha}\right)+\Omega>r_0-c+b_0$,存在$\sigma_2\in(0,1)$使得$\xi_2(\sigma_2)=r_0-c$。如果$\vartheta_2>\sigma_2$,有$\Pi_s(Q_s^*=\vartheta_2)=\xi(x=\vartheta_2)>\xi(x=\sigma_2)=r_0-c$,因此 SS 策略最优且$Q^*=\vartheta_2$;否则,US 策略最优且$Q^*=1$。

② 若$(M_l d_l-M_h d_h)F\left(\dfrac{d_h}{\alpha}\right)+\Omega\leqslant r_0-c+b_0$,有$\Pi_s(Q_s^*=\vartheta_2)=\xi_2(x=\vartheta_2)\leqslant\max\xi(x)\leqslant r_0-c$,因此 US 策略最优且$Q^*=1$。

综上所述,得到定理中结论。

证毕。

性质 5.4

证明:对η_i分别关于α和γ求解一阶偏导,可得$\dfrac{\partial\eta_1}{\partial\alpha}=(M_l d_l-M_h d_h)f\left(\dfrac{d_h}{\alpha}\right)\cdot\left(-\dfrac{d_h}{\alpha^2}\right)$,因此当$M_l d_l\geqslant M_h d_h\left(\text{等价于}\theta^*\geqslant G^{-1}\left(\dfrac{M_h}{M_l+M_h}\right)\right)$时,则$\eta_i$是关于$\alpha$的非增函数;否则,是关于$\alpha$的非减函数。注意到

$$\dfrac{\partial\eta_2}{\partial\alpha}=M_l d_l f\left(\dfrac{d_h}{\alpha}\right)\cdot\left(-\dfrac{d_h}{\alpha^2}\right)<0$$

$$\dfrac{\partial\eta_2}{\partial\gamma}=(r_h+h+\pi)d_l\overline{F}\left(\dfrac{d_h}{\alpha}\right)+(r_l+h+\pi)d_h F\left(\dfrac{d_h}{\alpha}\right)>0$$

$$\dfrac{\partial\eta_2}{\partial\gamma}=(r_h+h+\pi)d_l\overline{F}\left(\dfrac{d_h}{\alpha}\right)>0$$

立即可得到性质 5.4 中结论。

证毕。

引理 7.1

证明:对$\pi_r^t(z_t\mid w_t,q_t,\hat{a}\xi)$关于$z_t$求导可以得到

$$\dfrac{d\pi_r^t(z_t\mid w_t,q_t,\hat{a}\xi)}{dz_t}=\dfrac{1}{k}\cdot\left(\dfrac{q_t}{z_t}\right)^{1-\frac{1}{k}}\cdot(d_0\hat{a}\xi)^{\frac{1}{k}}\cdot\int_\varepsilon^{z_t}xf(x)dx\cdot[\mu(z_t)-(k-1)]$$

式中，$\mu(z_t) = \dfrac{z_t \overline{F}(z_t)}{\int_\varepsilon^{z_t} x f(x) \mathrm{d}x}$。由 Cai et al.(2010 年)中引理 1 可知，如果 z_t 满足 IGFR 条件，那么 $\mu(z_t)$ 是关于 z_t 的非增函数，且 $\pi_r^t(z_t \mid w_t, q_t, \hat{a}\xi)$ 是关于 z_t 的拟凹函数。此外，可以证明 $\lim\limits_{z_t \to 0^+} \dfrac{\mathrm{d}\pi_r^t(z_t \mid w_t, q_t, \hat{a}\xi)}{\mathrm{d}z_t} > 0$，$\lim\limits_{z_t \to +\infty} \dfrac{\mathrm{d}\pi_r^t(z_t \mid w_t, q_t, \hat{a}\xi)}{\mathrm{d}z_t} < 0$。由此可得，存在 $0 < z^* < +\infty$ 满足 $(k-1) \cdot \int_\varepsilon^{z_t} x f(x) \mathrm{d}x = z_t \overline{F}(z_t)$。再根据 z_t 的定义可得 $p_t^* = \left(\dfrac{z^* d_0 \hat{a}\xi}{q_t} \right)^{\frac{1}{k}}$。

证毕。

引理 7.2

通过考查 $\pi_r^t(q_t \mid w_t, \alpha)$ 的一阶条件直接可得，此处略去。

引理 7.3

证明：分析可知，$\pi_p^t(w_t, \alpha \mid \hat{a})$ 关于 α 与 w_t 是可以拆分的，且是关于 $0 < \alpha \leqslant 1$ 的非减函数。因此，$\alpha^* = 1$。Cai et al.(2010 年)中引理 2 可知，对于任意的 $a > 0$ 和 $b > 0$，$\varphi(x) = (x-b) \cdot (a+x)^{-k}$ 是关于 x 的拟凹函数且在 $x^* = \dfrac{a+kb}{k-1}$ 处达到极大值，由此可得 $w_t^* = \dfrac{kc}{k-1}$。

证毕。

性质 7.1

直接由引理 7.1、引理 7.2 和引理 7.3 可得，此处略去。

性质 7.2

推导过程类似于引理 7.1、引理 7.2 和引理 7.3，此处略去。

定理 7.1

证明：由性质 7.1 可得 TPSC 的期望利润如下：

$$\pi^{t*} = \pi_r^{t*}(p_t^*, q_t^*) + \pi_p^{t*}(w_t^*, \alpha^*) = \theta \cdot \left(\dfrac{k}{k-1} \cdot \hat{a}^{\frac{1}{k}} - 1 + \dfrac{1}{k} \right)$$

由性质 7.2 可得 BPSC 的期望利润如下：

$$\pi^{b*} = \pi_r^{b*}(p_b^*, q_b^*) + \pi_p^{b*}(w_b^*) = \theta \cdot \left(\frac{\hat{a}}{k-1} + \frac{\hat{a}}{k} \right)$$

定义函数 $\Delta \pi^1(\hat{a}) = \frac{\pi^{b*} - \pi^{t*}}{\theta}$,分析可得 $\frac{\partial \Delta \pi^1(\hat{a})}{\partial \hat{a}} = \frac{1}{k-1} + \frac{1}{k} - \frac{\hat{a}^{1/k-1}}{k-1}$ 和 $\frac{\partial^2 \Delta \pi^1(\hat{a})}{\partial \hat{a}^2} = \frac{\hat{a}^{1/k-2}}{k}$。因此 $\Delta \pi^1(\hat{a})$ 是关于 $\hat{a}$ 的凸函数。此外,分析可得 $\lim_{\hat{a} \to 0^+} \frac{\partial \Delta \pi^1(\hat{a})}{\partial \hat{a}} = -\infty$,$\lim_{\hat{a} \to 1} \frac{\partial \Delta \pi^1(\hat{a})}{\partial \hat{a}} = \frac{1}{k}$,$\lim_{\hat{a} \to 0^+} \Delta \pi^1(\hat{a}) = 1 - \frac{1}{k}$,$\lim_{\hat{a} \to 1} \Delta \pi^1(\hat{a}) = 0$,立即得到存在 $0 < a° < 1$ 满足当 $0 < \hat{a} \leqslant a°$($a° < \hat{a} \leqslant 1$)时,$\Delta \pi^1(\hat{a}) \geqslant 0$($\Delta \pi^1(\hat{a}) < 0$)。

证毕。

引理 7.4

证明:如果 ζ 服从 Frechet 分布,可以得到其累计概率函数为 $F_\zeta(x) = e^{-\frac{1}{x}}$。因为 $(\zeta_1, \cdots, \zeta_m)$ 是独立同分布,根据 Xie et al.(2020 年)的研究,可以得到 $(\zeta_1, \cdots, \zeta_m)$ 的联合累计概率函数为

$$F_{\zeta_1, \cdots, \zeta_m}(x_1, \cdots, x_m) = Pr\{\zeta_1 \leqslant x_1, \cdots, \zeta_m \leqslant x_m\} = e^{-\sum_{j=1}^{m} \frac{1}{x_j}}$$

进而可以得到 x_i 的概率密度函数为

$$f_i(x_1, \cdots, x_m) = \frac{\partial F_{\zeta_1, \cdots, \zeta_m}(x_1, \cdots, x_m)}{\partial x_i} = \frac{1}{x_i^2} e^{-\sum_{j=1}^{m} 1/x_i}$$

注意到,仅当 $V_i \zeta_i \geqslant V_j \zeta_j$,即 $\zeta_j \leqslant \frac{V_i}{V_j} \zeta_i$,任意 $j \neq i, i, j = 1, \cdots, m$ 时,零售商会选择供应商 i。由此得到各个供应商被选中的概率为

$$F_i\left(\frac{V_i}{V_1} \zeta_i, \cdots, \frac{V_i}{V_{i-1}} \zeta_i, \zeta_i, \frac{V_i}{V_{i+1}} \zeta_i, \frac{V_i}{V_m} \zeta_i \right) = \int_0^{+\infty} \frac{1}{y^2} e^{-\frac{\sum_{j=1}^{m} V_j}{y V_i}} dy = \frac{V_i}{\sum_{j=1}^{m} V_j}$$

证毕。

性质 7.3

证明:对 $\pi_{pi}^t(w_i^t, \alpha_i | \hat{a}_i)$ 关于 α_i 求导,对于任意的 $w_i^t \geqslant c$ 可得

$$\frac{\partial \pi_{pi}^t(w_i^t, \alpha_i | \hat{a}_i)}{\partial \alpha_i} = \frac{\pi_{pi}^t(w_i^t, \alpha_i | \hat{a}_i)}{\alpha_i} + (w_i^t - c) \cdot \alpha_i \widetilde{\delta} \cdot \frac{\beta^k}{w_i^{t\,2k-1}} \cdot \frac{\sum_{j=1, j \neq i}^{m} V_j}{(\sum_{j=1}^{m} V_j)^2} > 0$$

可知,$\alpha_i^* = 1$。根据 Gallego and Wang(2014 年)以及 Xie et al.(2020 年),纳什均衡策略存在且有下面的等式组唯一确定:

$$\begin{cases} \dfrac{\partial \pi^t_{p1}(w_1^t \mid \alpha_1=1)}{\partial w_1^t}=0 \\ \quad\vdots \\ \dfrac{\partial \pi^t_m(w_m^t \mid \alpha_m=1)}{\partial w_m^t}=0 \end{cases}$$

通过计算可将等式组简化为

$$\begin{cases} \dfrac{kc-(k-1)w_1^t}{(k-1)(w_1^t-c)}=\dfrac{\sum\limits_{j=2}^{m} w_j^{t^{1-k}}}{\sum\limits_{j=1}^{m} w_j^{t^{1-k}}} & \text{(A-7)} \\ \quad\vdots \\ \dfrac{kc-(k-1)w_n^t}{(k-1)(w_n^t-c)}=\dfrac{\sum\limits_{j=1,j\neq n}^{m} w_j^{t^{1-k}}}{\sum\limits_{j=1}^{m} w_j^{b^{1-k}}} & \text{(A-8)} \\ \quad\vdots \\ \dfrac{kc-(k-1)w_m^t}{(k-1)(w_m^t-c)}=\dfrac{\sum\limits_{j=1}^{m-1} w_j^{t^{1-k}}}{\sum\limits_{j=1}^{m} w_j^{et^{1-k}}} & \text{(A-9)} \end{cases}$$

注意到式(A-7)~式(A-9)成立的条件是：
$$kc-(k-1)w_i^t>0 \text{ 且 } kc-(k-1)w_i^t<(k-1)(w_i^t-c), i=1,\cdots,m$$

等价于 $\dfrac{k-\dfrac{1}{2}}{k-1}c < w_i^t < \dfrac{k}{k-1}c$。接下来定义以下两个函数：

$$l_1(w_i^t)=\dfrac{kc-(k-1)w_i^t}{(k-1)(w_i^t-c)},\ i=1,\cdots,m$$

$$l_2(w_i^t)=\dfrac{\sum\limits_{j=1,j\neq i}^{m} w_j^{t^{1-k}}}{w_i^{t^{1-k}}+\sum\limits_{j=1,j\neq i}^{m} w_j^{t^{1-k}}}.\ i=1,\cdots,m$$

易证得 $l_1(w_i^t)$ 与 $l_2(w_i^t)$ 分别是 w_i^t 的非增和非减函数。同时分析可得 $\lim\limits_{w_i^t \to \frac{k-\frac{1}{2}}{k-1}c^+} l_1(w_i^t)=1$，

$\lim\limits_{w_i^t \to \frac{k}{k-1}c^-} l_1(w_i^t)=0$。因为 $l_2(x) \in (0,1)$，因此存在唯一的 $w_i^t \in \left(\dfrac{k-\dfrac{1}{2}}{k-1}c, \dfrac{k}{k-1}c\right)$ 满足

$l_1(w_i^t) = l_2(w_i^t)$。此外,分析(A-7)~式(A-9)可知,上述等式对于 $w_1^t = \cdots = w_m^{t*}$ 时成立,其中 $w_i^{t*} = \dfrac{(2k-1)m - (k-1)}{(2m-1)(k-1)} \cdot c$,任意 $i = 1, \cdots, m$。

证毕。

性质 7.4

证明:(1) 类似于性质 7.3 的证明方法可以得到结论,此处略去。

(2) 仅当 $\dfrac{kc - (k-1)w_i^b}{(k-1)(w_i^b - c)} < 1$ 且 $c - (k-1)w_i^b > 0$ 时式(7.15)~式(7.17)才成立,等价于 $\dfrac{k - \frac{1}{2}}{k-1} c < w_i^b < \dfrac{k}{k-1} c$。现假设 $w_2^{b*} \geqslant w_1^{b*}$,因为 $l_1(w_i^t)$ 是关于 w_i^t 的非增函数,可得 $\dfrac{kc - (k-1)w_1^b}{(k-1)(w_1^b - c)} \geqslant \dfrac{kc - (k-1)w_2^b}{(k-1)(w_2^b - c)}$。此外,由式(7.15)~式(7.17)可知 $1 - \dfrac{\hat{a}_1 w_1^{b1-k}}{\sum\limits_{j=1}^{m} \hat{a}_j w_j^{b1-k}} \geqslant 1 - \dfrac{\hat{a}_2 w_2^{b1-k}}{\sum\limits_{j=1}^{m} \hat{a}_j w_j^{b1-k}}$,等价于 $\left(\dfrac{w_1^b}{w_2^b}\right)^{k-1} \geqslant \hat{a}_1 / \hat{a}_2 > 1$,与假设相矛盾,因此可以得到 $w_2^{b*} < w_1^{b*}$ 与 $\hat{a}_2 w_2^{b1-k} < \hat{a}_1 w_1^{b1-k}$。类似可以证明 $w_m^{b*} < \cdots < w_1^{b*}$ 与 $\hat{a}_m w_m^{b*1-k} < \cdots < \hat{a}_1 w_1^{b*1-k}$。注意到,$\dfrac{\hat{a}_1}{w_1^{b*k-1}} \geqslant w^{t*1-k}$ 等价于 $\hat{a}_1 \geqslant \left(\dfrac{w_1^{b*}}{w^{t*}}\right)^{k-1} > 1$,与假设 $\hat{a}_1 \in (0, 1]$ 相矛盾,因此可得 $\dfrac{\hat{a}_1}{w_1^{b*k-1}} < w^{t*1-k}$。

(3) 对式(7.15)~式(7.17)等式两边同时求和可得 $\sum\limits_{i=1}^{m} \dfrac{kc - (k-1)w_i^{b*}}{(k-1)(w_i^{b*} - c)} = m - 1$。因为 $w_m^{b*} < \cdots < w_1^{b*}$ 且 $l_1(w_i^t)$ 是关于 w_i^t 的非增函数,可得 $l_1(w_1^{t*}) < \dfrac{m-1}{m} < l_1(w_m^{b*})$。此外,分析可知 $l_1(w^{t*}) = \dfrac{m-1}{m}$,由此可存在唯一的 $0 < n^* < m$ 使得关系 $w_m^{b*} < \cdots < w_{n^*}^{b*} < w^{t*} \leqslant w_{n^*-1}^{b*} < \cdots < w_1^{b*}$ 成立。

证毕。

定理 7.2

证明:(1) 由表 7.1 可知仅当 $\dfrac{\hat{a}_i}{w_i^{b*k-1}} \geqslant w^{t*1-k}$ 时,供应商 i 的零售商才能从区块链技术中获利,而根据性质 7.4-(2) 可知该等式不能成立。因此零售商不能从区块链技术中获利。

(2) 由表 7.1 可知仅当 $\pi_{pi}^b(w_i^b | \hat{a}_i) \geqslant \pi_{pi}^t(w^{t*}, a_i^* = 1)$ 时，等价于 $\frac{\hat{a}_i}{w_i^{b*k-1}} \cdot \left(1 - \frac{c}{w_i^{b*}}\right) \geqslant \frac{c(m-1)}{2m(2m-1)(k-1)} \cdot w^{t*-k}$（即 $\mathrm{SM}_b(\hat{a}_i, w_i^{b*}) \geqslant \mathrm{SM}_t$），供应商 i 才能从区块链技术中获利。此外，由性质 7.4-(2) 可得 $\mathrm{SM}_b(\hat{a}_m, w_m^{b*}) < \cdots < \mathrm{SM}_b(\hat{a}_1, w_1^{b*})$。

证毕。

推论 7.1

证明：对于供应商 $i = 1, \cdots, n^* - 1$，根据定理 7.2 可知，仅当 $\mathrm{SM}_b(\hat{a}_i, w_i^{b*}) \geqslant \mathrm{SM}_t$ 时才能从区块链技术中获利，等价于

$$\hat{a}_i \geqslant \left(\frac{w_i^{b*}}{w^{t*}}\right)^k \cdot \frac{c(m-1)}{m(2m-1)} \cdot \frac{1}{2(k-1)w_i^{b*} - (2k-1)c}$$

$$> \frac{c(m-1)}{m(2m-1)} \cdot \frac{1}{2(k-1)w_i^{b*} - (2k-1)c}$$

$$> \frac{c(m-1)}{m(2m-1)} \cdot \frac{1}{2(k-1) \cdot \frac{k}{k-1}c - (2k-1)c}$$

$$= \frac{m-1}{m(2m-1)}$$

式中，第二个不等式成立是因为 $w_1^{b*} > \cdots > w_{n^*-1}^{b*} > w^{t*}$，第三个不等式成立是因为 $w_i^{b*} < \frac{k}{k-1}c$，$i = 1, \cdots, m$。

证毕。

定理 7.3

证明：(1) 由表 7.1 可知竞争性 TPSC 的期望收益为

$$\mathrm{EP}_T = m \cdot \left[\frac{\tilde{\delta}\beta^k}{(k-1)w^{t*k-1}} + \frac{(m-1)(k-1)}{m[(2k-1)m - (k-1)]} \cdot \frac{\tilde{\delta}\beta^k}{(k-1)w^{t*k-1}}\right]$$

$$= \frac{m^2(2k-1) - (k-1)}{(2k-1)m - (k-1)} \cdot \frac{\tilde{\delta}\beta^k}{(k-1)w^{t*k-1}}$$

此外，可以得到竞争性 BPSC 的期望收益为

$$\mathrm{EP}_B = \sum_{i=1}^m \left\{\frac{\hat{a}_i \tilde{\delta} \beta^k}{(k-1) w_i^{b*k-1}} + \left[2(k-1) - (2k-1)\frac{c}{w_i^{b*}}\right] \cdot \frac{\hat{a}_i \tilde{\delta} \beta^k}{(k-1) w_i^{b*k-1}}\right\}$$

$$= \frac{(2k-1)\tilde{\delta}\beta^k}{k-1} \cdot \sum_{i=1}^m \frac{\hat{a}_i}{w_i^{b*k-1}} \cdot \left(1 - \frac{c}{w_i^{b*}}\right)$$

因此,仅当 $\frac{\mathrm{ET}_T}{\mathrm{ET}_B} \leqslant 1$ 时(等价于 $\sum_{i=1}^m \mathrm{SM}_b(\hat{a}_i, w_i^{b*}) \geqslant \dfrac{\dfrac{m^2-(k-1)}{(2k-1)}}{w_i^{t*k-1} \cdot [m(2k-1)-(k-1)]} = \dfrac{\dfrac{2m^2-2(k-1)}{(2k-1)}}{m-1} \cdot (m \cdot \mathrm{SM}_t))$,区块链技术才能增加竞争性果蔬供应链的收益。

(2) 由式(7.15)~式(7.17)可得 $-1+\dfrac{c}{(k-1)(w_i^{b*}-c)}=1-\dfrac{\hat{a}_i w_i^{b*1-k}}{\sum_{j=1}^m \hat{a}_j w_j^{b*1-k}}$,

等价于 $\hat{a}_i w_i^{b*1-k} \cdot \left(1-\dfrac{c}{w_i^{b*}}\right) = \sum_{j=1}^m \hat{a}_j w_j^{b*1-k} \cdot \left(2-\dfrac{2k-1}{k-1} \cdot \dfrac{c}{w_i^{b*}}\right)$。由此可得

$$\sum_{i=1}^m \mathrm{SM}_b(\hat{a}_i, w_i^{b*}) = \sum_{j=1}^m \hat{a}_j w_j^{b*1-k} \cdot \left(2m - \dfrac{2k-1}{k-1} \cdot \sum_{j=1}^m \dfrac{c}{w_j^{b*}}\right)$$
$$> m\left(2m - \dfrac{2k-1}{k-1} \cdot \sum_{j=1}^m \dfrac{c}{w_j^{b*}}\right) \cdot \hat{a}_m w_m^{b*1-k}$$
$$> m^2 \left(2 - \dfrac{2k-1}{k-1} \cdot \dfrac{c}{w_m^{b*}}\right) \cdot \hat{a}_m w_m^{b*1-k}$$

式中,第一个不等式成立是因为 $\hat{a}_m w_m^{b*1-k} < \cdots < \hat{a}_1 w_1^{b*1-k}$,第二个不等式成立是因为 $\dfrac{c}{w_1^{b*}} < \cdots < \dfrac{c}{w_m^{b*}}$。此外,还可以得到

$$\varphi \cdot (m \cdot \mathrm{SM}_t) = \dfrac{1}{2k-1} \cdot \dfrac{\dfrac{m^2-(k-1)}{(2k-1)}}{\dfrac{m-(k-1)}{(2k-1)}} \cdot w^{t*1-k}$$
$$< \dfrac{m^2-(k-1)}{m-(k-1)} \cdot w^{t*1-k}$$

不等式成立是因为 $k>1$。

证毕。

引理 7.5

分析方法类似于引理 7.1 和引理 7.2,此处略去。

性质 7.5

证明:在所提出的激励机制下,零售商的期望收益为
$$\pi_r^I(p,q|w,\hat{\alpha}^\xi,\gamma) = E_\varepsilon\{p \cdot \min[q, D(p,\hat{\alpha}^\xi)]\} - wq + \gamma \cdot p \cdot E_\varepsilon\{(q-D(p,\hat{\alpha}^\xi))^+\}$$

式中，$w=\gamma \cdot (p-c)+c$，$(x,y)^{+}=:\max\{0,x-y\}$。因为 $\min(x,y)=x-(x-y)^{+}$，可得

$$E_{\varepsilon}\{(q-D(p,\hat{\alpha}\xi))^{+}\}=q-E_{\varepsilon}\{\min[q,D(p,\hat{\alpha}\xi)]\}。$$

此外，可以得到

$$\pi_{r}^{l}(p,q\mid w,\hat{\alpha}\xi,\gamma)=(1-\gamma)\cdot E_{\varepsilon}\{p\cdot \min[q,D(p,\hat{\alpha}\xi)]\}-(1-\gamma)\cdot cq$$
$$=(1-\gamma)\cdot \pi^{C}(p^{C},q^{C}\mid w^{C},\hat{\alpha}\xi)$$

立即可得 $q^{*}=q^{C*}$，且根据 z^{*} 的定义可知 $p^{*}=p^{C*}$。

证毕。

定理 7.4

证明：(1) 定义以下函数：

$$\Delta\pi^{2}(\hat{\alpha})=\frac{k-1}{k\widetilde{\delta}\theta}\cdot(\pi^{C*}-\pi^{t*})=\frac{\hat{\alpha}}{k}\cdot\left(\frac{k}{k-1}\right)^{k-1}-\hat{\alpha}^{\frac{1}{k}}+\left(\frac{k-1}{k}\right)^{2}$$

进而可以得到 $\dfrac{\partial\Delta\pi^{2}(\hat{\alpha})}{\partial\hat{\alpha}}=\dfrac{1}{k}\cdot\left(\dfrac{k}{k-1}\right)^{k-1}-\dfrac{\hat{\alpha}^{\frac{1}{k}-1}}{k}$ 与 $\dfrac{\partial^{2}\Delta\pi^{2}(\hat{\alpha})}{\partial\hat{\alpha}^{2}}=\dfrac{1}{k}\left(1-\dfrac{1}{k}\right)\cdot\hat{\alpha}^{\frac{1}{k}-2}$。因此，$\Delta\pi^{2}(\hat{\alpha})$ 是关于 $\hat{\alpha}$ 的凸函数。分析可知，$\lim\limits_{\hat{\alpha}\to 0^{+}}\dfrac{\partial\Delta\pi^{2}(\hat{\alpha})}{\partial\hat{\alpha}}=-\infty$，$\lim\limits_{\hat{\alpha}\to 1}\dfrac{\partial\Delta\pi^{2}(\hat{\alpha})}{\partial\hat{\alpha}}=\dfrac{1}{k}\cdot\left[\left(\dfrac{k}{k-1}\right)^{k-1}-1\right]>0$，$\lim\limits_{\hat{\alpha}\to 0^{+}}\Delta\pi^{2}(\hat{\alpha})=\left(\dfrac{k-1}{k}\right)^{2}$ 以及 $\lim\limits_{\hat{\alpha}\to 1}\Delta\pi^{2}(\hat{\alpha})=\dfrac{1}{k}\cdot\left(\dfrac{k}{k-1}\right)^{k-1}-1+\left(\dfrac{k-1}{k}\right)^{2}$。此外，可以证明 $\lim\limits_{\hat{\alpha}\to 1}\Delta\pi^{2}(\hat{\alpha})$ 是关于 k 的非增函数，且 $\lim\limits_{k\to 1^{+}}(\lim\limits_{\hat{\alpha}\to 1}\Delta\pi^{2}(\hat{\alpha}))=0$，可知存在 $0<\widehat{\alpha}<1$ 使得当 $0<\hat{\alpha}\leqslant\widehat{\alpha}(\widehat{\alpha}<\hat{\alpha}\leqslant 1)$ 时有 $\Delta\pi^{2}(\widehat{\alpha})\geqslant 0 (\Delta\pi^{2}(\widehat{\alpha})<0)$。根据关系 $\Delta\pi^{1}(\alpha°)=0$，以及 $\left(\dfrac{k}{k-1}\right)^{k-1}$ 是关于 k 的非减函数且 $\lim\limits_{k\to 1^{+}}\left(\dfrac{k}{k-1}\right)^{k-1}=1$，可以得到 $\Delta\pi^{2}(\alpha°)=\dfrac{\alpha°}{k}\cdot\left[\left(\dfrac{k}{k-1}\right)^{k-1}-2k+1\right]>0$。因此证得 $\widehat{\alpha}>\alpha°$。

(2) 直接由关系 $(1-\gamma)\cdot\pi^{C*}(p^{C*},q^{C*})\geqslant\pi_{r}^{t*}(p_{t}^{*},q_{t}^{*})$ 与 $\gamma\pi^{C*}(p^{C*},q^{C*})\geqslant\pi_{p}^{t*}(w_{t}^{*})$ 可以得到 $\dfrac{1}{\hat{\alpha}}\cdot\left(\dfrac{k-1}{k}\right)^{k}\leqslant\gamma\leqslant 1-\left(\dfrac{k-1}{k}\right)^{k-1}\cdot\left(\hat{\alpha}^{\frac{1}{k}-1}-\dfrac{k-1}{\hat{\alpha}}\right)$。

证毕。

定理 7.5

证明：(1) 仅当 $(1-\gamma_i) \cdot \pi_i^{C*}(p_i^{C*}, q_i^{C*}) \geqslant \pi_{ri}^{t*}(q_i^{t*} | w_i^{t*}, \alpha_i^*)$ 时，等价于 $(1-\gamma_i) \dfrac{\hat{\alpha}_i \tilde{\delta} \beta^k}{(k-1)c^{k-1}} > \dfrac{\tilde{\delta} \beta^k}{k-1} \cdot w^{t*1-k}$，供应商 i 的零售商能在 CBPSC 中获得比在 TPSC 中更大的收益。此外，仅当 $\gamma_i \pi_i^{C*}(p_i^{C*}, q_i^{C*}) \geqslant \pi_{pi}^t(w_i^t, \alpha_i | \hat{\alpha}_i)$ 时，等价于 $\gamma_i \dfrac{\hat{\alpha}_i \tilde{\delta} \beta^k}{(k-1)c^{k-1}} \geqslant \dfrac{c(m-1)\tilde{\delta}\beta^k}{m(2m-1)(k-1)} \cdot w^{t*-k}$，供应商 i 能在 CBPSC 中获得比在 TPSC 中更大的收。通过简单计算可得，仅当 $\left(\dfrac{c}{w^{t*}}\right)^{k-1} \leqslant (1-\gamma_i) \hat{\alpha}_i \leqslant \hat{\alpha}_i - \dfrac{m-1}{m(2m-1)} \cdot \left(\dfrac{c}{w^{t*}}\right)^k$, $i=1,\cdots,m$ 时，两者可以同时在 CBPSC 中获得更大收益。为简便，记 $\eta_1 = \left(\dfrac{c}{w^{t*}}\right)^{k-1}$, $\eta_2 = \dfrac{m-1}{m(2m-1)} \cdot \left(\dfrac{c}{w^{t*}}\right)^k$。因为零售商在 CBPSC 中的决策时选择最大的 $(1-\gamma_i)\hat{\alpha}_i$，考虑到 $\hat{\alpha}_1 > \cdots > \hat{\alpha}_m$，分析可知供应商 1 在 CBPSC 中有绝对控制权。换句话说，当供应商 1 设置其 γ_1 满足关系 $(1-\gamma_1)\hat{\alpha}_1 \geqslant \hat{\alpha}_2 - \eta_2$ 时，可得 $(1-\gamma_1)\hat{\alpha}_1 \geqslant (1-\gamma_j)\hat{\alpha}_j$，任意 $j=2,\cdots,m$，即供应商 1 在 CBPSC 中达到了垄断地位。供应商 1 需要决策是否应该与供应商 2 共享市场。具体的，如果供应商 1 愿意分享，那么供应商 2 会将设置其 γ_2 满足关系 $(1-\gamma_1)\hat{\alpha}_1 = (1-\gamma_2)\hat{\alpha}_2$ 以实现收益最大化。在此情况下，两者会均分市场。现考查均衡点 $(1-\gamma_1)\hat{\alpha}_1 = \hat{\alpha}_2 - \eta_2$，等价于 $\gamma_1 = 1 - \dfrac{\hat{\alpha}_2 - \eta_2}{\hat{\alpha}_1}$：① 如果 $1 - \dfrac{\hat{\alpha}_2 - \eta_2}{\hat{\alpha}_1} > \dfrac{1}{2} \cdot \dfrac{\hat{\alpha}_2 - \eta_2}{\hat{\alpha}_1}$，等价于 $\hat{\alpha}_1 > \dfrac{3}{2}(\hat{\alpha}_2 - \eta_2)$，供应商 1 独享市场将获得更大收益；② 否则，他应该与供应商 2 分享市场。

先假设供应商已经与供应商 2 至 n 分享市场，他需要决策是否应该再与供应商 $n+1$ 分享市场。在此情形下，考查均衡点 $(1-\gamma_1)\hat{\alpha}_1 = \hat{\alpha}_{n+1} - \eta_2$，等价于 $\gamma_1 = 1 - \dfrac{\hat{\alpha}_{n+1} - \eta_2}{\hat{\alpha}_1}$：① 如果 $\dfrac{1}{n} \cdot \left(1 - \dfrac{\hat{\alpha}_{n+1} - \eta_2}{\hat{\alpha}_1}\right) > \dfrac{1}{n+1} \cdot \dfrac{\hat{\alpha}_{n+1} - \eta_2}{\hat{\alpha}_1}$，等价于 $\hat{\alpha}_1 > \dfrac{2n+1}{n+1} \cdot (\hat{\alpha}_{n+1} - \eta_2)$，他不应该与供应商 $n+1$ 分享市场；② 否则，他应该分享。

(2) 可以得到 CBPSC 的期望收益为 $\mathrm{EP}_C = \dfrac{V^* \delta \beta^k}{(k-1)c^{k-1}}$。此外，由定理 7.3 证明中得到的 EP_T 可知，$\dfrac{\mathrm{EP}_T}{\mathrm{EP}_C} \leqslant 1$ 等价于 $\dfrac{c^{1-k}}{2k-1} \cdot V^* \geqslant \varphi \cdot (m \cdot \mathrm{SM}_t)$。

证毕。

推论 7.2

直接由定理 7.5 证明中的分析可以得到，此处略去。

附 录 B

算法伪代码

```
Part 1
Begin
$Q_g^* = 0$ ;
For ($1 \leq t \leq T$) {
   Estimate $E(p_t), E(r_t), E[D(p_t, r_t)]$;
   Calculate $\tilde{c}_t$;
   If ($E(p_t) > \tilde{c}_t$)
      {$Q_g^* = Q_g^* + E[D(p_t, r_t)]/\theta^{t-1}$}
   $t = t + 1$;
}
End
```

图 B-1　贪婪算法伪代码(Part 1)

```
Part 2
Begin
For ( $1 \leq t \leq T-1$ ) {
  Observe $p_t$, calculate $r_t$, $\tilde{c}_t$;
  Estimate $E\left[D(p_t,r_t)\right]$;
  If ( $p_t > \tilde{c}_t$ )
    $x_t = \min\left\{E\left[D(p_t,r_t)\right], Q_g^*\right\}$;
  Else
    $x_t = 0$ ;
  End
  $Q_g^* = \theta \cdot \left(Q_g^* - x_t\right)$;
}
For ( $t = T$ ) $\{x_t = Q_g^*\}$
End
```

图 B-2　贪婪算法伪代码(Part 2)

```
Part 1
Begin
$Q_{mn}^* = 0$ ;
For ( $1 \leq t \leq T$ ) {
  Estimate $E(p_t), E(r_t)$;
  Calculate $\tilde{c}_t$ ;
  Calculate $q_t = F^{-1}\left(\frac{E(p_t)-\tilde{c}_t}{E(p_t)}\right) + d\left(E(p_t), E(r_t)\right)$;
  $Q_{mn}^* = Q_{mn}^* + q_t / \theta^{t-1}$ ;
  $t = t + 1$ ;
}
End
```

图 B-3　多重报童模型算法伪代码(Part 1)

Part 2

Begin

$Q = Q_{mn}^*$;

For ($1 \leq t \leq T-1$) {

　Observe p_t, calculate r_t, $\tilde{c}_t$;

　Calculate $q_t = F^{-1}\left(\frac{p_t - \tilde{c}_t}{p_t}\right) + d(p_t, r_t)$;

　$x_t = \min(q_t, Q)$;

　$Q = \theta(Q - x_t)$;

　$t = t + 1$;

}

For ($t = T$) $\{x_t = Q\}$

End

图 B-4　多重报童模型算法伪代码(Part 2)